# 毒气战

## 日军在华暴行调查

主编　[日]粟屋宪太郎

译者　张泓明

审订　郝平

山西出版传媒集团

山西人民出版社

教育部人文社科青年基金项目

"日本战友会资料整理与研究" 15YJCZH222

# 译者序

科技帮助人们合理改造世界。如何控制、利用，为人类创造福祉则成为一个严肃且沉重的问题，如果控制不当，亦或如潘多拉魔盒一般，给人类带来难以想象的深刻灾难。

化学毒气武器则正是这段话最好的注脚。1997 年 4 月 29 日《禁止化学武器公约》正式生效。其目标和宗旨是彻底消除化学武器危害，使化学领域的成就完全用于造福人类。这一公约的签订实施对于维护国际和平与安全具有特殊意义，与其相提并论的还有原子武器和生物武器，国际上并称为 ABC，即原子武器（核武器，包括放射性武器 atomic weapon）、细菌武器或生物武器（bacteriological weapon / biological weapon）和化学武器（chemical weapon）

一

人工制造的毒气是 19 世纪人类创造品之一，第一次世界大战中最早被德军投入对英法联军的大规模作战，随后交战双方纷纷效仿，见证了人类这一段疯狂的历史。鉴于毒气的巨大杀伤力和无与伦比的反人类行径，一战后各国同意签署协定放弃这一武器作为解决国际纷争的手段。1925年，经过国际社会努力，达成了《禁止在战争中使用窒息性、毒性、其他气体和细菌作战方法的议定书》（即《日内瓦议定书》）。然而议定书先天不足，未能有效禁止化学武器的生产和储存，致使所有缔约国均有权保存化学武器，其中不少缔约国还宣布保留进行报复性使用和非缔约国使用的权利，由此导致化学武器禁而不止的局面。表面上缔结的国际协定也不过成为列强们相互制衡的手段。在随后的历史里，毒气转而成为毒气研发制造使用国对落后国的有效攻击手段，意大利侵略埃塞俄比亚以及日本侵略中国的史实中都反映出了这一变化。

后起之秀的日本，为了满足其对外扩张的野心，一战后反而加速投入研发生物、化学武器。日本国土狭窄、资源稀缺，使得日本在生化武器上寄托了巨大希望，期望通过这种手段"逆袭"，一举夺得战争中的主动权。生物细菌武器最早在日本陆军对苏作战中使用，而化学毒气武器的假想敌也主要设定为前苏联。

一切活动都在秘密进行。1937年8月，日本陆军在齐齐哈尔设立关东军技术部，并在部内设置了化学武器班。化学武器班于1939年8月升级为关东军化学部（516部队），对外以陆军科学研究所第二部（第六陆军技术研究院）驻外部门的身份进行活动。该机构还与关东军防疫给水部队（731部队）一起进行了化学武器的人体试验。为了掩盖这一秘密，毒气制剂的主要制造地广岛县大久野岛被长期从地图上抹去，训练实施毒气战作战的陆军习志野学校也作为战争中日本的最高机密秘而不宣。

日军之所以利用山西进行毒气战实战实验和训练，是由于山西地势偏僻、山谷沟壑众多，同时还是共产党领导的华北抗日根据地的核心地区。在此使用毒气，一方面容易对八路军作战取得巨大优势，同时不容易留下使用痕迹，这也是日军大本营和陆军参谋本部发布的毒气使用指令中经常强调的内容。

## 二

在随后的抗战中，毒气成为日军攻击抗日军民经常使用的有效武器。日军利用毒气开发出一系列作战战术，如两军对垒时使用、被围困突围时使用、撤退时使用、扫荡时使用。毒气使用方法也发展为将毒气制剂装入炮弹发射、用飞机抛洒、使用发烟筒等多种有效手段。毒气的使用对象，除正面战场中的国民党军队和敌后战场的共产党军队外，甚至针对根据地附近的平民。日军使用毒气已司空见惯，丧心病狂，给广大人民群众造成了身体上和精神上的巨大伤害。

国民党军队在遭受毒气攻击之下仓促进行防毒动员，但防毒装备落后，以至于日军还针对国军落后装备部署了具体战术；而共产党军队只能以游击战术与日军进行周旋，并为根据地防护提供有限的协助；根据地居民面临的情形更加窘迫，由于欠缺有效的毒气知识，群众一方面运用土办法，用尿、火药、中药来应对毒气造成的伤害，而更多的情况只能是无奈的忍耐。甚至在半个世纪之后，很多群众对于当年造成身体伤害的原因依然语焉不详，不能有效识别伤害来源。群众们面对前来调查的日本学者，将多年的压抑和愤懑之情倾泻而出。

## 三

战争结束时，由于意识到毒气武器违反国际法，日军各战斗部队在长官指令下将毒气制品掩埋，或埋于地下，或投入河中，实在来不及隐藏的，则与普通兵器一起被受降部队所接收。

这种藏匿遗弃行为，明显违背了《波茨坦宣言》中的武器上缴义务，但日军无视这种约定，相反则是尽力隐藏毒气生产、使用等信息，销毁相关资料。这种自欺欺人的作法一方面掩盖危险，模糊世人视线，同时也由于这种行为，加大了彻底销毁毒气残留、纠正错误的难度。

战后，日本曾经装备、使用过毒气武器的事宜被陆续挖掘，最初是士兵们的零星回忆以及参与制造毒气制品工人们的口述，再后来，中央大学教授吉见义明先生从美国发掘出官方档案，最终证明毒气战是一项有目的、有组织的活动。同时，日本国内也陆续发生数起因日军遗留化武造成的伤害，如神奈川县寒川、平塚，茨城县的神栖等地都发现疑似日军遗留化武，并造成当地居民数十人受伤。在中国敦化、齐齐哈尔等地，遗留化武也给当地居民造成了身体上和精神上的困扰。根据《禁止化学武器公约》和1999年中日两国《关于销毁中国境内日本遗弃化学武器的备忘录》的规定，日本政府对销毁日本遗弃在华化武负全部责任。在中日双方共同努力下，遗弃化武处理工作取得一定进展，但整体进程仍严重滞后，大量已发现的日本遗弃化学武器亟待安全处理。

毒气武器的伤害对象，很多是伤害难以恢复的普通无辜群众，且并未得到应有的道歉与补偿。正如日本学者在书中所述，在历史遗留问题未解决的背景下，日方任何试图寻求中方理解的诉求与举动都是徒劳。

由于种种历史原因，日本对华赔偿事宜暂被搁置，民间索赔行动也由于日方的各种借口、推诿收效甚微，人们期待中的面向21世纪的中日关系，也在厚重的历史问题下举步维艰。

## 结　语

正视中日关系的历史，才有中日关系的未来。日本史学家整理、收集多方资料，汇集成这样一部著作，并创造性地运用了田野调查方法，走进一个个经历过惨痛战争教训的村庄，倾听受害者的声音，为毒气战研究开辟了新的领域。中日关系史中的山西也被记上了这样浓浓的一笔：即山西是最早遭受日本军国主义毒气毒害，且受害最为严重的地区。这部著作在帮助人们了解那段沉痛历史的同时，也期待人们吸取其中教训，走向更好的明天。

是为序。

张泓明

2024 年 11 月 24 日于太原

序

　　本书是 1999 至 2001 三年间，针对原日本军在中国大陆进行的毒气战事实，进行共同调查的研究成果。在中日两国已有的研究基础上，我们调查团于 1999 年夏和 2000 年秋两次赴山西进行田野调查，之后的 2001 年，我们就调查和研究分析写就报告书。组织这样的长期项目，并以这样的形式发表出版成果，首先必须感谢中日友好会馆、日本和平友好交流计划历史研究事业的资金支持。如后文所述，共同调查研究分别由不同学科领域的五人团体成员分担，每人发挥各自特长，最终编撰成这样一部丰硕成果，我们私下为此倍感骄傲。

　　1983 年夏天，笔者在华盛顿美国国立图书馆查阅到陆军习志野学校编写的《支那事变中的化学战例证集》（当时同行的还有本次调查小组的小田部雄次）。习志野学校是训练实施毒气战士兵的秘密学校。薄薄 70 页左右的《支那事变中的化学战例证集》中，有 56 件事例明确证实原日军在

1

中国大陆各地开展了大规模的毒气战。

在此之前的战后 40 年，只有士兵零零星星的口述暗示日军使用过毒气，而这是首次通过军队官方文件证明使用毒气是一项有组织的活动。回国后，笔者在藤原彰这位在军事史方面造诣极深的专家指导下对资料进行研究，次年 6 月将成果发表于报纸，收获巨大反响，至今记忆犹新。

约同一时间，吉见义明教授在美国战后扣押的原日军资料中发现原日军中国派遣军司令部所编撰的秘密文件《武汉攻略战中的化学战实施报告》。众所周知，1938 年秋的武汉会战是中日战争中规模最大的会战，秘密文件里详细披露了日军在此期间大量使用毒气秘密。1985 年 9 月号的《世界》杂志上，笔者以这些资料研究为基础，发表了与吉见教授合著的《毒气战的真实》，这也是日本国内首次在这一领域发表研究成果。之后，我们对日军毒气战这一题目的合作研究继续拓展，日军化学武器的研究、开发、制造使用、教育、实战使用等运作结构也大白于天下。该成果收录在粟屋、吉见所编《毒气战相关资料Ⅰ》（1989年，不二出版）。另外，吉见教授与松野诚也（本书作者之一）编辑的《毒气战相关资料Ⅱ》出版（1997 年，不二出版），原日军相关文献资料的收集也被进一步扩大。各种资料集与编撰者的解说遥相呼应，日本毒气战相关资料也得到进一步充实。

另一方面，在粟屋、吉见编辑出版《毒气战相关资料Ⅰ》的 1989 年，中方政府资料馆与研究机构共同出版了

《细菌战与毒气战》这一浩大的资料集。资料集以 20 世纪 50 年代收集的日本战犯口供、自述，以及民众的控诉资料为基础，再加上战时收录细菌战与毒气战内容的军队相关电文、报道。两年后的 1991 年，纪学仁①以中日资料集为基础，收集各方面新闻报道编成《化学战史》，成体系、全方位地展现了中日战争期间日军在中国的毒气战。

前面论述较为冗长，但正如陈述的那样，日本毒气战文献资料已有相当积累，而正式的实地调查，无论是日本还是中国，研究者都尚未着手。我们此次的实地调查可以说是在此领域的首次尝试。若能以此为契机，在毒气战研究方面发掘探索出新的领域，则会是意外的惊喜。

正如目录展示的那样，本书由两部分构成。第一部分中，合作研究者以各自研究领域为基础，撰写了四篇论文。第二部分则收录了实地调查中听到的毒气受害者的口述。附录收录了国际法规中关于禁止毒气战的条文，以及日本国会中政府的答辩、地图、文献目录、年表等内容。

第一部分起始的《山西省毒气战调查的意义》对过去将近半个世纪，日军对华毒气战的中日研究成果做一总结，特别是对山西省的部分做特别研究，并确定调查地点、陈述实地调查的准备过程。之所以将调查地点选定为山西，是因为日军最早在山西省开展毒气使用实验，直到战争结束之前，这一地区的毒气使用也最为频繁。通过对这一背

---

① 中国人民解放军防化工程指挥学院退休教授，长期从事日本毒气战研究。

景的探索，研究当地现状，与当地人进行交流，使得这一客观情况能得到更为充分、直观的认识。战时山西经济、社会环境、中国军队特别是八路军的抗战态势、山区农民的抗日活动等，都是分析过程不可或缺的内容。这些整合在一起成为本书的起始部分。这部分内容由长年与中国学者打交道的宫崎教四郎撰写。

紧接着《日军资料中的山西省化学战》，主要以日本资料为中心讲述毒气武器是如何在中国战场交战最为激烈的华北地区，特别是以山西省为中心使用的。通过对中国战线的推移过程分析、还原，解读毒气使用的变迁、使用情况的变化等详细信息，进而可以了解当时日军的谋算：与华中、华南等地区相比，山西省山地多、交通不便，与欧美诸国的交往较少，外界难以发现毒气的使用痕迹，可以频繁使用毒气。如先前所述，作者松野诚也长年与吉见教授一起从事发掘、收集、分析原日军资料的工作，细致、缜密的写作风格在其研究成果中也得以完全呈现。

与上文相呼应，《中国调查资料中的山西省毒气战》一文，将战后审判中如何处理日军毒气战问题与山西省的问题联系在一起进行解读。日军毒气战问题在东京审判、中华民国审判、中华人民共和国审判等历次审判过程中均未涉及，其背景原因究竟为何？之前提到的研究组成员之一的丰田雅幸，一方面对抚顺战犯管理所中的日本战犯口述记录进行分析、整理，解读毒气战实情与战后审判；另一方面，采用新方法对中国方面记载的资料进行研究，将日军在山西省的毒气使用情况整理成数据库，辅以统计学方法分析其结构。

《山西受害调查的课题与成果》中，研究组成员小田部雄次以自己独特的写作风格对山西省实地调查的经过、调查所得到的成果和课题等内容进行归纳，并为第二部分收录的庞大口述记录的阅读预设了导言。在访谈中受害者将毒气受害与"三光作战"中的烧光、杀光、抢光融为一体，首次向我们倾诉。我们由此得知，日军在山西实施的"三光政策"使用了所有办法，在面对地形复杂、窑洞众多的情形时，毒气就成为最常用的手段。且通过口述调查，粉碎了催泪性毒气非致命这一谎言，实际证明了这一杀戮形式的威力。同时，在调查过程中还得知，该地区人们在遭到所谓腐蚀性毒气侵害时缺乏毒气知识，受害后没有得到有效的治疗，同时日军使用毒气时也采用了非常隐蔽的手法。论文进一步将30多处调查地点，50多名口述者的受害记录的核心内容整理成册，在帮助读者理解的同时，使之一览无余。

第二部分的核心是按调查地点分别收录毒气受害者的口述。调查地点方面，重点对选择该地点的原因、该地的地理条件，以及战略特点作解读。50多名受害者的口述中除必要的注释之外，都未作删减补充。口述内容之外还配有各位口述者的照片。我们调查者希望通过遭受毒气侵害的口述者的心声，来重现这一段苦难的战争历史。希望先前提到、认识到的诸多问题，能对后来者们整理今后之问题有所裨益。口述部分毫无疑问非常充实。

如目录所列举，为帮助读者们加深理解，附录中斟酌整理、收集了与毒气有关的国际法规、国会讨论的问答、原日军组织系统表、当地地图、文献、年表等信息。

# 目录

# 第 一 部 PART ONE

# 日军毒气战研究

# 山西省毒气战调查的意义·宫崎教四郎

## 一、山西省毒气战调查

### 1. 调查研究的目的与构思

我们本次调查研究的目的是以山西省这一特殊地域为对象，综合受害者与加害者两方面情形对日军侵华中的毒气战进行全面解读。之所以选择山西省是因为这一地区是侵华战争中日军最早实施正式毒气战的地区。此外，侵华战争期间，实施毒气战时间最长，这一地区的毒气形式也表现得最为多样；且与中国其他地区相比，毒气武器的使用频率也是最高的。

我们是从众多学术史中得出这种认识的。侵华战争中的日军毒气研究主要基于对旧日军正式记录资料的发掘、整理和分析，以及中国方面战时信息的收集与整理，再加上战争审判时的口供等，各方面资料使得研究的整体轮廓得以清晰。这些内容之外还有很多从中国乡村中挖掘整理的毒气受害者的口述（特定情况下可以与日本加害者的口供相印证）。

正文中有关于细节的记述。1983 年粟屋宪太郎等人从华盛顿美国国立图书馆发现陆军习志野学校编写的《支那事变中的化学战例证集》，回国后开始着手对该资料进行分析研究，也正式拉开对日军毒气战研究的序幕，在此之前这一领域只有零星的口述。经过日本现代史研究者们的整理，原陆军指挥高层向中国派遣军发布的实施毒气战的命令被发现。此外，还发掘、整理出大量实地作战部队的实践报告等资料，汇集成《毒气战相关资料Ⅰ》（粟屋宪太郎、吉见义明编，解说，1989 年）以及《毒气战相关资料Ⅱ》（吉见义明、松野诚也编，解说，1997 年）。这两部资料集广泛汇集了第一次世界大战后日军独立研究开发、大量生产、向中国运输装备、进行毒气战训练等多方面资料。

另一方面，正文中也详细记述了中国方面的研究进展，军史研究者们从当时的军队资料、军队渠道细心收集毒气战中中国的受害情况并出版。这些研究大量参考了日本方面的研究，但同时也广泛收罗了战争期间全中国范围内的毒气战受害记录。代表性的著作有《化学战史》（纪学仁，1991）；《日本侵华战争中的化学战》（纪学仁主编，1995）；日文译本《日本军的化学战》（村田忠禧译，大月书店，1996）。除此之外，由日本战犯口供与中国受害者口述及讼词汇集而成的《细菌战与毒气战》也是重要的研究资料。

我们在中日文献的研究基础上，对山西当地进行实地调查，目的在于综合受害方与侵害方两方面的内容来对毒气战的实际情况进行解读。

## 2. 文献资料中的山西省毒气战

日军违背 19 世纪末至 1925 年之间签订的《海牙条约》《日内瓦协议》等国际条约，在中国开展规模庞大的毒气战，最初的发生地即是山西省。

1938 年 4 月，陆军参谋本部向华北方面军发布了准许在山西省一带使用呕吐性毒气（Dphenylcyanoarsine）"红剂"的命令。在对中国全面开展毒气战之前，必须先用实验判断实施效果，山西省与其他省份隔绝，很难被人发现，所以当年 7 月，第 1 军第 20 师团开始实施大规模的毒气战（晋南肃正作战）。

1939 年 5 月，陆军参谋本部进一步指示，在山西省较为偏僻的地方使用毒性较为强烈的腐烂致剂毒气（Blister Agent Yperite）"黄剂"。正式开始使用"黄剂"的时间是1940 年 8 月至 12 月，百团大战交战正酣之时。日军在山西这一主战场用毒气对集结了 40 万兵力的八路军进行反击，毒气战也进一步升级。[①]

百团大战中损失惨重，使得日军高层不得不重新评估

---

① 40 万兵力是日方的观点，中方战史一般认为是 105 个团，约 20 万人。

八路军的实力。为了实施报复，同时也为了彻底歼灭太行山区的八路军根据地，日军开展了残酷的"扫荡"作战。山西是日军在中国内陆地区的最前哨，与隔黄河相望的中国共产党最高指挥中心相对峙，太行山区设有八路军的根据地司令部，周围则是交战异常激烈的敌后战场。民众支援是八路军游击战中不可或缺的一环，所以根据地的民众也成为"三光"作战的目标，民众在遭到巨大财产损失的同时，也经常成为毒气的使用对象。山西的黄土高原上，纵横交错的山地中被挖掘出的地洞，以及太行山脉间的山洼都是农民绝好的避难场所，但也是在这些地方，毒气夺走了许多人的生命。

### 3. 调查地点的选定

原日军的相关资料中极少提及毒气战，涉及山西省的则是仅有数例，不过仍有极高的价值。前文所提到的中国文献《化学战史》中记载了毒气使用记录 260 余次。我们的调查地点是通过研究斟酌以往学者们整理的日军资料而选定的，主要以两起事例为中心，与中文资料中的重要事例进行组合印证。日军资料中提到的这两起事例在中文资料中也有收录，两者都是对太行山的八路军根据地使用毒气（黄剂）的案例。此外，日军资料中还有针对国民党军队的大规模呕吐性毒气（红剂）的使用案例。笔者早年独自访问该地时，从当地村民那里没有得到太多有价值的口述资料，不得已放弃这一调查。造成这一情形的原因或许是日军与国民党军队作战时，农民迁入山中躲避，数日后回到村庄时，之前的战斗痕迹几乎湮灭殆尽。

山西省大致可划分为晋北（另有东、西划分法，晋为山西省古称）、晋中、晋东南、晋西南。晋北以大同市为中心，晋中以省会太原市为中心，东面有五台山，晋东南则有太行山区，周围有长治、晋城等地方城市。晋西南北面以临汾、南面以运城为核心，西面的吕梁山区则是阎锡山的据点。在先前所述中国学者编录的《化学战史》中，抗战时期，山西省能确立大致区域的毒气战事例为 175 次（可以理解为暂时确定的数字），其中运城地区最多，占三分之一；其次为晋中、长治地区，两地加起来有三分之一。运城地区主要为国民党、阎锡山军队的根据地，晋中南部至长治地区则是八路军的太行山根据地。由于之前所述原因，对于国民党抗战地域的调查很难进行，所以只能以太行山根据地的调查为主，即榆社、武乡、襄垣、沁源、左权①各县。另外，日军在这一区域使用毒气分两种情况，一种是针对抗战的八路军，一种是针对支援的民众。针对八路军的情况较为常见。由于很难对军队相关人员进行追踪调查，所以只能以当地村民为对象进行调查。

幸运的是，日本摄影家相马一成早年在山西大学孙凤翔教授的引领下，在这些区域和地点采访了当地村民，其所著书籍《被放置的毒气》中记载了一些毒气遭遇者的口

---

① 原文为左县，系作者笔误。——译注

述资料。寻访相关当事人需要做大量的准备工作，幸而我们得到先前两位向导的协助，采取了以文献记录为基础，对调查区域进行扩展的方法。我们期望得到山西历史学者的协助，他们在抗日战争研究领域成果卓著。遗憾的是，在毒气战研究方向却几乎没有积累，除孙凤翔教授的介绍之外很难说有像样的成果。

对日军在山西省发动的毒气战次数进行分期，会发现1939 年为顶点，1939 年之前的 1938 年，以及之后的 1940年次之。这三年间使用毒气的次数占日军占领期间使用次数的三分之二。这一时期，日军每年针对太行山区八路军根据地进行大规模"扫荡"。1940 年，八路军也从根据地出动，进行大反击（百团大战）。

第二年的实地调查相较前一年更进一步，我们从《细菌战与毒气战》记载的原日军与山西民众的口述记录中选择了几个地点，调查区域也向南北方向延伸。

## 二、抗战前的山西省

### 1. 山西的自然和历史

山西位于华北地区的黄土高原。黄土是一种非常细末、轻巧的黄沙，与水和在一起则成为肥沃土壤。黄土从遥远干燥的亚洲大陆腹地的上空席卷而来，在黄河流域的平原上沉积成为厚达 100 米的土层，成为孕育农业的土壤；而以往树木丛生、宽阔平坦的黄土高原也由于雨水的侵蚀改变了自然风貌，化为无数纵横穿插的峡谷。

地形上，山西被东西走向的太行山脉所阻，降水稀少，气候干燥且寒冷（雨季集中在夏季，黄土侵蚀也较为严重）。山西省也是今天中国最为贫困的地区之一，贫穷原因主要在于自然环境的严苛。农业生产附加值低，使农民不得不为拓展耕地而砍伐森林，进而使得山地也因此荒废。水土保持能力的丧失造成河流干涸，生产力也更加低下，最终招致贫困的恶性循环（上田信：『森と緑の中国史』）。作家郑义于1987年调查访问太行山区榆社县的某一山村，深刻记录了这一极端贫困的情形（郑义：『中国低層』）。榆社县的农村恰好是我们这次的调查地点之一。

山西被称为历史重镇、文物宝库，在中国历史上占有重要位置。万里长城穿过大同北部与内蒙古草原相连，从先秦时代的匈奴开始，山西就是北方游牧民族与汉族斗争、交往的最前线。春秋时期在山西建国的晋与在山东建国的齐并列成为当时中国北方的霸主。晋分裂之后，占据山西北部地区的赵国最早从匈奴那里学习到骑射技术，成为战国七雄之一。公元5世纪，从蒙古草原南下的鲜卑族统一了分裂的五胡十六国，建立北魏王朝。北魏在都城大同开凿云冈石窟，迁都后又在洛阳凿建龙门石窟，使北传佛教得以普及，给后世带来了巨大影响。之后，山西通过隋唐宋时代的五台山与玄中寺成为中国佛教的中心地区。

隋代镇守太原的将军李渊结束了隋末的混乱局面，建立了统一的唐王朝。太原作为唐代的重要城市被称为北都。北方民族占据华北的辽金时代，山西涌现出现存的诸多文物。元代，太原成为山西省确定的省会。明清时期的山西商人腾飞于华北经济领域，紧接着的清末至中华民国时期，军阀阎锡山占据着山西省。

### 2. 侵华战争时的山西

昭和十二年（1937）侵华战争，日本出版了大量解说中国的书籍，现将其中描述的山西作一概览。

山西位于中国的东北部，河北之西，南北纬度都与河北相似，面积相当于日本本州岛、北海道和琉球三地之和的一半，排在河北与山东之后，人口 1200 万有余。地形上，东南面为太行山脉所包围，从河北平原望去如屏风高耸（太原在太行山脉以西）。西面黄河穿流而行，与中原（中国文化中心）相隔绝（山西西南部在黄河以东，也被称为河东）。地理位置使得当地政治孤立，文化普及有限，进而使山西的经济发展迟滞不前。

自古以来农业、畜牧业就是山西的主要产业，但农业在北部、中部、南部都有所不同。北部地区缺水，冬季酷寒，难以栽培冬小麦，只能种植燕麦、粟、高粱、豆子、马铃薯等作物，主食为燕麦和马铃薯。

山西中部以南则在秋天播种小麦，南面土地肥沃、物产丰富。棉花主要产于南部地区，特别是贯穿山西南北的汾河流域是农业最为发达的地区。山西整体而言，粮食供给略有盈余，但干旱少雨地带会经常性面临旱灾，灾情严峻时饥馑时有发生。

山西最繁荣的经济产业是利用山地进行放牧，900 万头羊的存栏量位居中国第一位，羊毛、羊皮是农牧家庭重要的收入来源。

资料里的"山西到处都是煤"显示了山西煤炭储量丰富，大约为 1300 亿吨，占全国储量的半数，位居第一。其中太行山脉附近的晋东南地区有 500 亿吨，晋西南吕梁山脉地区有 300 亿吨，其他地方大致有 500 亿吨。然而由于交通不便，未能完全开发，每年的开采量只有 86 万吨。（「北支通覧東洋事情研究会」，1937 年『北シナの地理』佐々木清治，1937 年，東京賢文館蔵版）①

### 3. 阎锡山的山西治理政策

我们对当时阎锡山设想的山西治理政策给予了特别关注。虽然山西地理位置偏僻，经济发展缓慢，但通过阎锡山执政时期在经济产业、教育、行政等方面的治理，1921年前后，山西一跃成为"模范省"，由此可见其治理功绩。后来，随着国民革命的深入，阎锡山的晋绥军与蒋介石率领的国民党军队交战（1926），之后又与改旗易帜后的东北

---

① 山西产业结构部分数据因年代久远，具体数字与现有情况出入极大，但某种情况下反映了当时日本侵略者对于山西的看法。——译注

军交战（1927），战事造成军费大幅增加，对外贸易中断，使得财政基础空前恶化，陷入捉襟见肘的经济危机。正因如此，阎锡山制定了经济复兴 10 年计划，在政治经济及其他方面厉行改革，才逐渐得以改观。然而正当其时，阎锡山被卷入接连发生的绥远事件、西安事变中，并不得不承担由此而来的巨大财政负担，给正在进行的财政、经济改革带来负面影响。紧接着 1937 年（昭和十二年）7 月卢沟桥事变发生后，在中日冲突的大背景下，山西"与中央政府抗日政策相呼应，一起进行抗战"，经济也由此陷入极度危险的境地（北支通览）。

阎锡山的经济复兴 10 年计划中，最能引起日本人关注的是铁路建设计划。这一计划首先是修筑纵贯山西省南北 700 公里的同蒲线（大同到蒲州），全部采用窄轨，总共 21 站。同蒲线关系着全省的民生、经济、政治、军事、交通，以最快时间完成，并借此确立了山西经济产业发展的基础。1932 年 10 月，这一重要基础性线路开始动工。1934 年 7 月，南段的太原至介休的路段正式开通运营。次年 5 月，太原至临汾的路段开通运营。日军进驻之后，该线的主要车站榆次、太谷、平遥、介休、霍县、洪洞、临汾被当作据点开始投入战斗。

该计划中排第二位的则是 300 公里的白晋线（白圭镇—晋城），这一线路最终由日军在 1939 年紧急修建完成。该线直达太行山区抗日根据地的中枢武乡的西端，也被称为日军控制根据地的"囚笼路线"（囚笼为中国古代运送犯人的囚车）。建成后的第二年（1940），刘伯承、邓小平指挥八路军129师及武乡县的众多民兵，一举破坏该线50多公里。武乡也成为我们后面详述的主要调查地点这一。

## 三、山西省的抗日与太行山抗日根据地

1937年7月，日军在华北与华中开始发动全面战争，战线也逐步扩大。与关东军一起担任压制察哈尔方面任务的华北方面军第5师团（师团长为板垣征四郎），无视司令部的指令，于9月上旬攻入山西省东部山区。随后的9月25日，在灵丘通往平型关的主道上遭到八路军伏击，3000多人全军覆没，损失惨重。[①] 开战以来日军势如破竹之势首次遭到重挫。

### 1. 抗战初期与八路军出击

10月10日，日本陆军总部发布山西作战命令，第1军第20师团（师团长川岸文三郎）与109师团（师团长山冈重厚）主力于24日突破省界娘子关，沿正太线（正定—太原）西进，直指太原。

全面战争的局面形成后，中国共产党派刘少奇、周恩来赴太原，于8月22日与阎锡山探讨全面抗日合作事宜，

———————

① 本处歼敌人数为直接译出。据《中国共产党简史》（人民出版社、中共党史出版社2021年2月版）第79页，载"一举歼灭日军1000余人，击毁日军汽车100余辆"。

拟派遣 3 万国民革命军进入战场，在阎锡山指挥下参加山西、山东、河北的战斗。8 月 25 日，陕西的中国共产党中央通过《抗日救国十大纲领》，对八路军进行改编，任命朱德为总指挥、彭德怀为副总指挥、叶剑英为参谋长、左权为副参谋长、任弼时为政治部主任、邓小平为政治部副主任、林彪为 115 师师长、贺龙为 120 师师长、刘伯承为 129 师师长，接着开始准备渡黄河。8 月下旬开始渡河，9 月 6 日，八路军总司令部从陕西出发渡过黄河，随后经侯马、临汾、太原、忻县、定襄进入五台县。接着，最早渡河的林彪 115 师于 9 月 25 日在东北山岳地带的平型关迎击日军。随后在与日军雁门关激战的 120 师掩护下，115 师于 10 月 13 日在忻口镇迎击自大同南下的日军，开始了华北抗战中最为壮烈的忻口战役。19 日晚，129 师奇袭代县日军阳明堡机场，烧毁日机 24 架。129 师还南下支援国民党军队的防守要地正太线娘子关，并取得了一定战果。11 月 8 日，省会太原沦陷。八路军的英勇抗战，有效延缓日军进入山西达 1 月以上。

## 2. 太行山抗日根据地建设

太原陷落引起的形势变化使得五台山的八路军总部自 11 月 11 日起将重心调整为敌后根据地建设，并做了如下安排：115 师一部留在五台地区，主力转向山西省西南部的汾河流域；120 师赴太原一带的同蒲铁路沿线（由北面大同经过太原直达南面的蒲州，贯通山西的铁路干线）；129 师赴山西省东南部的太行山区活动。随后八路军总部与 129 师一起向太行山区挺进。之后不久，由杨尚昆书记领导的统括华北党组织的中共中央北方局也进入了太行山区，指导根据地的发展工作。因此太行山区不只是山西省，也是华北全体（晋、冀、豫）军区八路军根据地的核心。晋为山西、冀为河北、豫为河南省的简称。

129 师进入太行山区后，于 11 月 13 日、14 日在和顺县召开大会，宣布创立太行山根据地，并向晋东南各县派遣干部开展工作。晋东南范围大致为沁县、长治、陵川、晋城、武乡、襄垣、平顺、沁源、安泽、屯留 10 县，其中武乡处于核心位置。1937 年 10 月，八路军总部从五台地区向晋东南转移，在屯留、沁县、武乡一带短暂停留后，最终驻扎在武乡的王家峪，1940 年之后才转移到辽县的麻田、武军寺一带。1940 年转移前的晋东南作战大都是以武乡为中心指挥的。

1938 年 2 月中旬，日军发动晋南、晋西作战，十几万国民党军队遭到沿同蒲线南下的日军打击而败逃。20 日至 22 日之间，太行山区周边的黎城、潞城、长治、屯留各县陆续被日军攻占。26 日，主要城市晋城被攻占；28 日，临汾被攻占，山西省的大部分地区都被占领。最南面的沁水、翼城、曲沃、侯马、运城的陷落则推迟到 3 月上旬。

然而在此期间，129 师一部在娘子关与旧关①之间的长

---

① 原文为"阳关"，系笔误。——译注

生口伏击日军，歼灭守卫队长以下 130 余人（2 月 22 日）。3 月，129 师主力在武乡、襄垣集结攻打黎城，歼灭日军第 16、108 师团官兵 1500 余人，俘获大量武器弹药与马匹（3 月 16 日）。接着，半月后在黎城、涉县之间的道路上伏击日军第 14 师团辎重队，歼灭日军 170 余人，烧毁车辆 180 台（3 月 31 日）。日军损失数字都来源于中方资料，中国方面将此表述为"三战三胜"的特大胜利。4 月，日军发动所谓的"九路围攻"，这也可以被看成是对"三战三胜"的报复。八路军在民众的支持下针对这九路攻击发动反击，借此巩固了太行山抗日根据地。（山西史志研究院：《中国共产党与山西抗战》，山西人民出版社，1997 年）

### 3. "扫荡"与反击

1938 年 4 月 4 日，日军开始对太行山区实施进攻，中国方面将此表述为"九路围攻"，这也是日军首次对抗日根据地进行"扫荡"。日军方面共计 3 万余人，以 2 月份驻扎临汾的 108 师团为主力，加上南面运城开来的第 20 师团和从北面太原南下的第 109 师团，对太行山区东西南北的九处据点进行攻击。作战目的是将八路军主力歼灭在辽县、黎城、武乡地区。在朱德、彭德怀的直接领导下，八路军与各地的党组织、政府、救亡团体一起，针对这一行动展开反击。

战斗持续了两周，到 4 月 27 日，日军不得已只好撤退。

中方资料显示，八路军在此期间死伤 2000 余人，而日军则损失 4000 人以上。其中，16 日在武乡县长乐村的战斗中就伤亡 2200 余人。该日清晨，开往长乐村的日军 1500 余人在通过山涧之间的狭窄小径时，首尾两端遭遇八路军袭击，双方展开激战。之后，从辽县赶来支援的日军 2000 余人加入战斗，战斗一直持续到傍晚。

最终，日军企图控制太行山区的作战失败，周围十八县也为中方所收复。值得特别指出的是，这一战斗的胜利是八路军在当地抗日政府与救援团体的大力支援下取得的。就以武乡县为例，牺牲救国同盟会这一组织起到了至关重要的作用。（『中国八路军·新四军史』，宍戸寛他著，河出書房新社，1989 年）

### 4. 八路军与牺牲救国同盟会

八路军 129 师于 1937 年 11 月进驻辽县后，立刻着手向武乡派遣工作组进行抗日游击工作。最早从事这一工作的是武乡县牺牲救国同盟会（以下简称为牺盟会）的特派员韩洪宝。他得到上级批准，创建中共武乡县临时工作委员会，并以组织委员的身份开展活动。委员会发掘出抗战前即在该地活动的地下组织，巩固了共产党的基础，同时又扩大了牺盟会的组织。牺盟会的骨干为抗战前由北京、太原等地归乡的青年学生们，他们通过积极的宣传活动，推动农村与城镇、农民与知识分子的结合，建立工人、农民、青年、妇女等各阶层组织，分别称呼为工救会、农救会、青救会、妇女救国会。

牺盟会，1936 年 9 月 18 日成立于纪念九一八事变 5 周年的太原，牺盟会最初是阎锡山为组织动员民众而设立的。会员在成立之初约有 1000 人，其中就有以薄一波为首的优秀共产党员。牺盟会领导的组织工作从 10 月中旬发展"村政协助员"着手，通过考试选录了中学生以上的进步青年、农村中小学教师和抗日青年 960 名，将这些青年训练两个月之后，派往省内 105 个县、1300 多个村庄，比例大约为每县 3~4 名。"村政协助员"的主要工作是抗日宣传和招募牺盟会会员，至 1937 年 4 月回到太原为止，协助员们共招募会员 60 万人。武乡县的韩洪宝也是协助员的一员，他留在武乡继续先前的组织活动。这一时期牺盟会的抗日主张并未完全为民众所接受，招募会员也主要是通过受阎锡山威权影响的实力派地主进行，所以新会员中仅列有名字的名义会员众多。1937 年 5 月，抗日战争迫在眉睫之时，牺盟会成立抗敌救亡先锋队。这一组织的官方色彩浓厚，与中国共产党领导的中华民族解放先锋队针锋相对。7 月，卢沟桥事变之后，通过与日军斗争，不断积累经验，牺盟会逐渐转变为正式的抗日民众组织。

中国进入全面抗战阶段之后，牺盟会立刻开始抗日署名、募集捐献、训练运动。9 月，日军开始进攻山西时，牺盟会向省政府提交意见书，建议制定《抗日军人家属优待法令》，实施削减地租、援助贫困军人家属、改革政府机构等举措。这些得到阎锡山的首肯，却遭到了军政官僚的抵制。9 月 25 日至 27 日，农民、小学教师、学生、劳动者、商人、高级军官、低级军官等组成的 300 余人汇聚一堂，召开第一次代表大会，通过了劳、农、兵、学、商、妇女、儿童、宗教等救国团体统一加入牺盟会的方针。接着，各县分会被划分为甲乙丙等级，配发枪支。

1937 年 11 月，牺盟会以阎锡山名义发表薄一波起草的《民族革命十大纲领》，这是在共产党高层影响下，以先前提到的《抗日救国十大纲领》为基础拟定的。其中确定创建抗日革命军队，开展游击战争，在军队内实行民主集中制，抗战过程中开展农村建设等方针。（王生甫：《抗日战争中的牺盟会》上下册，山西文史研究馆，1984 年）

### 5. 抗日根据地的民众活动

面对 1937 年底日军的进攻，各阶层自发组成抗敌救国组织，为八路军和牺盟会的抗战提供支援。接下来以武乡为例观察民众的抗日活动。据武乡县当地资料记载，自 1938 年 4 月"九路围攻"到抗战结束，武乡县先后经历了 16 次残酷的日军"扫荡"。群众汲取血的教训，发明了各种战术保卫自己、打击敌人，其中最著名的就是地道战。地道在抗战初期只是用于存放粮食与财物。随着日军对根据地的"扫荡"愈加频繁和残酷，地道也逐渐由村内向野外延伸，掩护老弱妇孺转移，减少民众损失，同时也帮助民兵作战。在此过程中，地道逐渐演化成为特殊的战场。武乡县委提出："转移民众，武装民兵，埋藏粮食、财物，是敌后开展游击战的三项基本原则，而转移民众是其中之核心。"民众绞尽脑汁，利用当地地形，基于"尽量不被敌军发现，发现后不被侵入，被火熏后能存活，被包围后能逃出"的原则，设计了蜿蜒曲折、上下分层、多岔道、多形式的地道。

据不完全统计，武乡县挖掘了大小 7000 处以上的地道。1942 年秋天，日军大举进攻，停留"扫荡"半个月以上。各村各户利用地道将损失降低到了最少。1940 年 5 月的反"扫荡"战斗中，地道内潜藏的 500 多民众用石块击退前来侦查的日军，并坚守半月以上。在著名的漆树坡"扫荡"战中，民众在地道内构筑阵地与日军激战 3 小时，牵制了日军进攻，掩护八路军干部转移。（漆树坡为我们此次的调查地点之一）

坚壁清野也是对付日军"三光"政策的手段。日军到来之前将粮食、家畜、柴草、工具等所有东西藏入井中，日军来后不能吃饭，没有任何能烧、能攻击的对象，从而失去了"扫荡"目标。1943 年，蟠龙镇附近的 30 余村的 700 余民众以男挑女提的方式实行了坚壁清野，使日军驻扎蟠龙的计划受挫，取得了蟠龙斗争的最终胜利。（蟠龙镇也是我们的调查地点）

村村连接的信息网也是民众有效的抗争手段。各村设有专门的信息员，不断获取日军消息。以烟、旗、枪声等方式进行传递。蟠龙周围的高地都设置有侦查岗哨，以此来互相联络。抗战中日占区内的信息工作有着非常重要的地位。

民众不断补充民兵队伍，直接参加抗战也是根据地的主要抗日活动。1937 年战争爆发后，武乡县有 500 人马上参加游击队。1938 年 4 月，战火蔓延至太行山区，日军暴行激起民愤，又有 1100 余人参加八路军。1941 年抗战最艰难时期有 300 人加入部队。此外，根据地对伤病军人和军人家属的帮扶也起到了重要的作用。（中共武乡县委宣传部、中共武乡县委党史研究室：《抗日战争中的武乡》，1995 年）

| 结 语 |

以上内容是为了使读者了解我们研究调查的意义，先追溯研究调查目标设定的过程，随后对作为研究对象的中日战争中的山西省地域特征、人口概况、参与战争形式等内容作简单叙述。希望本文能成为书中各种研究成果与口述记录的导言。

# 日军资料中的山西省化学战·松野诚也

　　日军十五年战争期间在中国和东南亚战场使用化学武器，以中国战场尤甚，这已是不争的事实。日军在华北地区，特别是与八路军对峙的山西省，化学武器使用最为频繁。

　　日军的化学武器使用经历了数个阶段，逐渐深化。在华北地区使用的一大特征是首先经由参谋本部批准。1937年7月，参谋本部首次准许日军在华北地区使用"绿剂"，1938年4月准许在山西省内使用"红剂"，接着1939年5月发布命令，在山西省内进行"黄剂"的实验。解读华北以及山西省的化学战，对理解日军化学战实施的背景，以及深化中日战争史研究具有深远的意义。

　　吉见义明先生在山西省化学战的前期研究成果方面有相当积累，他在《关于中国与东南亚化学战》一文题为"山西省与其周边情况概览"的一节中，论述了如下相关事实：（1）日军在对八路军1940年发动的百团大战进行反击时开始频繁使用化学武器；（2）使用包含芥子气与路易氏剂①的化学武器是"歼灭战"的重要组成部分；（3）使用化学武器的"歼灭战"至少持续到 1943 年；（4）化学武器在华北战场的使用一直持续到 1944 年。② 以上仅是整体概述，今后的研究焦点主要在于对详细情形做进一步解读。

### 1. 化学武器的研究、开发及制造

1918 年第一次世界大战结束后，日本陆军设立临时毒气调查委员会，也从此开始了化学武器的研究。③ 一战后不久，该委员会被撤销，但久村种树中佐④参照欧美各国化学战的调查成果，担任 1921 年在东京新宿户山原创设的陆军科学研究所第二课化学武器班的负责人，研究随之再次启动。1925 年 5 月，该组织扩大成为陆军科学研究所第三部，研究也进一步正规化。1932 年 7 月，陆军科学研究所第三部改编为第二部，1941 年 6 月又更名为陆军技术本部第六研究所。太平洋战争爆发后的 1942 年 10 月，成立陆军兵器行政总部后又被改称为第六陆军技术研究所。该部门在

① 译者注：路易氏剂是三价有机砷化合物，1918 年由 Lewis 等首先合成的含砷起疱剂，故名 Lewisite，中文音译为路易氏剂。

② 吉见義明「日本軍の毒ガス作戦」洞富雄 藤原彰 本多勝一编『南京事件を考える』大月書店，1978 年。

③ 在此之前，1917 年陆军军医学校小泉亲彦一等军医在该校内设置化学武器研究室，进行化学武器和防毒面具的研究和开发。陆军科学研究所设立之后，化学武器研究也由其所接管。之后小泉转向细菌武器，大力支持提倡细菌战研究的石井四郎三等军医正。

④ 译者注：久村种树（1882—1967 年），陆军军人，曾担任陆军科学研究所第三部部长、陆军科学研究所所长等职务，最终军衔为陆军中将。

此期间进行了种种试验，制成九种化学制剂（毒气），并用该化学制剂开发研制了多种化学战材料、物资。从 1929 年开始，化学武器制造主要是由广岛县大久野岛的陆军造兵厂火工厂忠海兵器制造所负责。1938 年开始，主要由福冈县企救郡的陆军造兵厂火工厂会根兵器制造所（后来的东京第二陆军造兵厂会根兵器制造所）来负责炸弹、炮弹中的化学制剂填装。此外，1933 年还设立陆军习志野学校，负责化学战教育以及化学战资材的运输研究。

陆军为未来的对苏作战考虑，于 1937 年 8 月在齐齐哈尔设立关东军技术部，并在部内设置了化学武器班。化学武器班于 1939 年 8 月升级为关东军化学部（满洲第 516 部队），对外以陆军科学研究所第二部（第六陆军技术研究院）驻外部门的身份进行活动。该机构还与关东军防疫给水部（满洲 731 部队）一起进行了化学武器的人体试验。①

表 1 展示的日军所装备的化学制剂有 10 余种，全部为欧美列强在第一次世界大战前后所研制。其中，日军资料中确认在山西省使用的有"黄剂""红剂"和"绿剂"。在此对这些化学试剂作一说明。

首先"黄一号"（Yperite），一般为茶褐色或黄褐色油状液体，芥子气或是腐烂白菜气味，也正因如此，欧美称之为"Mustard Gas"（芥子气），凝固点高，为 13 摄氏度，寒冷之地容易凝固。日本陆军依据制造法分为甲、乙、丙

---

① 拙稿「日本陆军による化学兵器の人体実験」『駿台史学』第 110 号，2000 年 8 月。

三种类型进行装备，其中"黄一号丙"设想对苏作战时使用，有意降低了 Yperite 的凝固点。但其适应高寒地带后，毒性比之前也略有下降。

Yperite 呈液态或气态状，作用于人体可以致死。接触 Yperite 的人两三个小时内皮肤会变红，随后伴随强烈的痛感生成大大小小的水疱。水疱破裂后伤口会腐烂坏死，最终留下伤疤。皮肤纤维粗糙，再生需要很长时间。吸入时，会引起器官出血、细胞坏死、肺组织出血、生成血栓等症状，情况严重时还会引起气管阻塞；甚至造成眼球充血，产生结膜浮肿，重伤还会引起溃疡和失明。播撒之后，短时间内（数天乃至数周）毒气效力不减。由于以上特性，Yperite 被称为"毒气之王"。

黄二号（Leweist）一般是呈黄色的油状液体，有令人作呕的刺激性恶臭。Leweist 与 Yperite 毒性大致相同（与 Yperite 相比，毒性持久性较差）。相对 Yperite 而言，其见效较快。由于 Leweist 中含有砒霜成分，所以因砒霜中毒致死的情形也大量存在。正因如此，Leweist 也被称为"死水"。Leweist 挥发性强，凝固点为零下 31 摄氏度，高寒地带也不容易冻结。

陆军研究开发各种作战方案，如将"黄剂"填充进炮弹和炸弹，制成"黄弹"发射，播撒"黄剂"形成毒气带，用飞机将原液空投"撒毒"等。

接下来的"红一号"（Dphenylcyanoarsine）为固体，通过加热升华对人体产生影响。作用于眼、鼻、喉等，立刻会产生灼热性的疼痛，导致流泪、打喷嚏、咳嗽、流鼻涕、恶心、呕吐，正常环境下 30 分钟以上才能恢复。此外，"红一号"还以微粒子形式发生作用，即通过密度低的防毒面罩渗透，无保护情况下低浓度也会立即见效。原陆军化学武器相关人员回忆道："红一号是作为喷嚏诱发剂使用的，但只有浓度极低的情况下才会诱发喷嚏。我们观察到的情况则与此不同，产生的症状包括鼻、咽喉、胸部有重挠式的刺激感，让人坐立不安。此种难以忍受的状态通常会持续 20 分钟之久。"[1] 此种毒气的毒性与窒息性毒气"光气"（Phosgene）相类似，浓度高的情况下会对肺器官造成伤害并致死。[2] 日军化学武器记录中载有很多中国士兵因"红剂"引发"口鼻出血、窒息而死"的情形。[3]

日本陆军将此"红一号"填充的"红弹""红筒"（装有"红一号"的投射筒），以射击、投掷的方式（击中时爆炸的热量将红剂气化）进行化学战。"红一号"是日本陆军在中国战场中使用数量最多的化学武器。此外，"绿一号""绿二号"是作用于眼和呼吸器官的催泪型气体，浓度高时会引起肺充血、水肿和短暂失明，使用方法与"红剂"大致相同。接下来对这些化学武器的相关使用场景做一探讨。

---

① 市野信治「化学戦兵器（攻撃）の研究」，防衛庁技術研究所編『本邦化学兵器技術史』（技研資第三一号），1958 年，85 頁。

② 中村隆寿「化学兵器」陸軍科学研究所高等官集会所，1934 年，234 頁。

③ 教育総監部「事変の教訓 第七号 化学戦の部」，1939 年，粟屋憲太郎、吉見義明編 解説『毒ガス戦関係資料』（不二出版，1989 年）所収，413 頁。

表 1　日军装备化学剂及其用法

| 陆军称呼 | 名称 | 毒性 | 装备年份 | 用法 |
|---|---|---|---|---|
| KI（黄）一号甲 | 德式制法（Yperite） | 腐烂性毒气 | 1936 年 | 毒气弹、撒毒、空投 |
| KI（黄）一号乙 | 法式制法（Yperite） | 腐烂性毒气 | 1929 年 1936 年 | 毒气弹、撒毒、空投 |
| KI（黄）一号丙 | 德式制法液态（Yperite） | 腐烂性毒气 | 1937 年 | 毒气弹、撒毒、空投 |
| KI（黄）二号 | Lewisite | 腐烂性毒气 | 1932 年 | 毒气弹、撒毒、空投 |
| 红一号 | Dphenylc yanoarsine | 喷嚏型呕吐性毒气 | 1933 年 | 毒气弹、毒气发射筒、毒气手榴弹 |
| 绿一号 | 盐化（Acelophenone） | 催泪性毒气 | 1929 年 | 毒气弹、毒气发射筒、毒气手榴弹 |
| 绿二号 | 臭化 Benzil | 催泪性毒气 | 1929 年 | 毒气弹、毒气发射筒、毒气手榴弹 |
| 青一号 | Phosgene | 窒息性毒气 | 1929 年 | 毒气弹 |
| 茶色一号 | Hydrogen Cyanide | 血液中毒型毒气 | 1938 年 | 大量发射对战车的圆形毒气弹投掷瓶 |
| 白一号 | Arsenictr ichloride | 发烟剂 | 1929 年 | 与青弹化学制剂合用 |

### 2. 催泪性毒气的使用

1937 年 7 月 7 日卢沟桥事变发生后，日本陆军总部最终决定向华北增兵，化学武器部队也于 7 月下旬被派往华北。[①]

7 月 28 日日军发动总攻击，追击平津地方（北京、天津附近）的中国国民政府军（宋哲元军）。同一时间，参谋总长闲院宫载仁大将签发"临命第 421 号指令"，向驻屯军司令官香月清司发出指令，平津地区战役中"可以适当使用催泪筒（绿筒）"[②]。这是现阶段得以确认的，最早准许使用化学武器的指令。

为对全华北的日军进行统一指挥，日军参谋本部于 1937 年 8 月 31 日设置华北方面军（司令官为寺内寿一大将），原中国驻屯军改编为第 1 军，并与新编第 2 军一起编入华北方面军麾下。随后的一段时期内，华北方面军似乎

---

① 首先，7 月 27 日向华北方面派遣第 3、第 5 大队与第一野战化学实验部队（"临参命"第 65 号），8 月 31 日向华北方面军中增派第一、第二野战瓦斯厂，以及野战瓦斯第 13 中队、第 6 小队、第 8 小队（根据"临参命"第 82 号"华北方面军战斗序列"）。华中方面，8 月 15 日向上海派遣军派遣野战瓦斯第 7 小队与迫击第 4 大队（"临参命"第 73 号），10 月 30 日由野战瓦斯队本部与野战瓦斯第 1 中队、第 2 中队、第 5 中队、第 13 中队及野战瓦斯第 6 小队、第 7 小队组成上海派遣军瓦斯部队（"临参命"第 137 号）。接着向华中的第 10 军中增派配备野战瓦斯第 6 中队与野战瓦斯第 8 小队等（据"临参命"第 120 号"第 10 军战斗序列"）。以上内容为防卫厅防卫研修所『戦史叢書・シナ事変陆军作戦（1）』（朝雲新聞社，1975 年）所收的"各方面军、军队战斗序列表"。

② 吉見義明、松野誠也编，解说『毒ガス戦関係資料Ⅱ』（不二出版，1997 年）所收，244 页。

也得到了"绿剂"使用许可。可以确认的是，第 2 军麾下的第 10 师团在 1937 年 10 月中旬至 1938 年 5 月之间，使用了"催泪筒"（绿筒）1619 个。[①]

然而前线军队不满足于"绿剂"的使用，开始向上级要求使用"红剂"。华北方面军参谋长冈部直三郎少将在日记中写道：1937 年 10 月，方面军直辖第 5 师团（师团长板垣征四郎）从察哈尔进攻山西时在太原攻坚战中陷入苦战，第 5 师团担心战事陷入胶着，10 月 25 日向方面军提出申请"使用红筒"，接到此请求的华北方面军司令部"向参谋本部提交红筒使用许可申请"，27 日收到"参谋本部指示不许使用红筒"。[②] 这里明白无误反映出的事实是，前线部队认为对战事有利而有意使用化学武器，但前线的方面军司令官并无最终的决定权限，需要有参谋本部的指令。然而在这一阶段中，即便参谋本部未准许使用"红剂"，太原攻坚战中第 5 师团麾下的步兵第 21 联队仍然使用了若干"绿筒"和"特种弹"。[③]

此外，1937 年 8 月 13 日华中爆发第二次上海事变，参谋本部增派第 10 军（司令官柳川平助中将）前往支援已陷入苦战的上海派遣军（司令官松井石根大将）。第 10 军参

---

① 陆军大学校『北シナ作戦史要』第三卷，防衛庁防衛研究所図書館所蔵。吉見義明氏発見。

② 岡部直三郎『岡部直三郎大将の日記』芙蓉書房，1982 年，110 頁。

③ 步兵第二一連隊『太原付近戦闘詳報』，防衛庁防衛研究所図書館所蔵。

谋长狡辩称"绿剂"并非毒气，准许其麾下部队使用①，使得第10军麾下部队开始使用"绿筒"。②

在上海进行了将近90天的激战后，统率第10军的华中方面军开始发动对南京的进攻。第10军司令部在南京作战计划表中向陆军总部提出大规模使用芥子气（Yperite）的建议，"将南京市区夷为废墟"，其理由为"正式发动进攻时，放开毒气使用限制非常重要，若此时在毒气使用方面犹豫不决，则势必如上海战役一样，付出不可承受的极大牺牲"。③ 这一提案最终未被采纳，然而前线司令部对于使用"黄剂"的主张却极为坚定，可以想象，战斗中为避免兵力损失而大规模使用的场景开始经常出现。

在这种情况下，陆军总部负责调查中国军队化学战装备的野战化学试验部的报告也接踵而至。提交给陆军总部的报告中提到，"中国政府军的防护装备非常拙劣，红剂与黄剂的使用非常有效"。④ 并特别指出，即便在冬季，"腐烂

---

① 杭州湾登陆之前，10月25日第10军参谋长田边盛武少将（太平洋战争开战时的参谋次长）发出《军参谋长注意事项》，命令中有"绿筒非毒气，各部队应在需要之时最有效地利用之"。前引用『毒ガス戦関係資料Ⅱ』所收，274页。

② 国崎支队的步兵第41联队第3大队在11月5日的杭州湾登陆战与金山卫城附近的战斗中使用"催泪筒"10发的事实已得到确认。步兵第41連隊第三大隊『杭州湾上陸及金山衛城付近戦闘詳報』，防衛庁防衛研究所図書館所蔵。

③ 第10军司令部「南京攻略に関する意見」1937年11月30日，前揭「毒ガス関係資料Ⅱ」所收，277—279页。

④ 第一野戦化学実験部「要報 第六号 支那軍化学戦備ノ概況並に対応策」（1937年11月8日）中指出中国军队化学战装备低劣，断言"中国军队在毒气防护方面不仅有重大缺陷，敌对毒气颇为忌惮，这一情况下红剂与黄剂的使用极为有效"，接着报告中对万平方米中"红弹"的有效使用量进行了深入分析。同前所收，192—193页。

毒气（黄剂）也能渗透进中国士兵的棉衣，效果非常显著"。[1] 提到上海作战攻击工事时，说"毒气最为有效，应该发挥其特点，将来应特别留意此点"。接着联想到对苏战争的化学战训练，"从化学战角度观察，各行动部队此次事变暴露出相当大之缺陷，将来若以如此状态，恐难面对与他国的战斗。化学战培训与训练亟待彻底深入"。[2]

### 3. 使用喷嚏型、致吐型毒气的开始

1937 年末，华北方面军（司令部在北京）的驻扎情况：第 1 军第 20 师团、第 109 师团驻扎在山西省中北部，第 14 师团、第 108 师团驻扎在河北省西部以及河南省部分地区；第 2 军驻扎在山东省；方面军直辖部队驻扎在河北省北部和东部。1938 年 1 月，华北方面军命令第 1 军对山西省南部进行压制，并向其增派第 16 师团。到 3 月上旬为止，山西省重要地区已基本被第 1 军占领。但令日军恼火的是，国民政府令部分军队退守山区地带继续抵抗，而八路军也在山西境内开展着游击战。

1938 年 2 月，日军占领南京后，大本营决定不再将战事扩大，但华北方面军对此命令置之不理，反而在 4 月份

---

① 第三野戦化学実験部「冬季支那軍ノ被服ニ対スル糜爛瓦斯ノ浸透効力実験報告」（1938 年 2 月 25 日），同前所収，201—210 頁。

② 第三野戦化学実験部「化学戦ニ関スル調査報告」（1938 年 2 月），同前所収，211—227 頁。吉見义明发现此资料后，指出为对苏战争做准备是日军使用化学武器的动机。（粟屋憲太郎、吉見義明「毒ガス作戦の真実」『世界』475 号，1985 年 9 月）

继续进攻，最终在山东省台儿庄附近被中国国民政府军击败，战事不扩大的既定方针也被改变。最终在徐州附近实施徐州会战，准备包围歼灭中国军队主力。现存已确认的资料中，徐州会战是最早使用"红剂"的战役。

华中派遣军司令部撰写的报告书记述："在局部地区作战中使用'红剂'，目的在于改善局部战斗，使之朝于我军有利之方向推进。"报告书中记录的最常见攻击模式为，攻坚战受挫时施放毒气，随后命令佩戴毒气面罩的步兵突击，乘机"歼灭"受困的中国部队。[①]

之后使用"红剂"的案例则是第 1 军在晋南进行的"肃清战"，目标是遏制中国国民政府军对山西省南部的反攻意图。1938 年 4 月 11 日，闲院宫参谋总长向华北方面军和驻蒙军下达指令，指出在山西省内可以使用"红剂"，这一指示如下：

> 大陆指第百十号
>
> 指示
>
> 基于大陆命第三十九号及第七十五号，详如左示
>
> 左方记录范围内可使用红筒轻迫击炮用的红弹
>
> （1）使用目的　用于针对盘踞山区地带匪徒的"扫荡"战

---

① 华中派遣军司令部「徐州会戦及安慶作戦ニ於ける特種煙使用ノ戦例及成果」1938 年 9 月，同前所收，309—332 頁。该资料的内容 1994 年 7 月 14 日为《每日新闻》晚报所报道，而在此之前防卫厅防卫研究所图书馆将此资料设定为永久不公开。

（2）使用地域　山西省及其相邻地区的山岳地带

（3）使用方法　尽量与烟混用，对毒气使用的情况严格保密，尤其注意不要留下痕迹……

另附红弹与红筒交付情况

昭和十三年四月十一日

参谋总长　载仁亲王

华北方面军司令官　伯爵　寺内寿一　殿

驻蒙兵团司令官　莲沼蕃　殿①

从文件中可以看出，毒气仅限于在难以发现使用痕迹的山西省及其附近的山地使用。这种特别在意使用隐秘性的做法，是大本营陆军部（参谋本部）充分意识到国际法之后表现出来的。

吉见义明先生所发现的《第 1 军机密作战日记》中，有对第 1 军"红剂"使用方式等情况的详细记述。第 1 军接到指示后，立即着手开展化学战教育，其中就有"将使用地区的相关人等全部消灭，尽量不留任何痕迹"，以及"尽快将时间、地点、战果等内容上报军总部"等重点强调的内容。② 故而，施放毒气后突击，用常规武器"一举消灭"受到毒气困扰的中国士兵成为常用战术。

1938 年 3 月"晋南肃清战"开始，其中第 2 军由于在

---

① 同前所收，253 页。

② 五月三日的第一军命令「一军作命甲第二三五号」の「别纸第三 特种资材使用ニ伴フ秘密保持ニ关する指示」、第一军参谋部「第一军机密作战日志」卷十四。同前所收，287—288 頁。

徐州会战中减员，战斗力也大幅下降。5 月中旬开始，伴随着中国军队的反攻，第 2 军在各地陷入苦战。

在此背景下，在山西省曲沃附近陷入危机的第 20 师团（师团长牛岛实常中将）开始大规模使用化学武器。7 月 6 日拂晓，针对曲沃南面的绛县北侧高地的国民政府军，第 20 师团在 5 公里范围内使用"红筒"7000 件。《第 1 军机密作战日记》中记录：毒烟"将敌前沿阵地完全吞没，一举突破 3 公里防线，我一线部队基本无损伤"。① 次日拂晓，第 20 师团又从正面使用"红筒"3000 件②，两日共使用"红筒"1 万余件，最终成功将国民政府军击退。

之后一段时间，第 1 军司令部为防止滥用化学武器而暂停"红剂"使用。但随后大本营陆军部即发布"为保障占领地域安定，自即日起准许使用特种发烟筒及特种弹"的最新指示。华北方面军接到这一指示，于 8 月 19 日发布"方军作命甲第 441 号"③ 命令，"准许各兵团使用'扫荡'敌匪所必需的特种发烟筒及特种弹"。第 1 军也随之"解除过去的全部使用限制"，给下辖兵团发布了使用"红剂"的许可令。④

至此，华北日军的"红剂"使用限制全部解除，可以根据情况自由使用。

---

① 陆军习志野学校「支那事变ニ於ケル化学戦例证集」（1941 年）战例 11。前揭『毒ガス戦関係资料』所收，444 页。

② 第一军参谋部「第一军机密作戦日誌」卷十九。前揭『毒ガス戦関係资料』所收，298 页。

③ "方军"，为"北支那方面军"的简写，译者注。

④ 第一军参谋部「第一军機密作戦日誌」卷 22。同前所收，301—302 页。

### 4. 持久战与腐烂性毒气使用试验

日军在徐州会战中围歼中国军队的计划失败后，又在华中地区策划了下一步行动计划，以总兵力 40 万的华中派遣军（派遣军司令官畑俊六大将）为主力实施武汉战役。战役在幅员辽阔的战场上展开，然而国民政府军顽强抵抗、传染病蔓延、酷暑等因素使得日军陷入苦战，从而不得不更多地依赖化学武器。吉见义明先生所发现的《华中派遣军司令部化学战实施报告》中记载，这段时期共使用化学武器 375 次以上，其中 80% 都取得显著效果（共使用"红弹" 9667 发、"红筒" 32162 件、"绿剂" 6667 件），报告中提到施放毒气后，立即突击将中国士兵刺杀的战斗次数众多。华中派遣军司令部向陆军总部提交的报告中陈述，在中国战场实施的化学战包含着对苏作战实战演练的因素，"绝对需要"开发效力强于"红剂"的化学武器（同年，陆军装备氢氰酸（Hydrogen Cyanide）制成的"茶一号"），日军"今后在占领区域内行动、警备，应依情所需使用'红剂'为益"。①

与武汉战役同时进行的还有进攻广东，然而这些并未使国民政府屈服，国民政府退至重庆继续抗战。日本国力承受达到极限，大规模进攻作战无法继续，从而不得已转

---

① 华中派遣軍司令部「武漢攻略戦間ニ於ケル化学戦実施報告」，1938 年 11 月 30 日，前掲『毒ガス関係資料』所収，308—309 頁。

向相持战。

这一阶段的 12 月 2 日，闲院宫参谋总长向中国战线的日军发布"大陆指第 345 号指示"，"中国各派遣军可使用特种烟（红筒、红弹、绿筒），但应尽量避免在城市使用，特别注意避免在有第三国人居住的地区使用。使用时与烟混用，严格保守毒气使用秘密，不留下使用痕迹；加强特种烟使用、利用的训练教育，使之更加完善"。① 就此可以观察到，华中派遣军的建议已经为陆军总部所采纳。

故而，中国战场的日军为确保占领地域安定，给予中国军队以打击，对化学武器的使用已日益稀松平常，并逐渐成为一种必不可缺的手段。1939 年，第 11 军在华中地区实施南昌作战、襄东会战、赣湘会战，就经常使用"红剂"。特别是在 1939 年三四月间的南昌作战，在开战之初的修水渡河作战中就集中使用"红弹"3000 发、"红筒"15000 件。②

华中战场上的化学武器使用，规模上不比一年前华北战场的"晋南肃清战"更甚，但"红剂"使用一直持续。大本营陆军部在此状况下指示，在山西省内可以试验式地使用"黄剂"。这便是 1939 年 5 月 13 日闲院宫参谋长向华北方面军司令官杉山元下达的"大陆指第四百五十二号指示"。

---

① 前揭『毒ガス戦関係資料Ⅱ』所收，256—257 页。
② 陆军习志野学校案「支那事变ニ於ケル化学战例证集」战例 50，前揭『毒ガス戦関係資料』所收，488 页。

大陆指第四百五十二号

指示

基于大陆命第二百四十一号，如左所示：

一　华北方面军司令官应在所属占领地域内，研究黄剂等特种资材在作战运用方面的价值。

二　右面所述研究应在左面的范围内进行。

1. 使用时采取多种办法尽量保密，特别是绝对不使第三国人受害，保密方面绝对不能留下瑕疵。

2. 尽量使中国军队之外的普通中国人少受害。

3. 实施于山西省内偏僻地区，为达到实验研究目的，尽量控制到最小限度。

三　以空投方式进行。

昭和十四年五月十三日

参谋总长　载仁亲王

华北方面军司令官　　杉山元 殿①

从文件中可以看出，实验地选择在"山西省内偏僻地区"，且竭力强调使用的隐秘性。这里值得注意的是，"绝对不使第三国人受害"与"尽量使中国军队之外的普通中国人少受害"的对待方式有着明显区别，从这一点也不难想象，普通中国人会被卷入"黄剂"的攻击中。

———————————

① 前揭『毒ガス戦関係資料Ⅱ』所收，258 頁。

当前日本方面的资料中确认的最早"黄剂"使用案例是，1939 年 7 月和 9 月第三飞行集团（集团长木下敏中将）在华北分别使用"92 式 50 公斤投掷式黄弹"66 发和 12 发。① 1942 年 7 月，这份资料由中国国民政府驻英国大使顾维钧在太平洋战争协调会上提出，控诉日本使用生物化学武器，文件提出的内容与实际发生的情形是一致的。所附文件《日军在中国的毒气使用》中，记载着"1939 年 7 月，日军用飞机在山西省南部战场投掷腐烂性毒气炸弹，以此阻止中国驻防军队的转移，这种行为也发生在其他地区"。②

此外，美国陆军参谋部第二部长代理谢尔曼·迈尔斯准将所述的《日军在山西的毒气使用》（1941 年 11 月 15 日）中谈到：1939 年 11 月至 12 月，日军用毒气弹空袭山西省夏县附近地区，之后美军获取了当时未爆炸的弹药并进行分析，鉴定为 Yperite 与 Lewisite 的混合毒气炸弹③。可以设想，日军的毒气空袭是持续进行的。

接下来观察地面部队的"黄剂"使用情况。1939 年 11 月到 1940 年 1 月间在华南进行的"翁英作战"，是现阶段确认的最早的"黄剂"使用案例。在这次作战中，独立山炮兵第 2 联队使用 94 式山炮发射"红 B 弹"10 发、"黄 B

---

① 第三飛行集団兵器部「北支ニ於ケル航空弾薬消費調査表」（1939 年 11 月末日調），同前所収，401 頁。

② 竹前栄治「資料紹介 やはり毒ガス？ 細菌兵器は使われていた―中国側からの告発―」『世界』479 号，1985 年 9 月。

③ 吉見義明「日本軍は毒ガスを使っていた！」『朝日ジャーナル』1988 年 12 月 16 日号。

弹”294发。[①] 陆军科学研究所派遣军官对这次作战的“特殊弹药”进行指导[②]，以此推测，这或许是华南地区的首次使用实验。说明“大陆指第四百五十二号指示”之外，参谋总长或许在华南地区也下发过准许实验性使用“黄剂”的指令。

另外，隶属于华北派遣军第1军的第3师团（师团长舞传男中将），也在1940年4月中旬至5月中旬实施的晋南春季作战中使用“黄弹”。此次作战得出的经验是：“中国军队毒气防护装备极差，效力短暂的毒气与效力持久的毒气混合使用效果非常好，肯定能给对手以相当大的精神打击。（藤）”[③]（藤），即“藤山部队”。可见山炮兵第36联队（联队长藤山朝章大佐）将“效力短暂的毒气”——“红剂”与“效力持久的毒气”——“黄剂”混用。另外，1940年6月3日，在山西省内的遭遇冲突中，第36师团所属的步兵第224联队第9中队使用“迫击炮撒毒”。这也是在资料中首次出现这一“黄剂”使用的新方式。[④]

① 独立山砲兵第二連隊「翁英作戦戦闘詳報」，前揭『毒ガス戦関係資料Ⅱ』所収，349頁。吉见义明发现此战斗详报原稿为防卫厅防卫研究所图书馆所藏，现已从图书馆卡片目录中删除，成为非阅读资料。

② 陸支密第4437号（陸軍省兵器局銃砲課起案）「特殊弾薬取扱法指導ノ為人員派遣ノ件」1939年12月2日。陸軍省「陸支密大日記」，1939年第73号所収，防衛庁防衛研究所図書館所蔵。

③ 舞部隊（第36師団）本部「春季晋南作戦ノ教訓」，前揭『毒ガス戦関係資料Ⅱ』所収，355—356頁。另外，也请参考36页的解释文。

④ 步兵第224連隊第9中隊「第九中隊好地窊北側高地付近戦闘詳報」，同前所収，260頁。

### 5. 全面使用化学武器

1939 年 10 月 1 日，南京设立中国派遣军总司令部（首任总司令官西尾寿造大将），统一指挥华北方面军（下辖第1 军、第 12 军、驻蒙军等 11 个师团、11 个独立混成旅团）、华中第 11 军（下辖 9 个师团和 1 个独立混成旅团）、上海地区第 13 军（下辖 4 个师团和 3 个独立混成旅团），以及华南的第 21 军（下辖 4 个华北的师团和 1 个独立混成旅团）等中国战线的全部陆军部队，总兵力达到了 70 万人（与此同时，原华中派遣军司令部被废止）。然而，日军分散驻扎在各地，守卫占领区域已是自顾不暇。自 1939 年 12 月至次年 1 月，国民政府军发动全面冬季攻势，日军不得不陷入艰难的防守战。日军将这次攻势化解后，4 月起开始实施宜昌作战，旨在攻下有重庆大门之称的宜昌（湖北）。日军在这次作战中大量使用了"红剂"。

1940 年 7 月 23 日，宜昌作战结束（7 月 11 日）之后，闲院宫参谋总长在"大陆指第六百九十九号"令中，对中国派遣军总司令官西尾寿造大将和华南方面军司令官安藤利吉中将，作了以下指示：

大陆指第六百九十九号

指示

基于大陆命第四百三十九号如左所示：

中国派遣军总司令官及华南方面军司令官，如左所示，可以使用特种烟及特种弹。

一、对使用的意愿及事实进行严格保密，特别要慎重考察其涉外影响，特别注意在他国人居住地附近使用时要注意不要留下使用痕迹。

二、禁止采用播撒方式。

昭和十五年七月二十三日

参谋总长　载仁亲王

中国派遣军总司令官　西尾寿造 殿

华南方面军司令官　安藤利吉 殿[①]

此命令的主要意义在于，在原有的"绿剂"与"红剂"外，又解禁了对"黄剂"的使用限制。原因在于指示中只是禁止"空中播撒"这种"黄剂"独有的使用方法。除此之外，"黄剂"的其他使用手段（毒气弹、炸弹毒气弹、播撒）则不在禁止之列。这一指示中值得关注的内容还有，去除了对于一般中国人的"顾虑"，从而可以推测，当时已将一般中国人作为"敌人"对待，普通群众也成为化学武器攻击的对象。

随后的 1940 年夏天至 1942 年夏天，日本陆军在中国战场的化学战达到了最高潮，"黄剂"也开始大规模使用。

---

① 前揭『毒ガス戦関係資料（監）』所収，353—354 頁。

## 6. 针对八路军的"歼灭战"与化学战

中国共产党在华北，以靠近陕北延安根据地的山西省为基础向山东省、河北省扩展势力，在农村与山间地带创立抗日根据地（解放区、边区）。在民众的支持下，八路军（第18集团军总司令朱德）以115师（师长林彪）、120师（师长贺龙）、129师（师长刘伯承）为主力，大力开展游击战。中国共产党势力扩大，对于日军而言则成为"事变最初，华北五省被蒋介石放弃，而随后一年多里，该地区像被人体细菌侵蚀一样，成为一种另类战场，看不到敌人……但若撒手不管，则地区会被敌军全部渗透"。"到昭和十四年（1939）末，中共的渗透遍布华北全部，成为治安保障方面最大的对手。"① 对华北方面军而言，"中共势力还未壮大，作战以游击战为主，遭遇我军攻击后则一定会四散奔逃，基本见不到成建制的正规部队对我们攻击"。②

然而8月20日的事件，却迫使日军不得不改变这种认识。之前实行游击战的八路军，突然组织40万兵力大举进攻，攻击分散驻扎在华北各地的日军。这次被八路军称为"百团大战"的进攻使华北方面军损失惨重。第一复员局（旧陆军省）撰写的《北支那方面军作战记录》提到了其

---

① 井本熊男「作戦日誌で綴る支那事変」芙蓉書房，1957年，339頁。
② 同前，445頁。

遭受的巨大损失①，"本次进攻全然出乎我军所预料，其损失巨大，需要花费大量时间和巨资恢复，今后为免遭此类意外突袭，维护我军威信，彻底击垮共产军，故策划了晋中作战"。②

华北方面军明确态势之后，各地也立即转入反攻。其中山西省第1军以独立混成第4旅团和第9旅团为核心进行反攻，实施晋中作战（晋为山西省简称，晋中作战即在山西中部进行的作战）。吉见义明所发现的资料中确认，此次作战伴随着激烈的破坏行动。第1军参谋长田中隆吉少将提出，"作战中坚决追击敌军之同时，应迅速切断敌军退路，将敌人俘获歼灭，占领目标地区后之作战目标为彻底歼灭'扫荡'敌根据地，断绝敌人将来生存之基础"③，进攻之后，在返回休整时又作"歼灭战"（歼即烧光之意思）的实施指导，具体则有以下内容：

三　歼灭目标及方法

1. 敌人以及假扮普通百姓之敌

---

①　华北方面军向陆军省提出的「被害復旧状况」（1940年10月15日）中提到，这次攻击中遭到破坏的铁道桥梁有73处，1014米，破坏的铁路线有114处，达到44681米。隔断、破坏的电线杆有2440根，破坏的电线将近146公里。此外，放火烧毁井陉新矿井，致使半年不能复产。而该矿出产炼钢用的炭块，是东北鞍山制铁所必不可少的原料。（同前，353—356页）

②　防衛庁防衛研修所戦史室編『戦史叢書・北支の治安戦（1）』朝雲新聞社，1968年，338頁。

③　独立混成第4旅団「第一期晋中作戦戦闘詳報」，前掲『毒ガス戦関係資料Ⅱ』所収，357—364頁。

2. 居民中十五岁以上六十岁以下，被认为是带有敌意的男性　杀（1.2）

3. 敌所隐匿的武器、弹药、装备、炸药等

4. 敌所囤积的粮草

5. 敌所使用的文档　没收带走，不得已时烧毁（3.4.5）

6. 烧毁带有敌意的村落①

民众以各种方式支持着八路军游击战，断绝该地区的战斗能力，对村落进行"歼灭"成为日军作战的终极目标。为使"歼灭战"进行得顺利彻底，独立混成第4旅团在初始之际就指示"各部队应适当携带特种弹药"，实际共使用"红弹"43发，以及与"红弹"有所区别的山炮"特种弹药"3发。②

此外，独立混成第9旅团永野支队在追踪八路军的同时，提出"坚决彻底地消灭敌根据地以及将来有可能成为根据地的各村落"的作战方针，命令迫击炮第5大队"毒气弹药应占到弹药的半数"，在努力追踪八路军129师的同时，也对村落开展"歼灭战"。山炮兵第36联队第9中队使用"黄弹"47发、"红弹"62发，特别是记录中显示，

---

① 同前，367頁。

② 独立混成第4旅团「第一期晋中作戦戦闘詳報」，防衛庁防衛研究所図書館所蔵。吉見義明氏発見。

名为"辉教"的村庄曾被"毒化"。[①]（我们在辉教村中听到的口述时间与晋中作战的年份略有出入，但日军从空中播撒毒剂，村民中不乏受害者。）

　　试举具体一例讲述与八路军的化学战。9 月 11 日，迫击炮第 5 大队第 2 中队在山西省和顺县万山附近与八路军 129 师约 200 人展开激战，日军为切断八路军退路，用 2 门迫击炮向八路军后方村庄发射"红弹"，结果"敌人对毒气并无基本常识，且无相应防护装备，敌退路被我军所布下的毒气地带所阻，迷失方向，我步兵部队未失战机，将其一举包围攻击歼灭之"。日军从这次化学战中也吸取了少许经验，即"只要往村庄中射入少量毒气炸弹，则会形成有效的毒气地带，可以肯定的是，这种化学战战术对于共产军队效果极佳"。[②]

　　紧接着，10 月 13 日至 11 月 2 日，华北方面军对山西、察哈尔、河北交界区域的共产党根据地——晋察冀边区进行大规模"肃清战"。对晋察冀边区"肃清战"中，华北方面军"为实施对中共根据地的覆灭战，三次反复讨伐肃清"。[③]

　　暂时退却的八路军随后再次转入攻势，展开多次反击。"第 1 军此时开始谋划一举歼灭中共军队主力及其根据地，断绝将来之祸根，从而展开第二次晋中作战。"[④] 原第 1 军

---

　　① 步兵第 224 連隊第二大隊「晋中第一期作戦戦闘詳報」，前揭『毒ガス戦関係資料Ⅱ』所收，357—364 頁。

　　② 第 36 師団「小戦例集（第一輯）1942 年 12 月」防衛庁防衛研究所図書館所蔵。吉見義明氏発見。

　　③ 前揭『戦史叢書・北支の治安戦（1）』，365 頁。

　　④ 同前，359 頁。

的相关经历者在战后回忆道：第 1 军参谋长田中隆吉认为第一次作战未达到战斗目的，在第二次晋中作战开始之际，田中隆吉参谋长强力要求"将村庄烧光抹平"。[①]

独立混成第 4 旅团的作战计划中提出，"必须彻底消灭存有敌军事设施的村落"，并对所进行的破坏作战这样说明："8 月后，经过连日征伐和肃清作战，将敌第 18 集团军 129 师主力根据地彻底摧毁，由于我们歼灭'扫荡'彻底，烧毁敌主要宿营地村庄，破坏各种军事设施，尤其是兵工厂、弹药库、粮草仓库，敌猖獗活动亦受到抑制。"紧接着，讨论其间的教训，"歼灭过程中强征苦力、强奸、扰乱军纪等事件时有发生，应严加留意"，"歼灭过程中缴获重要文件，为方便调查敌情，还应尽力生擒相关人等"。[②] 吉见义明所整理的这些内容表明，作战中劫掠强暴妇女事件多有发生，同时因为得不到八路军情报而导致的屠杀事件也大量存在。[③]

第二次晋中作战结束之后，1941 年 12 月 13 日至 1942 年 1 月 13 日，第 1 军矛头转向山西省西部兴县地区的八路军根据地。据参谋本部所编《主要作战梗概》记载，针对八路军 120 师的此次作战目的为："随机击溃敌军，之后驻扎

---

① 「百団大戦に関する資料」（防衛庁防衛研修所职员在 1959 年至 1960 年间记录整理原第 1 军相关人士的回忆录），防衛庁防衛研究所図書館所藏。吉見義明氏发见。

② 独立混成第 4 旅团「第二期晋中作戦戦闘詳報」，防衛庁防衛研究所図書館所藏。吉見義明氏发见。

③ 前揭，吉見義明「日本軍の毒ガス戦」。

敌根据地进行'扫荡'，坚决执行歼灭任务，彻底摧毁其根据地。"① 所以，上述作战中使用化学武器的可能性仍然很大。

另外，1941 年 11 月 19 日至 21 日，第 36 师团步兵第 224 联队堀江集成大队采取行动，旨在摧毁山西省白羊泉河、柳树口附近的国民政府军根据地。迫击炮第 3 中队在战斗中使用"黄弹"18 发、"红弹"6 发；山炮兵第 3 中队使用"特种弹药"8 发。②

以上所述显示，日军针对"百团大战"的反击实施了多种作战方式，即使用"黄剂"等化学武器的同时，也在进行"摧毁"，对当地居民区进行了剧烈的破坏。亲身参与"歼灭战"的步兵第 223 联队（第 36 师团）士兵在战后回忆录中写道："我们接到命令参加'歼灭战'，激烈战斗之后完全摧毁尚可以理解，但一弹未发（日军占领前八路军已撤退），即使清楚这就是敌人的驻扎根据地和营房，摧毁还是需要莫大勇气。与中央军（国民政府军）战斗激烈，负伤之后常常成为吹嘘的话题。而进攻八路军地区后，则多少会有一些做过坏事的罪恶感。"③ 可以说，由于百团大战遭受重大打击，日军对八路军和支持他们的民众极端憎恶，进而使得反击也异常激烈，化学武器的使用也愈加频繁。表 2 展示的是华北方面军中"红筒"与"绿筒"使用

---

① 前揭，『戦史叢書・北支の治安戦（1）』，436—437 页。
② 步兵第 224 連隊堀江集成大隊「白羊泉河及柳樹門付近ノ戦闘詳報」，前揭『毒ガス戦関係資料Ⅱ』所收，368ページ，吉見義明発見。
③ 原第二大队本部小野寺多喜男的回忆，以及步兵第 222 連隊史編纂委員会編『步兵第 222 連隊史』，1979 年，635 页。

量的变化，可以清楚地观察到，与 1937 年相比，1940 年的使用量增加很多。

表 2　华北方面军中的"红筒""绿筒"的使用量①

| 期间<br>种类 | 1937 年 7 月 8 日<br>—1938 年 10 月底 | 1939 年 4 月<br>—1940 年 3 月 | 1940 年 1 月<br>—1941 年 3 月 |
|---|---|---|---|
| 各种"红筒" | 14271 发 | 19072 发 | 30828 发 |
| 89 式催泪筒甲 | 447 发 | 5263 发 | 6191 发 |
| 89 式催泪筒乙 | 2141 发 | 无记载 | 无记载 |

这种结果的出现与陆军上层鼓励使用化学武器是分不开的。1941 年 4 月，教育总监部整理的《警备勤务与讨伐参考》②的小册子中，竭力推荐在"讨伐"时使用化学武器。

第 170 页记述："安排部分兵力切断敌退路，主力从另一方进攻；或者一部使用特种弹药，主力则在风口处埋伏，伺机攻击退却的敌匪，运用手段可取得战斗有利态势。"

在此所述的"敌匪"则指抗日游击队，而对于其据点的攻击则如下所述。

第 184 页："讨伐结束撤回驻地，将敌匪使用之兵营、山寨等搜查之后销毁，使其不能再次使用。然而，特别注意居民区放火需要有上级指挥官命令，不可擅自行事。"

---

①　华北方面军《弹药损耗调查表》，《毒气战相关资料二》，资料 67—2 与《昭和 14 年度及昭和 15 年度弹药损耗数量表》，《毒气战相关资料二》，资料 72 组合而成。

②　防卫厅防卫研究所图书馆所藏。

此即为教育总监部所指导的"奸灭战"的内容，另外，无上级指挥官命令不可擅自放火恰恰反衬出了日军在村庄中放火的事实。然而化学战的情形又是如何呢？小册子中如此叙述关于"居民区的讨伐"情形。

第197页："如遇村庄敌匪顽抗，提前派强力部队遏制敌之退路，用炸弹、迫击炮、掷弹筒、特种烟等射击，首先将敌匪驱出村外，趁机将敌捕获奸灭。"

第199页："对于凭借居民村落顽抗的敌匪徒，'扫荡'中使用普通特种烟易取得有利作战态势。（作要362—2）"

对"居民区""扫荡"，使用化学武器容易取得效果。到1943年为止，华北方面军在"讨伐战"和"肃清战"中持续使用化学武器对共产党根据地进行"奸灭"和"消灭"，教育总监部的指导是其中的重要背景。

为了与八路军正面对决，华北方面军考虑首先击溃山西省南部的18万国民政府军，以便减轻压力，故而决定实施中原会战。5月7日，华北方面军发起攻势，在山西省南部和西南部将国民政府军压制、包围，并伏击脱出包围圈退至黄河的部队。这次会战结束于6月15日，共奸灭国民政府军4.2万人以上，俘获士兵3.5万；而日军则战死673人，负伤2292人。①

此次会战中使用了"红剂"，第37师团步兵第226联队第1大队从5月4日至6月11日之间，使用"93式红

---

① 前揭，『戦史叢書・北支の治安戦（1）』，368—369頁。

筒"30 发、"97 式红筒"15 发、"98 式红筒"25 发；[1] 同一师团的步兵 227 联队第 3 大队从 5 月 5 日至 20 日之间，使用"97 式红筒"10 发、"98 式小红筒"20 发[2]，仅此两个大队即使用如此之多的化学武器（参加会战的总共有 42.5 个大队）。由此可推算，中原会战整体使用化学武器数量巨大。

据当时华北方面军作战主任参谋岛贯武治中佐回忆："日军在该区域行动一直受到掣肘，中原会战给予重庆军以重创，至此之后可以全力对付共产军。"[3]

### 7. 太平洋战争爆发后的山西省化学战

1941 年 9 月，华中第 11 军（司令官阿南惟几中将）开始第一次长沙作战，战役开始阶段击败中国第 9 战区部队，但之后战事则陷入僵持。9 月 28 日，第 11 军进攻长沙时，多次使用"红剂"。为了掩护第 11 军的作战行动，华北方面军直属第 35 师团（师团长原田熊吉中将）10 月 2 日从山西渡过黄河开展河南作战，占领河南郑州，从北面牵制国民政府军。10 月 31 日，又从郑州出发返回其驻防地，回撤时为阻挠国民政府军的追击，播撒"黄剂"330 公斤。

---

① 步兵第 226 連隊第一大隊「中原会戦戦闘詳報」，防衛庁防衛研究所図書館所蔵。

② 步兵第 226 連隊第三大隊「中原会戦戦闘詳報」，防衛庁防衛研究所図書館所蔵。

③ 防衛庁防衛研修所戦史室編「戦史叢書・支那事変陸軍作戦（3）」，朝雲新聞社，1975 年，372 頁。

"从机密情报及其他各种情报综合分析,此次行动完全阻止敌人前进,不仅帮助主力从容撤退,亦给予敌人以重大打击,使其不得不狼狈撤退",最终获得的"经验"则是,"战场撤退时在特定地点撒毒,即使是少量'黄剂'也能收到极大效果。"①

同一时间,日军第 11 军主力出击后,守卫宜昌方面的力量薄弱,国民政府军注意到这一情况,开始发动大规模反攻,守卫宜昌的第 13 师团(师团长内山英太郎中将)为打破困境,在全军覆没之际,使用了大规模化学武器。陆军习志野学校编集的《支那事变中的化学战例证集》战例40 中记录道:"10 月 7 日到 11 日之间,发射'黄弹'约1000 发,'红弹'约 1500 发,使中国军队蒙受重大打击。"并分析:"综合秘密情报和其他情报,毒气效果极佳,使敌攻击企图彻底失败。"②

这些信息表明,太平洋战争爆发之前,华中地区就大规模使用过包括"黄剂"在内的化学武器。而在华北地区反复实施的"讨伐战""肃清战"中,也使用了包括"黄剂"在内的化学武器。下面则就太平洋战争爆发后,对山西确凿无误使用化学武器的战役进行逐个探讨。

首先,1942 年 1 月,华北方面军开始在华北全境开展"肃清"战役和"讨伐"战役行动。作为其中重要部分,

---

① 陆军習志野学校「支那事変ニ於ケル化学戦例証集」(1941 年),戦例 44。前揭『毒ガス戦関係資料』所収,481 頁。

② 同前所収,467 頁。

从 2 月上旬，开始大约 1 个月的时间，第 1 军在山西实施了冬季"山西肃清战"，同时在大规模"肃清战"中使用"黄剂"。

这次战役第二阶段（2 月 8 日—25 日），第 36 师团（师团长井关仞中将）主力部队"在涉县、黄泽关（涉县东北 36 公里处）、黎城北、桐峪镇东南广大山区'扫荡'。经历战斗不多，但由于该地是十八集团军（八路军）根据地，缴获许多武器、物资，破坏了诸多设施"。①

陆军习志野学校所编集的《支那事变中的化学战例证集》的战例 21 记载：1 月下旬组成的"师团特种部队"赴第 36 师团司令部潞安，对此次战役进行教育和指导，战役开始时，将其配属至两个联队，"密切联系联队的'扫荡'任务，进行毒气播撒，封锁敌根据地等活动"。2 月 8 日至 15 日间，将 300 公斤"黄剂"撒在与八路军有联系的某村庄的房屋与窑洞，（日军撤退后八路军返回原地）造成"受毒气伤害之敌达数千人，其中半数死亡"。此次化学战总结出这样的"经验"："对于以窑洞为阵地，以村落为根据地，以政治工作为基础的共产党军队，此种毒气使用方法效果极佳。"②（2 月 13 日，步兵第 223 联队在东崖底村落"扫荡"结束后，向"师团特种部队"下达播撒"黄剂"的命令，但在零下 23 摄氏度的严寒中，毒液被冻结，播撒

① 防衛庁防衛研修所戦史室編「戦史叢書・北支の治安戦（2）」，朝雲新聞社，1971 年，39 頁。

② 陸軍習志野学校「支那事変ニ於ケル化学戦例証集」戦例 21，前掲『毒ガス戦関係資料』所収，454 頁。

行动失败。①）

此外，步兵第 222 联队发布"战斗详报"陈述从这次"歼灭中共根据地战役"中得到的经验和教训，称："此次战役中破坏敌物资储备彻底，给予敌以重大打击，然敌存报复及蛊惑民心之念，或将日军残暴破坏活动作不遗余力之宣传，其报复手段，如破坏我通信线与交通线活动会愈加猖狂。""敌活动地区普通居民受害的案例很多，应在明确敌人物资情况下采取措施，尽量避免失去民心的不良影响。"② 这些信息表明，这次作战的确面临着失去民心的危险，但这些也正与"毒化"居民区，大量使用化学武器有着直接关系。在我们访谈所听到的口述中，有一些讲述似乎正是本次战役的情形。

1942 年 5 月 15 日至 7 月 20 日间，第 1 军对跨山西（晋）、河北（冀）、河南（豫）省境山区地带的八路军发起进攻，对晋冀豫边区的"肃清战役"旨在消灭根据地。战役针对山西东部跨界地区的八路军，"追击歼灭 129 师的同时，以分散配置驻扎形式彻底消灭敌根据地，清除敌资材物资，将其彻底肃清"，参战部队"以中队（大队）为单位，携带所需信号弹与红筒'发烟筒'，'特种部队携带所需的炸药'"③，最终，步兵第 224 联队第 3 队在 5 月 13

① 陆军习志野学校「支那事変ニ於ケル化学戦例証集」戦例 23，同前所收，456 頁。
② 前揭「戦史叢書·北支の治安戦（2）」，42—43 頁。
③ 步兵第 224 連隊第三大隊「晋冀豫辺区作戦戦闘詳報」其一，防衛庁防衛研究所図書館所蔵。

日至 6 月 16 日间，共使用"98 式小红筒"23 发、"绿筒"12 发。[①]

华北方面军是如何看待"肃清战"中使用化学武器的呢？华北方面军在 1943 年 5 月发行过题为《肃清讨伐参考》的手册，该资料是一本针对"讨伐"八路军编集而成的参考书，其中内容有："对于凭村落坚固围墙顽抗之敌，可使用特殊武器巧妙攻其不备，以最小的牺牲取得最大的战果。计划使用特殊武器的部队，应注意风向，同时需携带防护装备，避免给自己造成损伤。""讨伐队伍应对村落的各种特点和百姓态度详加注意，以防进入可疑村落和地区时陷入敌埋伏。应先派遣密探与先遣部队，配备重火力，另一部方可从村落的两侧方向进入，并乘敌不备择机攻入村落，此时切记使用重掷弹筒及特殊发烟筒。"[②] 此处所提到的"特殊武器"、"特殊发烟筒"指的是"红筒"等化学武器，这些是日军从自身立场出发，为减少兵力消耗而推荐使用的。

另外，吉见先生发现了一些关于如何使用化学武器的指导资料，涉嫌对当地居民恐吓逼供，有一些非山西省事例，我想对此进行简要说明。对当地居民逼供使用恐吓手段，宣称使用"红筒"或"绿筒"，或者烧毁村庄、杀死所有居民，或者使用空弹、实弹等各种手段。1944 年 3 月

---

① 步兵第 224 连队第三大队「晋冀豫边区作戦戦闘詳報」（その二），防衛庁防衛研究所図書館所蔵。

② 前揭『毒ガス戦関係資料Ⅱ』，377—379 頁。吉見義明氏発見。

10 日，美军在阿德米勒尔蒂群岛（Admiralty Islands）罗斯尼格罗斯岛（Los Negros Island）缴获一本名为《守卫队参考手册》的资料，其中记载着关于"红筒"使用的以下内容①：

> 使用红筒时，将全员（只限青壮年男子，妇女幼儿除外）赶入独立房间，点燃红筒，稍晚后开门，让全员（男子）走出室外呼吸新鲜空气，如量和时间把握不恰当，就会有致死等恐怖情形出现（6—8 坪的房间里置红筒一发，夏季 3 分钟，其他时间大约 4 分钟即可），反复使用三四次（红筒使用三四次以上则危险）。

将壮年男性赶入弥漫"红剂"的房间内三四次，让其感受致死的恐怖与痛感，并以此来获取信息。资料中述说的具体数字无疑是从长期实践累积获取的"经验"，毫无疑问这些"经验"是由相当数目的生命换取的。现阶段尚难以确定这种做法是否在中国战场普遍发生，但就我们在田野调查中获得的口述资料而言，山西省定襄县白村镇上零山村所听到的讯息就有类似的情形，似乎在山西的日军就得到了这样的指导。

最后，对第 1 军在山西省与河北省、河南省交界区域进行的"十八春太行作战"做一点评。在第一期作战中，

---

① 南西太平洋地域连合軍翻訳通訳課「調査報告・第 72 号付録」，1945 年 3 月 19 日，同前所收，392 页。原资料为辎重兵第 51 连队 AOKI 少尉所持。另外，也请参考前述 吉见「日本軍は毒ガスを使っていた！」。

日军突袭山西东南部的国民政府军（第 24 集团军），将其"歼灭之"；第二期作战则向西北转进，在 1943 年 4 月 20 日至 5 月 22 日之间由第 1 军（同时参与的有第 12 军一部）将河北省涉县附近的八路军第 129 师根据地"扫荡剔除"。

4 月 28 日至 29 日间，在对河南东姚集的攻击中，化学武器使用最为激烈。据山炮兵第 36 联队的战斗详报记载，①独立混成第 3 旅团长毛利末广少将在 4 月 27 日对攻击部队的"造作命甲第三十号"命令中，命令"28 日黎明，使用所有的红弹、红筒、发烟弹攻击"，接着命令炮兵与航空部队"使用红弹及火弹（火焰弹），压制并破坏阵地要塞"，29 日凌晨 6 时，炮兵与航空部队"红弹"同时发起攻击，"轰轰烈烈的炮轰声响彻东姚集天地，犹似修罗场化身"。攻击过程中，山炮兵第 36 联队一口气使用"红弹"181 发。战斗详报中，化学战效果被这样描述："毒气（飞机和步兵使用）使用效果尤佳，从致死尸体状况来看，防毒膜（类似感冒用的口罩）充满鼻涕，第一线联络将校所观察到的情况是，尚未射击之时，敌已呈踉踉跄跄之状。"直到 1943 年 5 月为止，航空部队的"红弹"空袭一直在华北地区进行。

从 4 月 28 日开始，战役进入第二期作战，各部队开始奉命进攻八路军根据地。5 月 3 日，第 36 师团长冈本保之中将发布"36 师作命甲第 203 号"，命令"进攻间隙也应

---

① 山砲兵第 36 連隊「十八春太行作戦戦闘詳報」，防衛庁防衛研究所蔵。下文所提到的东姚集战斗的记述即来源于此。

尽量将敌物资没收销毁"。在这一阶段，针对八路军 129 师的作战计划中，提出捕捉歼灭八路军后，并"在敌共产军主要盘踞地区分散驻扎，消除敌意，将敌根据地完全消灭"。5 月 1 日至 13 日间，步兵 224 联队使用"94 式红筒"11 发。[①] 此外，步兵 222 联队在第一期作战中，对国民政府军使用"97 式中红筒"1 发、"98 式小红筒"62 发、"发射式红筒"67 发；第二期作战中，对八路军使用"97 式中红筒"2 发、"98 式小红筒"20 发、"发射式红筒"5 发，"彻底消灭共产部队⋯⋯在后方的设施"。[②]

这样仅就日军资料中确认的内容，使用化学武器，针对八路军根据地的"消灭""歼灭"就一直持续到 1943 年 5 月（为了不给美国留下日军使用化学武器的口实，据参谋本部指示，1944 年 7 月，日军最终停止使用化学武器）。

然而不得不承认，现阶段查证到的确切的日军资料只是整体资料的冰山一角，其他问题现阶段难以知晓。然而对这些问题的解读仍然是今后的重要课题。

| 结语 |

以上内容对日军在中国战场中开展的化学战进行了详细探究，其中"红剂"，特别是"红筒"的使用最甚，而进入持久战后，大规模使用化学武器的行动仍然经常在战事中开

① 以上，步兵第 224 連隊「十八春太行作戦戦闘詳報」其の二，防衛庁防衛研究所蔵。

② 步兵第 222 連隊「十八春太行作戦戦闘詳報」，防衛庁防衛研究所蔵。

展。除此之外，1940 年 9 月至 1942 年 2 月间，日军还大规模使用了"黄剂"。

对化学武器的使用场景做具体分析，可以发现，与国民政府军作战时大规模使用"黄剂"的场景，经常发生在日军被包围聚歼的艰险困境中；或是为了成功撤退，防止陷入苦战时。这些使用方法，与进攻时使用"红剂"的方式明显不同。而与八路军的战斗中，作为"歼灭战"的环节，化学武器的使用高峰是 1940 年 9 月至 1943 年，其中"黄剂"的使用经常发生在攻击居民区时。

针对国民政府军与八路军的化学战形式有所不同。本章的结尾部分在此基础上，对山西省日军化学战的特征做一总结。

首先，对为何参谋本部选定山西省作为化学武器的使用区域进行总结。在下达的使用许可指示中，有山西省"偏僻""山区地带"等字眼，接着又多次专门叮嘱，应绝对不使"第三国人"被害。从这些内容可以推想到，与华中、华南等地区相比，山西省交通不便的山区地带居多，化学武器使用证据难以被发觉，对欧美各国影响较小。此外，参谋本部还认为，山西省的中国军队查知能力低下，特别是对于化学武器使用痕迹难以举证。

针对毫无还手能力的中国军队的化学武器战，就在这种背景下开始了。这也是第一次世界大战之后经常看到的化学战的特色，即意大利军队对埃塞俄比亚，日本军队对中国，美国军队对越南的使用案例所展示的那样，由化学武器持有国针对无化学武器国家（或化学战能力低下的国家），或是游击队而使用的（持有国双方对抗，损失会非常巨大，这也是在第一次世界大战中得到的教训）。因此，化学武器在对付还击能力较弱、防护装备较差的国家或者游击队时，成为非常有用，且极受欢迎的武器。日军资料中记录的对付八路军的化学战效果正是这些情况的真实写照。

晋中作战之后之所以大量使用化学武器，与日军和当地普通百姓的关系紧张有关，日军非"解放军"，而是"征服者"。若槻泰雄先生对日军的残暴行为如此解释："军队感觉到了当地百姓的敌意，进而对群众的警惕性增强，在制定占领区政策时也愈发严苛。群众对占领军的情绪与军队姿态互为因果，最终形成苛刻的占领政策。"① 可以说化学武器就是其中的一个组成部分，"百团大战"之后的晋中作战，以及再后来的"歼灭战""化学战"都证明了以上内容。其中对中国人的蔑视、轻视更起到了推波助澜的作用。可以说，正是由于以上相互联结的各种内容，最终使山西省的化学战愈加残酷。

战后远东国际军事法庭中提到了人道主义罪行，但所说的"三光作战"（"歼灭战""肃清战""讨伐战"）却没有被提上法庭，化学战也最终免于处罚，这些问题没有经过实质性的国际讨论便告草草结束。这不仅失去了在冷战之前消灭化学战和种族灭绝的绝好机会，而且，由于未对既有事实进行追究，以至于对日本人历史观念的形成也产生重大影响。

1997 年 4 月，"禁止及销毁一切化学武器的开发、生产、

---

① 若槻泰雄『日本の戦争責任』下，小学館ライブラリー，2000 年，156—157 頁。

储存、使用的条约"（《禁止化学武器公约》）生效，终于开始消灭地球上所有化学武器的行动。为了使人们固守这一理念，让人们了解日军成为使用化学武器的军队，是在什么情形下发生的，这一背景的分析是非常重要的课题。此外，对于帮助提高我们的历史认识，也是必不可缺的内容。从这个意义上讲，本文最后也希望今后能对真相做进一步的探索。

**表 3　现存日军资料中的山西省化学武器使用案例**

| 资料名 | 使用化学武器的种类与数量 | 备注 |
|---|---|---|
| 步兵第 21 联队《太原附近战斗详报》1937 年 11 月 3 日—1937 年 11 月 9 日 | 89 式催泪弹筒、特种弹若干 | 防卫厅防卫研究所图书馆所藏 |
| 第一军参谋部《第一军机密作战日记》，卷 19，1938 年 | 7 月 6 日特种发烟筒 7000 发 | 《毒气战相关资料Ⅱ》所收 |
| 陆军习志野学校《支那事变中的化学战例证集》战例 11 | | 《毒气战相关资料Ⅰ》所收 |
| 第一军参谋部《第一军机密作战日记》卷 19，1938 年 | 7 月 7 日特种发烟筒 3000 发 | 《毒气战相关资料Ⅰ》所收 |
| 步兵第 224 联队《高平作战第二期战斗详报》1940 年 1 月 11 日—1940 年 1 月 16 日 | "红弹" 13 发 | 防卫厅防卫研究所图书馆所藏 |

| 资料名 | 使用化学武器的种类与数量 | 备注 |
|---|---|---|
| 步兵第 224 联队第 3 大队《春季晋南作战战斗详报》1940 年 4 月 1 日—1940 年 5 月 8 日 | "红筒" 2 发 | 防卫厅防卫研究所图书馆所藏 |
| 步兵第 224 联队第 3 大队《晋南反击作战战斗详报》1940 年 5 月 20 日—1940 年 6 月 9 日 | "红筒" 25 发 | 防卫厅防卫研究所图书馆所藏 |
| 步兵第 224 联队第 9 中队《好地㲵北侧附近战斗详报》1940 年 6 月 3 日 | イタケ弹 25 发进行毒气播撒 | 防卫厅防卫研究所图书馆所藏 |
| 步兵第 224 联队第 2 大队《第一期晋中作战战斗详报》1940 年 8 月 30 日—1940 年 9 月 15 日 | 94 式山炮"红弹" 62 发 94 式山炮"黄弹" 47 发 | 防卫厅防卫研究所图书馆所藏 |
| 独立混成第 4 旅团《第一期晋中作战战斗详报》1940 年 9 月 1 日—1940 年 9 月 18 日 | 94 式山炮特种弹 13 发 94 式轻迫击炮"红弹" 43 发 | 《毒气战相关资料Ⅱ》所收 |
| 第 36 师团《小战例集（第一辑）》1942 年 12 月 | 使用"红弹"（数量不明） | 防卫厅防卫研究所图书馆所藏 |
| 步兵第 224 联队堀江集成大队《白羊泉河及柳树口附近战斗详报》1940 年 11 月 19 日—1940 年 11 月 21 日 | 迫击炮"黄弹" 18 发 迫击炮"红弹" 4 发 | 防卫厅防卫研究所图书馆所藏 |

续表

| 资料名 | 使用化学武器的种类与数量 | 备注 |
|---|---|---|
| 步兵第 224 联队第 2 大队《南境"扫荡"作战战斗详报》1940 年 12 月 21 日—1940 年 12 月 29 日 | 山炮"特种弹"8 发 迫击炮"红弹"51 发 | 防卫厅防卫研究所图书馆所藏 |
| 步兵第 224 联队铃木集成大队《泽州南境"扫荡"作战战斗详报》1940 年 12 月 21 日—1940 年 12 月 29 日 | 山炮"红弹"12 发 | 防卫厅防卫研究所图书馆所藏 |
| 步兵第 226 联队第 1 大队《中原会战战斗详报》1941 年 5 月 4 日—1941 年 6 月 11 日 | 93 式"红筒"30 发 97 式"红筒"15 发 98 式"红筒"25 发 | 防卫厅防卫研究所图书馆所藏 |
| 步兵第 227 联队第 3 大队《中原会战战斗详报》1941 年 5 月 5 日—1941 年 6 月 15 日 | 97 式"中红筒"10 发 98 式"小红筒"20 发 | 防卫厅防卫研究所图书馆所藏 |
| 陆军习志野学校《支那事变中的化学战例证集》战例 21，1942 年 | "黄剂"300 公斤 | 《毒气战相关资料 I 》所收 |
| 步兵第 224 联队第 3 大队《晋冀豫边区作战战斗详报其三》1942 年 4 月 5 日—1942 年 6 月 4 日 | 98 式"红筒"23 发 "绿筒"12 发 | 防卫厅防卫研究所图书馆所藏 |

# 中国调查资料中的山西省毒气战

· 丰田雅幸

## 导论

1993 年 1 月 13 日《禁止化学武器公约》① 在巴黎缔结，伴随科技发展，杀戮能力不断提高，禁止大规模杀伤性武器也成为裁军史上划世纪的大事。

在这一大的国际背景下，中日两国于 1999 年 7 月 30 日交换签署了《中日遗弃化学武器销毁备忘录》，旨在销毁原日军遗弃在中国的大量化学武器的项目也从此提上了日程。

近些年来，一系列围绕销毁化学武器的活动着实值得称赞。然而不得不提的是，大众开始关注日军的毒气使用问题是在 20 世纪 80 年代之后，而相关历史探究还有待深入，且日军大量频繁使用毒气武器问题很难说在当代日本已有充分共识。从目前反馈信息来看，日本政府对日军曾经使用过毒气这一事实，态度仍然有所保留。②

---

① 正式名称为《禁止化学武器的研究、生产、储藏和使用以及关于废弃内容的条约》，生效期为 1997 年。

② 请参考本书所收录的《政府答辩资料》。

造就这样的状况有很多原因，其中之一则是，战后联合国各国分别对日本战争罪行进行审判。这种包含各种因素的战犯审判，将日本军官在战争中所犯下的战争罪行公布于众，起到了相当重要的作用。

然而，为什么战犯审判对作为重大战争罪行的日军毒气战问题，未置可否，草草了事呢？

本章从以上问题出发，首先从日军毒气战问题处理、战后战犯审判等问题入手，对山西问题进行重点整理。其后，以中国资料为基础，对山西省毒气战事实这一内容进行整理。上一章松野所著论文中，已对随战线推移，毒气的使用发展历程进行了详细叙述。本文虽大量使用中国方面的研究成果，但其中纪学仁主编《日军的化学战》（大月书店，1996 年）已经在日本出版，且内容也并非仅限定为山西省。所以本文中主要关注以下内容：1. 关注山西日军毒气战整体的倾向，将毒气使用记录资料一览化，并尝试从统计角度进行分析。2. 从当地居民被害角度对毒气使用情况进行分析。其原因在于，共同研究时的访谈调查对象是农村受害者，毒气使用具体案例主要也为居民受害情形，国际法尚且禁止使用的毒气，非战斗情形下对一般群众使用，性质更是恶劣。

## 一、战犯审判与毒气战

### 1. 东京审判

1946 年 5 月至 1948 年 11 月，由联合国 11 国组成的东京审判庭对日本战争罪行进行审判。审判以"反和平罪""杀人""战争罪行及人道罪行"等 55 项罪名对 28 名日本战争 A 级战犯,提起公诉并审判。

审判中提到了许多不为人知的犯罪行径,日本侵略战争的实施过程也逐渐得以明了。此外,起诉书附属文件 D 中也对日本违反国际法,进行毒气战的事实进行明确记述,"日本在与中华民国的战争中使用毒气"①,同时也开始对其进行审理。国际检察院负责追诉日本战争罪行,其负责人为获取证据,在中国开展了调查活动。

然而开庭审理后,检察院未对中国毒气战问题进行举证,接着也未将其纳入审理范围,这究竟又是为什么呢?东京审判中被免于追责的,除了毒气问题,还有昭和天皇和细菌战问题,不难想象这是典型的政治原因。

现在还未发现确凿的资料对这一问题进行解释,也不存在明确定论。从此,战后的日本失去了认识了解日军毒气战的最好时机。

## 2. 中华民国审判

东京审判之外,战后中国还进行了两次独立的审判,其中之一是由中华民国所进行的审判。该审判从 1946 年 4

---

① 粟屋憲太郎・永井均・豊田雅幸編集・解説『東京裁判への道―国際検察局・政策決定関係文書 第四巻』現代史料出版,1999 年,513 頁,此外,关于东京审判中的毒气战问题,有粟屋憲太郎「新史料発掘 東京裁判への道②―④」『朝日ジャーナル』(1984 年 10 月 19 日号―11 月 2 号)、『未決の戦争責任』(柏書房,1994 年),吉見義明「戦争犯罪と免責」『季刊 戦争責任研究』(第 26 号)等研究积累,本文参考了以上资料。

月的北京军事法庭开始，分别在广州、台北、南京、汉口、徐州、济南、太原、上海、沈阳合计 10 个城市进行审理，1949 年 1 月在上海军事法庭判决而告结束。

在此期间，共审理案件 605 件，起诉人员 883 人，审判结果为死刑 149 人，无期徒刑 83 人，有期徒刑 272 人，其他罪行 29 人（各法庭详细数字参照表 1）。①

那么 605 件中涉及毒气战的有多少呢？虽然还没有关于此次审判的正式研究，现阶段明确的只有 1 件，即汉口法庭（武汉行辕审判战犯军事法庭）中的裁决：第 39 师团 231 联队 1942 年 5 月在湖北省的战斗中，使用催泪性和喷嚏型毒气，以此为由，队长被判处无期徒刑。②

表 1　中华民国审判地判决一览

| | 审判地 | 件数 | 被起诉数 | 死刑 | 无期有期徒刑 | 无罪 | 其他 | 开始—结束 |
|---|---|---|---|---|---|---|---|---|
| 1 | 北京 | 89 | 115 | 31 | 44 | 36 | 4 | 1946 年 4 月 16 日—1948 年 3 月 22 日 |
| 2 | 广州 | 93 | 170 | 48 | 65 | 56 | 1 | 1946 年 6 月 7 日—1947 年 12 月 20 日 |
| 3 | 台北 | 12 | 16 | 1 | 15 | 0 | 0 | 1946 年 10 月—1947 年 12 月 23 日 |

　　① 『戦争犯罪裁判概史要』法務大臣官房司法法制調查部，1973 年，339 頁。另外，关于审判结果的统计，各种资料的数据略有出入。详细内容请参照宋志勇「戦後中国における日本人戦犯裁判」『季刊 戦争責任研究』第 30 号（2000 年冬季号）。

　　② 『「判決文」綴』，外務省外交資料館所蔵。

续表

| | 审判地 | 件数 | 被起诉数 | 死刑 | 无期有期徒刑 | 无罪 | 其他 | 开始—结束 |
|---|---|---|---|---|---|---|---|---|
| 4 | 南京 | 28 | 33 | 8 | 18 | 7 | 0 | 1946 年 5 月 30 日—1948 年 4 月 19 日 |
| 5 | 汉口 | 79 | 162 | 7 | 42 | 102 | 11 | 1946 年 6 月 26 日—1948 年 1 月 29 日 |
| 6 | 徐州 | 13 | 35 | 8 | 15 | 3 | 9 | 1946 年 6 月 15 日—1947 年 4 月 30 日 |
| 7 | 济南 | 21 | 24 | 9 | 9 | 6 | 0 | 1946 年 8 月 25 日—1947 年 10 月 1 日 |
| 8 | 太原 | 11 | 11 | 2 | 4 | 5 | 0 | 1946 年 12 月 12 日—1948 年 3 月 24 日 |
| 9 | 上海 | 144 | 181 | 13 | 109 | 56 | 3 | 1946 年 5 月 15 日—1949 年 1 月 26 日 |
| 10 | 沈阳 | 115 | 136 | 34 | 34 | 79 | 1 | 1946 年 7 月 20 日—1948 年 3 月 12 日 |
| | 合计 | 605 | 883 | 149 | 355 | 350 | 29 | |

出所：参考豊田隈雄：『戦争裁判余禄』（泰生社，1986 年，371 頁）

　　1998 年 6 月 13 日公开的外务省外交记录中包含着中华民国审判判决文书，使这一事件大白于天下。该资料公开后的第二天，《每日新闻》就以《47 年中华民国判决明确记载旧日本军使用毒气》的题目为单独一版报道，显示该资料产生的重大反响。[1]

---

① 『毎日新聞』1998 年 6 月 14 日，毎日新聞東京本社，一版。

此外，中华民国审判中山西省太原也设有法庭（第二战区长官部审判战犯军事法庭）。像表 1 记述的那样，设在太原的审判庭与其他法庭相比规模最小，共审理案件 11 件，被告人 11 名，这 11 件中没有涉及毒气战的记录。

中华民国审判当中，虽然涉及毒气战的仅一件，但在战时中国国内报纸中，却频繁报道日军开展毒气战。可以确认国民党军内电报也有类似的报告。此外，以调查战时日本犯罪行为为目的而设置的"敌人罪行调查委员会"，也将使用毒气等毒物作为调查对象的具体犯罪事实①。东京审判中，中华民国政府也收集了证据资料向国际检查院控告日军毒气战。②

从以上情形可以判断出，中华民国政府并未掌握毒气战的罪证，如若不然，很难想象其不尽全力追究。

这一问题与东京审判一样，也是现存的待解谜团。可以理解，国民政府战后期望尽早恢复中日关系，以结束战争为主旨，对日政策尽显宽大③，战犯审判政策也能反映出"宽大政策"，从而有意识地未将毒气问题扩大。另一方面，战后不久即爆发国共内战，没有充分审判的外部环境，毒气问题可能由此而被完全搁置。

在山西的太原法庭还有其他因素影响。该地区的最高

---

① 《敌人调查罪行委员会组织规程》（1943 年 12 月 1 日）。
② 前述粟屋『朝日ジャーナル』1984 年 10 月 26 日，41 頁。另外，关于此问题的研究积累，还有伊香俊哉「中華民国政府の对日戦犯処罰方針の展開（上）（下）」（『季刊 戦争責任研究』第 32、33 号）。
③ 前述宋「戦後中国における日本人戦犯」66 頁。前述，伊香「中華民国政府の对日戦犯処罰方針の展開」（下）74 頁。

负责人是军阀阎锡山，阎被称为"山西孤立主义"的代表，一直竭力将山西省当作自己的地盘进行巩固。正是由于该原因，山西与中央政府的关系显得颇为微妙。此外，地理环境上山西与共产党根据地相邻，阎锡山担心日军战败撤退后，共产党军队威胁增加，从而设法使在山西地区投降的第 1 军麾下日军残留山西，与其合作。①

正因为存在这样的背景，太原法庭上不仅未追究毒气战责任，战犯审判也未真正彻底执行。

### 3. 中华人民共和国审判

战后中国进行的另外一次审判为中华人民共和国审判。该审判于 1956 年 6 月至 7 月在沈阳和太原进行。审判对象为新中国成立之后由苏联引渡回中国的 969 名战犯中的 36 名，以及中国国内逮捕的 140 名（基本上都为山西省残留者）中的 9 名，最终各自被判处 2 至 11 年有期徒刑。②

这次审判也是涉及日军毒气战最为深入的一次。相关案件中被追诉的，与毒气相关的陆军军官有 3 名，分别是铃木启久（战败时为 117 师团师团长，中将）、上坂胜（第 59 师团第 53 旅团旅团长，少将）、船木健次郎（第 137 师

---

① 关于这一问题的研究积累，有儿野道子「日本陸軍の対閻錫山工作」（『衛藤瀋吉先生古希記念論文集 20 世紀アジアの国際関係Ⅱ アジアに対する日本』同編集委員会編，原書房，1995 年，105—132 頁）。

② 参照拙著「中華人民共和国の戦犯裁判」（「季刊 戦争責任研究」第 17 号、18 号）。

团第 375 联队联队长，大佐）。

被以毒气为由起诉的此三名军官情形大致如下。1942
年 4 月，铃木所属部队在河北省遵化县鲁家峪乡"扫荡"
作战时，对窑洞内避难的百姓使用毒气，并将其杀害；同
年 10 月，所属部队在河北省遵化县东新庄实施"三光"政
策，将群众用毒气杀害。[①]

冀中作战的 1942 年 5 月，河北省定县北瞳村，上坂下
属的大江部队对逃入地道的百姓施放毒气，并将其杀害。[②]

最后，1941 年 9 月在河北省宛平县杜家庄，船木所属
部队为镇压群众，强行让他们参加运动会，并在运动会行
将结束时施放毒气，使 400 多名平民中毒。[③]

起诉认定的审理裁定过程，无一例外都有证人证言，
被告本人也予承认。判决书中有明确记录，法庭上也认定
了其犯罪事实。

这样在中华人民共和国审判中，日军毒气战的具体情
形仅有三名相关者参与的四次案例，且以上事件都是发生
在河北省，还没有因发生在山西省而被追诉的案例。

---

① 《正义的审判——最高人民法院特别军事法庭审判日本战犯纪实》人民法院出
版社，1991 年，366，408—409，419—420 页。

② 同前，368—369，440—442 页。

③ 同前，371—372，455—456 页。

表 2　被起诉者供述关于毒气战的参与过程

| 姓名 | 战败时所属及军衔 | 供述内容 | 地区 |
|---|---|---|---|
| 藤田茂 | 第 59 师团师团长，中将 | 给予麾下部队毒气使用权限 | 山东省、河南省 |
| 佐佐真之助 | 第 39 师团师团长，中将 | 下达实验与装备毒气武器命令的负责人 | 浙江省、湖北省 |
| 鹈野晋太郎 | 第 39 师团第 232 联队本部俘房监督将校兼情报宣抚主任，中尉 | 使用毒气武器，参加指导毒气训练 | 湖北省 |
| 相乐圭二 | 独立第 3 旅团独立步兵第 9 大队大队长，大尉 | 指挥使用毒气武器 | 山西省 |
| 菊池修一 | 独立第 3 旅团独立炮兵大队大队长，大尉 | 担任毒气实验的警戒任务 | 山西省 |
| 神野久吉 | 伪蒙古联合自治政府大同行政公署①第 12 野战警察主席指导官，警尉 | 使用毒气武器 | 山西省 |

出所：中央档案馆编《细菌战与毒气战》（中华书局，1989 年）

　　然而，45 名被起诉战犯中，除上述 3 位，还有很多人承认参与过毒气战。现仅确认到的，就有 6 名战犯供述自己主持或参与毒气战（参照表 2）。其中有 3 名供述在山西省犯罪。相乐圭二（独立第 3 旅团独立步兵第 9 大队大队长、大尉）与神野久吉（伪蒙古联合自治政府大同行政公署第 12 野战警察主席指导官、警尉）承认使用毒气。

---

① 日文原文为"大同省公署"，译者注。

除此 45 名战犯之外，免于起诉的人员当中，依然有众多人员供述参与毒气战。

这样，本人承认参与毒气战，却最终被免于起诉，起诉情况也含糊不详，原因究竟是什么呢？这需要从中华人民共和国战犯处理政策来进行思考。以下是 1956 年 4 月 25 日第一届全国人民代表大会常务委员会第 34 次会议，有关日本人战犯处理的决定，如下①：

> 我国时下拘留的日本人战犯，在日本帝国主义侵略我国时，公然践踏国际法准则与人道原则，对我国人民实施各种犯罪行为，使我国人民造成了非常大的伤害。以他们所犯罪行而言，原本应从严惩处，然而考虑日本投降后这十多年局势变化与现在情形，考虑这些年来中日两国人民的友好关系发展，此外，还考虑这些战犯的大多数在拘留期间都不同程度表示悔改，现决定对这些战犯各自依照宽大政策进行处置。（后略）

由于战犯处理方针的上述内容，很多战犯在供述参与毒气战之后，被免于起诉也是容易理解的。

另外，承认参与的被起诉者的起诉书中，之所以淡化毒气方面的内容，可以用两点原因来解释。第一是对毒气战如何认识的问题。对上述被起诉的 4 件案例进行分析发

---

① 《人民日报社论：对于日本战犯的宽大处理》，国际问题研究所中国部会编《新中国资料集成》第 5 卷，同研究所，1971 年，204—205 页。

现，仅因为使用毒气而被起诉的，只有使 400 多人中毒的船木案例。其他案例中提到的毒气，只是对当地群众施加暴虐行为的手段。可以想象对中国而言，战争中造成人、物损害数量巨大、形态多样，从而无暇单独聚焦于毒气进行追诉。当时作为翻译与太原法庭法官有所交往的孙凤翔先生在回忆中提到，控诉方主要考虑的内容，除军事犯罪外，还有政治和经济犯罪等，性暴力问题及毒气使用问题并非控诉的重点。[①]

第二则是司法程序问题，这些并不仅限于毒气问题。对现阶段能确认到的被起诉者供述内容与起诉状相对照印证时，会发现起诉内容中供述清楚的犯罪行为只是其中一部分。事实上对于起诉的各被告的各种犯罪事实，需要相当数量的证人与证据才能进入审判程序。所以，即使本人承认参与，但由于证人和证据不足，也不能作为起诉内容，结果则是毒气问题未能进入起诉状中。

## 二、山西省的毒气战

### 1. 使用时期与使用毒剂

战犯审判中显示，日军在中国使用毒气案例仅有 5 件。然而，中国方面的资料所记载的使用案例数字却极为庞大。

---

① 孙凤翔访谈，2000 年 9 月 17 日。

资料种类方面，有日本战犯供述书、被害百姓的控诉书（告状信）、军事电报、国民政府军资料、战史、新闻资料等。中国方面以这些资料为基础的研究指出，日军在中国本土至少使用了 2000 次以上的毒气。[①] 参考这些研究和出版资料，将山西省的事例单独抽出后，就成为文章最后的附表。[②]

　　数据当中，无法确定年月日及地名的事例，信息分散、整理数据时与别的事例相混淆的事例，同一事例未能整理完备的情形同时存在。另外，对象资料仅限于调查范围所及。由于新资料的发现仍然有待修改与补充，所以，附表中的一览表只是暂定的内容。然而这些在为获得山西省日军毒气战全貌方面，提供了一定的线索。

表 3　毒气使用年份事例数

| 使用年份 | 事例数 |
|---|---|
| 1937 年 | 8 件 |
| 1938 年 | 66 件 |
| 1939 年 | 78 件 |
| 1940 年 | 51 件 |
| 1941 年 | 34 件 |

---

　　① 前述，纪学仁《日军的化学战》，325 页。

　　② 涉及日军在中国毒气战使用事例的日本研究积累有：斋藤道彦「日本軍毒ガス作戦日誌初稿—1937、1938を中心に—」（中央大学人文科学研究所编『日中戦争—日本·中国·アメリカ』第三章，中央大学出版部，1993 年 3 月）、「日本軍毒ガス作戦日誌初稿補遺」1—5（『人文研紀要』，中央大学人文科学研究所），第 18、20、22、26、27 号，1993 年 9 月—1997 年 11 月。

续表

| 使用年份 | 事例数 |
|---|---|
| 1942 年 | 28 件 |
| 1943 年 | 25 件 |
| 1944 年 | 7 件 |
| 1945 年 | 3 件 |
| 不明 | 1 件 |
| 合 计 | 301 件 |

受上述条件制约，现阶段可以统计到的山西省毒气使用案例有 301 件。对这些数据按照毒气使用年份分析，就如表 3 所见。从上述内容可以了解到，山西省的日军从 1937 年至 1945 年间没有中断过使用毒气。其中可确认到的最早事例为 1937 年 9 月 6 日，日军在攻击天镇南面的盘山时使用毒气。[①] 没有使用情况与使用毒剂的详细信息，不了解具体情形，但此案例比从日军资料中确认到的华北方面军毒气使用案例要早，昭示着毒气已经开始在山西省使用，值得关注。

进入 1938 年后，数字激增至 66 件。特别是 4 月份，华北方面军与驻蒙军被授予在山西省内使用"红剂"的权力，数字激增，这一内容与日军资料记述一致。[②]

---

[①] 《申报》，1937 年 9 月 12 日；《新中华报》，1937 年 9 月 14 日。
[②] 参考本书所收的松野论文，下面引用日军资料中的记述但不加标记的地方，都源自该论文。

其后的 1939 年，该数字迎来了巅峰，达到了 78 件，之后则逐渐减少。然而即使在战败后，仍发现一次毒气使用案例，即 1945 年 8 月 23 日太原盆地西南部汾阳的事例。战败后留守县城的日军 114 师团第 201 大队，抵抗意图解放汾阳县城的八路军，对挖掘地道意图攻入城内的第 7 连 3 排的 67 名士兵施放毒气，并将其全部杀害。[①]

战败后，日军解除武装的投降对象是蒋介石总统，而非八路军，抵抗就是在此背景下发生的。即山西省日军投降对象为第二战区司令官阎锡山，而非近在咫尺的八路军，所以抵抗本身也能找出一定根据。

然而使用毒气，却是无论如何也解释不通的。这或许也是日军在战争中使用毒气已司空见惯的证据吧。[②]

接着关注其使用的毒剂。资料中清楚地记载着使用的毒剂和毒性，这些与日军已装备毒剂的毒性相印证，可以确认有"催泪性""喷嚏性/呕吐性""腐烂性""窒息性"四种。按照年月总结整理这些使用的毒剂，如表 4 所见。[③]

① 《日下俊孝笔供》，1954 年 12 月 5 日，《山西省汾阳县县长史平控诉日军放毒的罪行》，1955 年 10 月 20 日；此外，中央档案馆编《细菌战与毒气战》，中华书局，1989 年，544—545 页；《解放日报》，1945 年 8 月 31 日。
② 汾阳市为纪念此次事件，现将毒气使用地的城西北部分修建为汾阳县重点烈士纪念建筑物，设立了纪念碑，旨在悼念 67 名因此而牺牲的军人。
③ 综合整理的只限于毒剂与毒性已经明确的内容。"喷嚏性、呕吐性"与"红筒"所记载事例，以及"腐烂性"与"芥子气性"所记载的事例大致被看作同一种类，并以此而计。另外，还有多种毒剂混合使用的事例。出现该情况时，将各自作为一件事例来计算。

表 4　各种毒剂使用年月分布表

| 年 | 月 | 催泪性 | 喷嚏/呕吐性 | 腐烂性 | 窒息性 |
|---|---|---|---|---|---|
| 1937年 | 7 | | | | |
| | 8 | | | | |
| | 9 | | | | |
| | 10 | 4次 | | | |
| | 11 | | | | |
| | 12 | | | | |
| 1938年 | 1 | | | | |
| | 2 | | | | |
| | 3 | | | | |
| | 4 | | | | |
| | 5 | 4次 | | | 1次 |
| | 6 | 3次 | | | 1次 |
| | 7 | 5次 | 2次 | | 1次 |
| | 8 | 2次 | | | |
| | 9 | | | | |
| | 10 | | 2次 | | |
| | 11 | 2次 | 3次 | | 2次 |
| | 12 | 2次 | 2次 | | |

续表

| 年 | 月 | 催泪性 | 喷嚏/呕吐性 | 腐烂性 | 窒息性 |
|---|---|---|---|---|---|
| 1939 年 | 1 | 2 次 | | 1 次 | |
| | 2 | 3 次 | | | 3 次 |
| | 3 | 2 次 | 1 次 | | |
| | 4 | 2 次 | 1 次 | | |
| | 5 | 1 次 | 1 次 | | |
| | 6 | | | | |
| | 7 | 1 次 | 1 次 | | 1 次 |
| | 8 | | | | |
| | 9 | 1 次 | | | |
| | 10 | | | | |
| | 11 | | | | |
| | 12 | | | | 1 次 |
| 1940 年 | 1 | | 1 次 | | |
| | 2 | | 1 次 | | |
| | 3 | | | | |
| | 4 | 2 次 | | | |
| | 5 | 3 次 | | | |
| | 6 | | | | |

**续表**

| 年 | 月 | 催泪性 | 喷嚏/呕吐性 | 腐烂性 | 窒息性 |
|---|---|---|---|---|---|
| 1940 年 | 7 | | | | |
| | 8 | | | 1 次 | |
| | 9 | | | | |
| | 10 | 1 次 | | | |
| | 11 | | | | |
| | 12 | | | | |
| 1941 年 | 1 | | | | |
| | 2 | 1 次 | | | |
| | 3 | | | | |
| | 4 | | | | |
| | 5 | 1 次 | 1 次 | | |
| | 6 | 2 次 | | 1 次 | 1 次 |
| | 7 | | | | |
| | 8 | | | | |
| | 9 | | | | |
| | 10 | | 1 次 | | |
| | 11 | | | | |
| | 12 | | | | |

续表

| 年 | 月 | 催泪性 | 喷嚏/呕吐性 | 腐烂性 | 窒息性 |
|---|---|---|---|---|---|
| 1942 年 | 1 | | | | |
| | 2 | 1 次 | 1 次 | 3 次 | 1 次 |
| | 3 | | | 2 次 | |
| | 4 | | 2 次 | | |
| | 5 | | 1 次 | | |
| | 6 | | 1 次 | | |
| | 7 | 1 次 | 1 次 | | 2 次 |
| | 8 | | 2 次 | | |
| | 9 | | | | |
| | 10 | | | | |
| | 11 | | | | |
| | 12 | | | 1 次 | |
| 1943 年 | 1 | | | | |
| | 2 | 1 次 | | | |
| | 3 | | | | |
| | 4 | | 1 次 | 1 次 | |
| | 5 | | 1 次 | 1 次 | |
| | 6 | | | 2 次 | |

续表

| 年 | 月 | 催泪性 | 喷嚏/呕吐性 | 腐烂性 | 窒息性 |
|---|---|---|---|---|---|
| 1943 年 | 7 | | | | |
| | 8 | | | | |
| | 9 | | | 1 次 | |
| | 10 | | 1 次 | | |
| | 11 | | | | |
| | 12 | | 1 次 | | 1 次 |
| 1944 年 | 1 | | | | |
| | 2 | | | | |
| | 3 | | | | |
| | 4 | 1 次 | | | |
| | 5 | | 1 次 | | |
| | 6 | | | | |
| | 7 | | | | |
| | 8 | | | | |
| | 9 | | | | |
| | 10 | | | | |
| | 11 | | | | |
| | 12 | | | | |

续表

| 年 | 月 | 催泪性 | 喷嚏/呕吐性 | 腐烂性 | 窒息性 |
|---|---|---|---|---|---|
| 1945 年 | 1 | | | | |
| | 2 | | | | |
| | 3 | | | | |
| | 4 | | | | |
| | 5 | | | | |
| | 6 | | | | |
| | 7 | | | | |
| | 8 | | | | |
| 合计 | | 51 次 | 34 次 | 16 次 | 16 次 |

使用次数最多的为"催泪性"51 次，其次为"喷嚏/呕吐性"34 次，随后是"腐烂性""窒息性"各 16 次。此外，观察各种毒剂的开始使用时期，"催泪性""喷嚏/呕吐性"为 1937 年 10 月，"窒息性"为 1938 年 5 月，"腐烂性"为 1938 年 7 月。

这些结果与日军资料相对照印证，"催泪性"与"喷嚏/呕吐性"毒气使用情形较多，即与日军资料中记载的"绿剂""红剂"使用较多相一致。此外，"催泪性"毒气的开始使用时间与华北方面军"绿剂"使用时期相一致。然而，"喷嚏/呕吐性"毒气开始使用时期比现在认定的"红剂"开始使用时期要提前很多。即是说，1938 年 4 月 11 日被准许在山西省内使用"红剂"，与已确认到的华北方面军的使用开始日期大致相同。但中国方面的资料只有一件案例，记录了 1937 年 10 月 21 日，日军对忻口的第 85 师同时使用"催泪性"与"呕吐性"毒气弹。[1]

由于没有其他可以佐证的资料，从而无法直接将"呕吐性"毒气认定为"红剂"，然而这一内容却颇为引人瞩目。随后确认到的事例，1938 年 4 月 18 日，日军在武乡县使用"喷嚏性"毒气的时期与"红剂"的开始使用时期相一致。[2]

"腐烂性"毒气的案例有两件，山西省内使用"黄剂"

---

[1] 纪学仁著：《化学战史》，军事译文出版社，1991 年，390 页。原文资料为国民党军事电报，此次调查中未能确认，未获得原书记载的更多信息。

[2]《新华日报》，1938 年 4 月 19 日。

的时间比已确认的时期略早。其中之一为，1938 年 7 月日军在闻喜、曲沃、垣曲的战斗中，同时使用"催泪性"与"腐烂性"毒气。① 另一案例为 1939 年 1 月 12 日，六官的 200 名日军向桃坡的中国军阵地进攻，激战后为掩护撤退，日军施放"芥子气性"毒气弹 20 余发。② 此处记录的"腐烂性"与"芥子气性"毒气，通常被认为是"黄剂"，但直到 1939 年 5 月 13 日，大本营才准许在山西省内实验式地使用"黄剂"，这两个事例发生的时间，都比命令的下达时间要早得多。前线的方面军司令官都没有决定权限的毒气武器，究竟是战斗部队自作主张使用，抑或是在此之前，有别的命令准许使用，再或许是记录这两次事例的资料错误，这一问题现阶段还难以回答。然而这两件案例之外，1939 年 3 月 19 日《新华日报》中报道：山西省西部的战斗中，"遭炮击的我方士兵脸色苍白，伤口部分肿胀，周围长出大大小小的绿色水疱，水疱破后则流出黄绿色脓水，判断是遭到毒气侵害"③，这可能为早期使用的"黄剂"所致。

直到现在，日本政府也矢口否认使用"腐烂性"毒气"黄剂"之事，然而在日军资料中这已得到确认。此外，这 16 件案例当中，1943 年 9 月 7 日对稷山县抗日军队使用

---

① 《新华日报》，1938 年 7 月 22 日。《抗敌报》，1938 年 7 月 27 日。各种资料中都无法确定毒气使用的确切日期。

② 《新华日报》，1939 年 1 月 16 日，无法确定毒气使用的具体"省份"。

③ 翻译内容引用自目前述『日本軍の化学戦』，225 页（村田忠禧訳）。

"腐烂性"毒气的案例，有日本军人的供述为佐证。①

最后的"窒息性"毒气，则是日军装备的毒剂"蓝剂"。原日本军人已承认在 1938 年 11 月灵丘县的案例中使用这种"窒息性"毒气，② 然而在日军资料中却未找到山西省使用"蓝剂"的相关内容。此外，不可否认，使用"黄剂"与"红剂"，情形不同也会出现窒息症状。1939 年 12 月 4 日在梁家山战斗的日军使用了"芥子气性"毒气弹，5 天后飞机还在店头、坦山、朱家庄等地投下"芥子气性"毒气弹，记录中，受害者都出现了"窒息"症状。③ 由此而论，这里确认到的 16 件使用案例，是否与"蓝剂"有关仍难下定论，这仍然依赖今后的调查和研究。

## 2. 毒气使用状况与百姓受害

日军是在什么状况下使用的毒气呢？从附表收集的结果看，其中大多数都是战场上针对敌军使用的事例，即飞机投下毒气弹、发射器发射毒气、炮击的同时发射毒气弹、使用毒气筒等所有手段。具体的使用场景有很多，诸如开展积极攻势时，陷入危险境地撤退时，以及敌军逃入洞穴地道时。

---

① 《村山隼人口供》，1954 年 5 月 14 日（前述《细菌战与毒气战》，541—542 页）。
② 《安达千代吉笔供》，1954 年 11 月 17 日（前述《细菌战与毒气战》，513—514 页）。
③ 前者为《大众日报》，1940 年 1 月 7 日；后者为《新华日报》，1939 年 12 月 24 日；《抗敌报》，1939 年 12 月 25 日；《大众日报》，1940 年 1 月 7 日。

从受害百姓角度考虑，卷入战场，或是因为居民区遭炮击等形成的受害记录有很多。除此之外，也有日军直接对村庄一般群众使用毒气的事例。具体事例不能一一列举，只能说两次现场调查得到的结果大致相同，其类型即为：（1）对洞穴中避难的群众使用；（2）将普通群众关入密室使用；（3）撤退时在村庄的各处撒毒等①，以下则是相关的具体事例。

（1）针对洞穴等处避难群众使用毒气

这种情形是三种类型中最多的。武乡县西营镇（现襄垣县）就是这种典型事例，调查确认共使用了两次毒气。第一次是1938年4月15日，日军将村内226名百姓用各种残忍手段杀害，随后将逃入山洞的70余名村民用毒气熏杀。② 第二次是1940年9月13日，三天的"扫荡"中，日军对逃入地道的村民使用毒气，将任和尚、任治、任锦洪、任先保、李二口、刘来子、赵小叶、任保存、任小爱、马圭女、孟存弟、李三口、任臭旦等13名群众杀害。③

西营镇发生的这两次事例中，使用毒气与其他残暴行为同时发生。1938年的这次暴行，日军将大部分男子用草绳绑缚活埋在同一地点，将妇女强奸后把腹部剖开，将婴儿摔死，这些与使用毒气同时记录在案。1940年的这次暴行，日军将被枪杀群众的眼睛剜出，烧毁村中1190余间房

---

① 参考本书所收小田部论文。
② 孙俍工编：《沦陷区惨状记》（前述《细菌战与毒气战》，508—509页）。
③ 《襄垣县西营乡乡长赵庚子等十一人控诉书》，1954年7月27日；《西营乡任有毅控诉书》，1954年7月27日（前述，《细菌战与毒气战》，528—529页）。

屋，还有受害者因失去生活手段最终饿死。

1944 年 3 月 26 日，壶关县常行村中使用毒气的事例与西营镇一样，日军"扫荡"放火劫掠之后，发现窑洞藏人，最终施放毒气杀害五人。[①] 在对窑洞口射击之后，又放火点燃堵塞入口的谷壳，发现无效后又采用冷水倒灌等方法，最终使用上了毒气。与当地人谈话得知，该山洞为煤炭坑道，有多个出口，总长将近 5 公里，在该处避难的群众大约有 300 人，其中大部分人平安无事，但没有逃至山洞深处的老人最终丧生。[②]

西营镇与常行村发生的事例，就是针对疑似共产党军队根据地而进行的"扫荡"，也就是所谓的"三光政策"，毒气戕害只是其中的一种手段。[③]

另外一个日军资料中已确认到的毒气使用案例，是 1941 年 5 月 12 日平陆县上坪村发生的事件。日军搜索村落时，发射发烟筒一发和催泪性毒气弹一发，将 40 余名村民从山洞驱出，并施以各种暴行。[④] 该事件发生在日军在山西南部开展中原作战之际，是为追踪歼灭中国军队。据加害

---

[①] 《常行乡乡长侯春贵等人证明书》，1954 年 6 月 6 日（前述《细菌战与毒气战》，543 页）。

[②] 请参照本书所收录「毒ガス戦被害者の証言記録」，下面实地调查的记述中没有特别注释的内容，都来源于此处。

[③] 像这样对窑洞及地道使用毒气，使一般群众受害的情形，山西省外也发现很多。日本军人也对此供认不讳（『侵略の証言』，新井利男、藤原彰编，岩波书店，1999 年）。

[④] 《长井觉口供》，1955 年 6 月 10 日，《平陆县上坪村田胡法等三人证明书》，1955 年 6 月 14 日（前述《细菌战与毒气战》，532—534 页）。另外，关于毒气的使用年月，前者采用的是 5 月 12 日，后者是 5 月 14 日，略有出入，此处采用的是前者的说法。

者供述与被害者证明书中记载，日军向被毒气熏出的村民讯问中国士兵的下落，显然使用毒气的原因是为了追踪敌军和获取情报。

（2）将普通群众关入密室使用毒气

最典型的例子是 1941 年 2 月 8 日发生在定襄县白村镇上零山村的事例。该事件中，日军包围村庄后，将 1000 多名群众强行赶入学校的两间教室里，关窗之后，点燃"毒烟筒"，最终使得 45 名群众中毒而死。我们在当地调查后得出，关入密室人数有 80 多名，而最终的死亡人数有 46 名。[①] 虽然调查结果与资料有细微出入，但据受害群众回忆，日军率领伪军抢掠之后，以开会名义将包括老人和孩子的村民关入教室，并使用了毒气。为何这个村子遭此横祸呢？原因是"县中队在此停留过两天"，或许是出于"复仇"心态，然而对受害者而言，则对此完全无意识。此外，上零山村事件发生两天前，与定襄北侧相邻的县（现原平市），原平镇附近的姚嘴子村里，日军将数百名村民强行逼入指定的窑洞，并施放毒气，最终造成 1300 余名群众被毒死的后果。[②]

1941 年 5 月 29 日，平鲁县（现朔州市平鲁区）三里庄乡大破石村发生的事例也被认为是同一类型。先前战犯审判中提到的被告神野久吉（当时为平鲁县警察队警务指导官），率领十二三名日本兵及 50 多名伪警察将该村包围，

---

① 《侵华日军在山西的暴行》132 页（前述，《化学战史》，494 页）。

② 同前，207 页（前述，《化学战史》，494 页）。

以开会名义将村民集合后，将 42 名男性关入窑洞施放毒气。① 当地调查的结果是当时没有发生死亡现象。

以上所举例子的相同点是巧立各种名目强行将群众召集到一起，这可以被看作是提前准备使用毒气的阴谋。虽然还不清楚日军这样做的动机，但可以设想到，或许与 1941 年 9 月发生在河北省宛平县的事例大致相同，即目的在于镇压或者杀害。

（3）撤退时在村中各处撒毒

这种事例被广泛发现在辽县、武乡县、黎城县、涉县（河北省）等地，在 1942 年 2 月 8 日至 15 日期间，《解放日报》（1942 年 3 月 15 日）如此记载：

> 敌人这次从太行山区"扫荡"撤退时，在各处抛撒毒剂与毒气，企图将我抗日军民毒杀，在辽县、黎城、武乡、涉县等地区都明确发现了这些证据。敌人将毒气放置于入口、炕席、粮食或者草上，只要稍微触动就会引起中毒……武乡柳沟、东堡桥、南塔等 11 个村落由此中毒丧生的人特别多。②

日军的资料中也详细记载着这些内容，其中具体提到了左权县桐峪镇武军寺村的事例。同样，在《解放日报》

---

① 《三里庄乡大破石村卢福财等二十人控诉书》，1954 年 12 月 27 日（前述，《细菌战与毒气战》，535 页）。神野在 1955 年 5 月 28 日供述，其在 1941 年 6 月 13 日在邻村的三百户村犯下了类似罪行（前述，《细菌战与毒气战》，535 页）。在当地调查中，完全没有发现相关的踪迹。事件与地点相近，有可能与此是同一案例。

② 翻译引用自前述『日本軍の化学戦』，256 頁（村田忠禧訳）。

（1942年2月28日）的报道中，也有"敌人播撒腐烂性毒剂，群众不分男女老幼尽皆中毒，全身红肿，之后则会溃烂，呼吸困难，在被子上来回翻滚"①的内容。

在当地调查后得到的口述为：日军撤退后，躲避到山上的乡民陆续回到家中，碰触村里东西后，"手和胳膊马上起水疱，稍晚则会腐烂"。当时武军寺为八路军总部所在地，八路军副总司令彭德怀也在此停留，也正是由于这个原因，该村成为日军重点"扫荡"地区。

以上众多内容是日军在村庄中使用毒气的案例。通过这些可以清楚得知，日军在歼灭国民政府军，以及对共产党军队根据地"扫荡"时，将毒气朝向了一般群众。特别是，毒气作为一种行之有效的手段，成为与共产党军队游击战相对抗的举措，最终发展成为对目标村落实施"三光政策"的组成部分。而且，针对窑洞等密闭空间使用毒气较多。众所周知，在该状况下使用毒气，死伤人数更多，效果也更突出。所以，日军在使用这种方法时，故意巧立名目，将群众召集起来，关入密闭空间中施放毒气。相信日军也对后果有充分认识。

此外，日军还针对一般群众，使用杀伤效果特别显著的"腐烂性"毒气，这一点也应引起特别重视。

## | 结 语 |

日军使用毒气问题在战后战犯审判中并没有完全呈现。

---

① 同前，255—256页。

中华民国与中华人民共和国的战犯审判中，只审理到数例涉及毒气战的案例，还不足以让人认识到这一事件发生的全过程。

然而，仅从战时新闻报道等中方资料看，山西省的日军毒气使用案例数量已相当之多。

虽仅就内容而言，日军资料、受害者口述等事实中有细微差异，但就如本文中论述的那样，毒气使用时间、使用毒剂种类、使用状况等方面，可以说是大体一致的。

即使这样，此处提到的内容也仅是事实的一部分，而且，在解读具体事实关系等方面，还遗留有各式各样的课题。通过这些内容，对日本负面历史进行再审视，才是研究日军中国毒气战的意义所在。期望中日两国相关资料能在受害方和加害方的新口述资料基础上，得到进一步全面公开。

同时不应忘记，毒气是违反国际法，非人道的大规模杀伤性武器，且在日本对中国发动的战争中，毒气只是无数残暴行为之一。从中方资料以及当地受害者口述中，都能听到这些控诉日军残暴行为的话语。

需要提醒人们的是，在对毒气这一特殊问题进行探讨时，重新思考那些受到伤害的人们的痛楚，这是最基本的前提。

## 附表：日军在山西省使用毒气一览表

1. 此一览表依据以下资料集及文献做成。各事例都尽可能确认原文资料及地图，努力精确查找刊载信息，但无法获得资料以及地名不能确定的事例依然存在。

（1）中央档案馆、中国第二历史档案馆、吉林社会科学院编：《细菌战与毒气战》，中华书局，1989 年。缩记为《毒气战》。

（2）纪学仁：《化学战史》，军事译文出版社，1991 年。缩记为《战史》。

（3）斉藤道彦「日本軍毒ガス作戦日誌初稿—1937、38 年を中心に—」（中央大学人文科学研究所編『日中戦争—日本・中国・アメリカ』第 3 章、中央大学出版部、1993 年 3 月）。「日本軍毒ガス作戦日誌初稿補遺」1—5（『人文研紀要』、中央大学人文科学研究所、第 18、20、22、26、27 号、1993 年 9 月— 1997 年 11 月），缩记为「日誌初」「日誌補一」等。

2. 整理数据时，将可能是在山西省发生的毒气使用案例，以使用年月日与地点为标准组合成一组事例。多种资料同时记载的情况下，作者认为是同一种事例的，为避免重复尽可能整合成一组事例。另外，前期数据录入的是宫崎和丰田两人，最后整理和编辑的是丰田。

3. 一览表中的各项目如下所示：

（1）使用年月日

数据按照年月日排列，"日"不清楚的情况下，该月份排在最前。以"上旬"与"中旬"等表示的情况，分别放在该月的各个时期。另外，从资料中推断的"日"的情况，分别加上"＊"。

（2）使用县、地点

尽可能按照资料中所记载的地名记述。具体表示则先记载现在的地名，同时将资料中的旧名称（旧~）一并记入。此外，不确切的情形用斜体表示。资料记述有出入的地方用（）一次记录。错记、错印的情况用〔〕来表示正确的内容。

（3）内容

记录毒气使用的状况，毒气使用的对象，毒气使用后的相关信息、受害程度等。此外，多种资料有出入的情况下用（）记录。

（4）资料名

记录原文资料名，有多种资料的情况下，以做成的年月日顺序排列。

（5）依据文献

依据的资料集和文献记为缩写，并记录所在页码。

| NO. | 年 | 月 | 日 | 使用县 | 使用地点 | 部队 | 内容 | 资料名 | 依据文献 | 备注 |
|---|---|---|---|---|---|---|---|---|---|---|
| 1 | 1937 | 9 | 6 | 天镇县 | 盘山 | — | 战斗中向中国军队阵地施放毒气 | 《申报》，1937 年 9 月 12 日；《新中华报》，1937 年 9 月 14 日 | 《战史》388 页；《日志初》168 页 | |
| 2 | 1937 | 10 | 上旬 | 原平市（旧崞县） | 原平县城 | 第 2 师团第 30 联队 | 发现地窖内有 10 名左右抗日军人与一般群众，射人一发毒气，将从其中逃出的 3 名抗日士兵射杀，后又投掷两枚手榴弹，杀害 10 人 | 《安部四郎口供》，1954 年 9 月 10 日 | 《毒气战》507—508,650 页；《战史》389 页 | 口述者为该联队第 7 中队一等兵 |
| 3 | 1937 | 10 | 8 | 代县 | 雁门关 | — | 与八路军作战时，用飞机轰炸的同时施放毒气 | 《救国时报》，1937 年 10 月 25 日 | 《毒气战》508—651 页；《战史》389 页 | |
| 4 | 1937 | 10 | 21 | 代县 | 阳明堡—代州 | — | 与八路军及其他部队作战时使用毒气 | 《救国时报》，1937 年 10 月 25 日 | 《毒气战》508—651 页；《战史》390 页 | |

| NO. | 年 | 月 | 日 | 使用县 | 使用地点 | 部队 | 内容 | 资料名 | 依据文献 | 备注 |
|---|---|---|---|---|---|---|---|---|---|
| 5 | 1937 | 10 | 21 | 忻州市（旧忻县） | 忻口 | — | 与中国军队第85师作战时使用呕吐性、催泪性毒气弹 | 《卫立煌发给蒋介石电报》，1937年10月22日 | 《战史》390页 | |
| 6 | 1937 | 10 | 22 | 忻州市（旧忻县） | 忻口（南怀化） | — | 使用催泪性毒气 | 《介景和发给黄绍竑电报》，1937年10月22日；《申报》,1937年10月26日 | 《战史》390页；《日志初》173页 | |
| 7 | 1937 | 10 | 23 | 忻州市（旧忻县） | 忻口 | — | 战斗中使用催泪弹 | 《卫立煌发给蒋介石电报》，1937年10月23日 | 《战史》390页 | |
| 8 | 1937 | 10 | 25 | （北部） | — | — | 战斗中使用催泪弹 | 《申报》,1937年10月26日 | 《日志初》174页 | 日期为中央社电文日期，地区并未确定，存在与其他事例重复的可能性 |

| NO. | 年 | 月 | 日 | 使用县 | 使用地点 | 部队 | 内容 | 资料名 | 依据文献 | 备注 |
|---|---|---|---|---|---|---|---|---|---|---|
| 9 | 1938 | 4 | | 忻州市（旧忻县） | 平社村（北同蒲线） | 第109师团第107联队第1大队第1中队山炮小队 | 战斗中，对50余名八路军使用毒气弹和榴散弹，杀死11人 | 《安田清笔供》 | 《毒气战》653页；《战史》392页 | |
| 10 | 1938 | 4 | 14 | 阳城县 | 城关 | — | 对躲藏在10余处洞穴的群众放火，施放毒气，致700多人死亡 | 《侵华日军在山西的暴行》 | 《战史》391页 | |
| 11 | 1938 | 4 | 15 | 襄垣县（当时的武乡县） | 西营镇 | — | 对群众难避隐藏的山洞施放毒气，杀害70多人，群众总人数为226人 | 《沦陷区惨状记》 | 《毒气战》508—509，652页；《战史》391页 | 现在的西营镇为襄垣县，或为行政区划的变更。月日来源于资料标题 |
| 12 | 1938 | 4 | 18 | 武乡县 | （东南） | 苫米地旅团第117师129师联队 | 战斗中，对八路军施放嚏性毒气 | 《新华日报》，1938年4月19日 | 《毒气战》652页；《战史》392页 | |

| NO. | 年 | 月 | 日 | 使用县 | 使用地点 | 部队 | 内容 | 资料名 | 依据文献 | 备注 |
|---|---|---|---|---|---|---|---|---|---|---|
| 13 | 1938 | 4 | 28 | 离石县 | 李家山 | —— | 4月28日至5月6日离石战斗,20日在李家山战斗,将两种催泪剂,从10余米外的地方投掷过去,中毒者流泪,发热,口吐白沫,中国军队最终缴获毒气弹10余发 | 《新华日报》,1938年5月3日—6月21日;《沦陷区惨状记》 | 《毒气战》509,516—517,653页;《战史》392页;《日志补二》142,149页 | |
| 14 | 1938 | 5 | | 垣曲县 | 垣曲附近 | 第20师团第80联队第2大队第5中队 | 战斗中向中国军队阵地发射催泪性毒气弹,杀死30余人 | 《又川春义笔供》 | 《毒气战》654页;《战史》394页 | |
| 15 | 1938 | 5 | | —— | 西河村 | —— | 战斗中为突出包围施放毒气,10多名中国士兵中毒 | 《抗敌报》,1938年6月7日 | 《战史》394页 | |

| NO. | 年 | 月 | 日 | 使用县 | 使用地点 | 部队 | 内容 | 资料名 | 依据文献 | 备注 |
|---|---|---|---|---|---|---|---|---|---|---|
| 16 | 1938 | 5 | 23 | 灵石县 | 薛村、汤村 | — | 战斗中用炮发射催泪性毒气，很多人中毒 | 《新华日报》，1938年6月16日 | 《毒气战》654页；《战史》394页；《日志补二》147页 | |
| 17 | 1938 | 5 | 25 | 中阳县 | 九家村 | — | 战斗中施放催泪性毒气，多人中毒 | 《新华日报》，1938年5月30日；《抗敌报》，1938年6月3日 | 《战史》394页；《日志补二》147页 | |
| 18 | 1938 | 5 | 26 | 中阳县 | 金罗镇 | | 战斗中用喷射器喷射催泪性与窒息性毒气两次、中毒者流泪不止、口吐白沫，呼吸停滞，目眩，难以正常饮食 | 《新华日报》，1938年6月5日—6日 | 《毒气战》654页；《战史》394页 | |
| 19 | 1938 | 5 | 28 | — | 三山镇 | — | 作战中施放毒气 | 《抗敌报》，1938年6月3日 | 《战史》394页 | |
| 20 | 1938 | 6 | 13 | 交口县 | 交口 | | 战斗中施放毒气，使30余人中毒 | 《新华日报》，1938年6月13日 | 《日志补二》151页 | |

| NO. | 年 | 月 | 日 | 使用县 | 使用地点 | 部队 | 内容 | 资料名 | 依据文献 | 备注 |
|---|---|---|---|---|---|---|---|---|---|---|
| 21 | 1938 | 6 | 15 | 中阳县 | 中阳城 | | 战斗中使用催泪瓦斯,使20多名官兵中毒 | 《新华日报》,1938年6月21日、23日 | 《毒气战》509—655页;《战史》395—396页;《日志补二》151页 | |
| 22 | 1938 | 6 | 15—20 | 离石县 | — | — | 战斗中频繁使用催泪瓦斯。另外,用飞机投掷毒气弹 | 《抗敌报》,1938年6月30日 | 《战史》394页 | |
| 23 | 1938 | 6 | 17 | 中阳县 | 灰口—中阳 | — | 战斗中对晋南军施放毒气 | 《抗敌报》,1938年6月19日 | 《战史》396页 | |
| 24 | 1938 | 6 | 末期至7月上旬 | 侯马县 | 侯马—新绛 | — | 战斗中,对中国军队阵地用毒气发射器、掷弹筒发射大量毒气 | 《新华日报》,1938年7月4日、5日 | 《战史》397页;《日志补二》153—154页 | |
| 25 | 1938 | 6 | 末期至7月上旬 | 垣曲县 | 蒲掌 | — | 战斗中使用毒气 | 《新华日报》,1938年7月2日 | 《日志补二》154页 | |

| NO. | 年 | 月 | 日 | 使用县 | 使用地点 | 部队 | 内容 | 资料名 | 依据文献 | 备注 |
|---|---|---|---|---|---|---|---|---|---|---|
| 26 | 1938 | 6 | 末期至7月上旬 | 中阳县、离石县 | — | 109师团小崎重厚部队 | 战斗中施放催泪弹 | 《新华日报》,1938年7月3日 | 《日志补二》154—155页 | |
| 27 | 1938 | 7 | | 闻喜县、曲沃县、垣曲县 | — | — | 闻喜、曲沃、垣曲战役中,对八路军使用糜烂性及催泪性毒气 | 《新华日报》1938年7月22日;《抗敌报》1938年7月27日 | 《毒气战》510—657页 | |
| 28 | 1938 | 7 | 上旬 | 离石县(中阳县) | 金乐镇南部 | 第109师团步兵第136联队(松井节夫大佐) | 战斗中对八路军阵地发射30发"红"筒",杀死大约200人 | 《申报》,1938年7月3日;《齐藤良雄笔供》,1954年9月17日 | 《毒气战》510—656页;《战史》399页;《日志初》182页 | |
| 29 | 1938 | 7 | 初旬 | 定襄县 | 定襄县城附近 | 第109师团步兵第107联队、山炮兵第109联队 | 五台山战役中,在定襄县城附近村落与八路军的战斗中,发射窒息性、催泪性、喷嚏性的毒气弹与手榴弹100发以上,杀死八路军士兵100人,农民20人 | 《安田清笔供》,1954年8月12日 | 《毒气战》509—510,656页;《战史》399页 | |

| NO. | 年 | 月 | 日 | 使用县 | 使用地点 | 部队 | 内容 | 资料名 | 依据文献 | 备注 |
|---|---|---|---|---|---|---|---|---|---|---|
| 30 | 1938 | 7 | 1 | 垣曲县 | 芦家山、南羊圈 | — | 战斗中，被中国军队包围时施放催泪性毒气 | 《新华日报》，1938年7月4日《晋省之游击战》 | 《战史》397页 | |
| 31 | 1938 | 7 | 2 | 离石县 | 李家湾 | — | 战斗中炮兵对中国军队阵地发射大量绿色烟雾的毒气弹 | 《新华日报》，1938年7月7日 | 《战史》397页 | |
| 32 | 1938 | 7 | 4 | 垣曲县 | 南羊圈 | — | 战斗中向守卫南羊圈一带的中国军队发射大量毒气弹，守卫官兵死伤众多 | 《新华日报》，1938年7月6日；《申报》，1938年7月6日《晋省之游击战》 | 《战史》398页；《毒气战》512，656页；《日志初》182页；《日志朴二》156页 | |
| 33 | 1998 | 7 | 4 | 曲沃县 | 秦岗镇 | — | 战斗中发射毒气炮弹 | 《新华日报》，1938年7月6日；《申报》，1938年7月6日 | 《战史》，398页；《日志初》182页；《日志朴二》156页 | |

| NO. | 年 | 月 | 日 | 使用县 | 使用地点 | 部队 | 内容 | 资料名 | 依据文献 | 备注 |
|---|---|---|---|---|---|---|---|---|---|---|
| 34 | 1938 | 7 | 5 | 曲沃县 | 盈村、南下张 | 第20师团 | 战斗中向中国军队阵地发射毒气炮弹390发，使得战场正面3.3平方公里的区域内成为毒化区域 | 《新华日报》，1938年7月6日 | 《战史》398页 | |
| 35 | 1938 | 7 | 6 | 阳城县 | 町店、义城 | | 战斗中，对八路军第334旅使用毒气弹，使八路军死伤500多人，重伤者极多，治疗困难 | 〔朱德、彭德怀发给陶锡山、卫立煌的电报〕，1938年7月28日；《新华日报》，1938年8月1日 | 《战史》399页 | |
| 36 | 1938 | 7 | 14 | —— | 横木镇 | —— | 战斗中发射催泪性毒气弹 | 《新华日报》，1938年7月16日 | 《战史》399页 | |
| 37 | 1938 | 7 | 中旬 | 夏县、平陆县 | 夏县王峪口、平陆县凤口村，吴家嘴、平陆铺 | | 战斗中对中国47军阵地使用毒气 | 《抗敌报》，1938年7月27日《晋省之游击战》 | 《毒气战》656页；《战史》400页 | |

| NO. | 年 | 月 | 日 | 使用县 | 使用地点 | 部队 | 内容 | 资料名 | 依据文献 | 备注 |
|---|---|---|---|---|---|---|---|---|---|---|
| 38 | 1938 | 7 | 15 | 平陆县 | 王圩口，吴家村，平陆铺，风口 | —— | 战斗中使用毒气 | 《新华日报》，1938年7月17日 | 《毒气战》510—511,656页；《战史》399页 | |
| 39 | 1938 | 7 | 15 | 平陆县 | 孙家镇 | —— | 战斗中使用催泪性毒气弹 | 《新华日报》，1938年7月17日 | 《毒气战》510—511；《战史》399页 | 运城县，夏县，平陆县境内战斗 |
| 40 | 1938 | 7 | 15 | 运城市（旧安邑县） | 安邑（连连铺等） | —— | 战斗中使用毒气 | 《新华日报》，1938年7月19日 | 《战史》399页；《日志补二》157页 | |
| 41 | 1938 | 7 | 16 (23) | 夏县 | 大台村—下庵底 | 第20师团第78联队 | 战斗中，对第三军与保安第7区司令段使用大量毒气，中毒者感觉窒息、牙痛、脚痛、头晕目眩，在晋南的该种的行为3周内发生不下20多回 | 《新华日报》，1938年7月24日；《抗政报》,1938年7月27日；《晋省之游击战》；《沦陷区惨状记》 | 《毒气战》511—512,516—517,656—657页；《战史》399—400页；《日志补二》157—158页 | |

| NO. | 年 | 月 | 日 | 使用县 | 使用地点 | 部队 | 内容 | 资料名 | 依据文献 | 备注 |
|---|---|---|---|---|---|---|---|---|---|---|
| 42 | 1938 | 7 | 20 | 闻喜县 | 闻喜、曲沃、垣曲 | — | 闻喜、曲沃、垣曲的战斗中，猛烈使用毒气 | 《新华日报》，1938年7月22日 | 《战史》，400页 | |
| 43 | 1938 | 7 | 24 | 应县 | — | — | 战斗中对中国军队120师一部使用毒气和烟幕 | 《朱德、彭德怀致军令部电报》，1938年8月3日 | 《毒气战》657页；《战史》400页 | |
| 44 | 1938 | 7 | 29 | 夏县 | — | — | 战斗后撤退时，向各村的水井里投毒，村民饮用后头晕，上吐下泻，颜面发黑，很多人因此瘫痪，死亡 | 《日寇暴行录》 | 《毒气战》637页；《战史》400页 | 日期来源于中央社7月29日郑州电文 |
| 45 | 1938 | 8 | — | 应县 | — | — | 山阴县、应县的日军200余名在战斗后撤退时施放毒气 | 《抗敌报》，1938年7月29日 | 《战史》404页 | |
| 46 | 1938 | 8 | 中旬 | 天镇县 | 天镇城西南附近村落 | 独立混成第2旅团野炮大队 | 使用毒气弹，杀死抗日军民约200人 | 《田宫八郎口供》，1954年6月1日 | 《毒气战》512—513,658页；《战史》401页 | 旧察哈尔省 |

| NO. | 年 | 月 | 日 | 使用县 | 使用地点 | 部队 | 内容 | 资料名 | 依据文献 | 备注 |
|---|---|---|---|---|---|---|---|---|---|---|
| 47 | 1938 | 8 | 26 | 中阳县、离石县 | 中阳、离石一带、马当火龙山、小沿河 | — | 在中阳、离石一带以及马当火龙山、小沿河使用窒息性、催泪性毒气 | 〔徐永昌致周佛海电文〕,1938 年 8 月 26 日 | 《战史》403 页 | 日期为电报日期 |
| 48 | 1938 | 8 | 26 | 离石县 | 化龙咀、台家镇附近 | — | 战斗中大量发射毒气弹 | 《新华日报》,1938 年 9 月 1 日 | 《毒气战》658 页;《战史》403 页 | |
| 49 | 1938 | 8 | 中旬—9月中旬 | 代县 | — | 第 11 师团独立步兵第 11 联队第 2 大队 | 战斗中施放 2 发催泪性毒气弹 | 《东条英次口供》 | 《毒气战》658 页 | |
| 50 | 1938 | 9 | 1—3 | 中阳县、离石县 | 刘家沟、金罗镇、朱家店 | | 战斗中使用毒气 | 《新华日报》,1938 年 9 月 6 日 | 《日志补三》30 页 | |
| 51 | 1938 | 9 | 24 | 中阳县 | 帅庄 | — | 战斗中对中国军队第 343 旅施放毒气,使得 30 余人中毒 | 《新华日报》,1938 年 9 月 23 日;《左权致朱德、彭德怀电报》,1938 年 9 月 26 日 | 《毒气战》664 页;《战史》413 页;《日志补三》46 页 | |

| NO. | 年 | 月 | 日 | 使用县 | 使用地点 | 部队 | 内容 | 资料名 | 依据文献 | 备注 |
|---|---|---|---|---|---|---|---|---|---|---|
| 52 | 1938 | 10 | 1 | 定襄县 | 受禄·季庄 | — | 战斗中飞机掩护施放毒气 | 《新华日报》，1938年10月3日 | 《战史》416页；《日志补三》53页 | |
| 53 | 1938 | 10 | 1 | 定襄县 | 王进村 | — | 战斗中施放大量毒气 | 《新华日报》，1938年10月5日 | 《战史》416页；《日志补三》53页 | |
| 54 | 1938 | 10 | 1 | 代县 | 滩上村 | — | 飞机连日轰炸，施放毒气 | 《新华日报》，1938年10月5日；《申报》，1938年10月7日 | 《日志初》208页；《日志补三》53页 | |
| 55 | 1938 | 10 | 2 | 定襄县 | 县城—蒋村 | — | 战斗中施放大量毒气 | 《申报》，1938年12月4日 | 《日志初》208页 | |
| 56 | 1938 | 10 | 2* | 五台县 | 五台县城—东冶 | — | 战斗中所使用的大部分为毒气弹 | 《新华日报》，1938年10月5,7日；《申报》，1938年10月7日 | 《日志初》209页；《日志补三》54—55页 | |
| 57 | 1938 | 10 | 14—15 | 五台县 | — | — | 战斗中施放大量毒气 | 《新华日报》，1938年10月23日 | 《日志补三》58页 | |

| NO. | 年 | 月 | 日 | 使用县 | 使用地点 | 部队 | 内容 | 资料名 | 依据文献 | 备注 |
|---|---|---|---|---|---|---|---|---|---|---|
| 58 | 1938 | 10 | 27 | 离石县 | 相王、天神头 | — | 战斗中施喷嚏性毒气后逃散 | 《新华日报》，1938年11月4日 | 《战史》416 页 | |
| 59 | 1938 | 10 | 末 | — | 贾庄 | — | 战斗中对中国军队第 359 旅 718 团施放催泪性、喷嚏性混合毒气，使两个连的士兵中毒，中毒症状为四肢发痒、流泪，喷嚏不止，如吃辣椒时的症状 | 〔周士第发给左权、滕代远电报〕，1938年11月6日 | 《毒气战》513，665 页；《战史》422 页 | |
| 60 | 1938 | 11 | 8 | 宁武县 | 石滩 | — | 战斗中投掷大量催泪性、窒息性毒气弹 | 《新华日报》，1938年11月11日 | 《战史》423 页 | |
| 61 | 1938 | 11 | 11 | 宁武县 | 轩岗 | — | 战斗中飞机掩护投下大量毒气弹 | 《新华日报》，1938年11月14日；《申报》，1938年11月14日 | 《战史》423 页；《日志初》215 页 | |

| NO. | 年 | 月 | 日 | 使用县 | 使用地点 | 部队 | 内容 | 资料名 | 依据文献 | 备注 |
|---|---|---|---|---|---|---|---|---|---|---|
| 62 | 1938 | 11 | 14 | 屯留县 | 张店、王谷口 | —— | 战斗中对张店以北、王谷口以东，以南的各高地，用大炮施放大量毒气 | 《新华日报》，1938年11月17日 | 《战史》423页 | |
| 63 | 1938 | 11 | 中旬 | 灵丘县 | 贤庄村附近 | 驻蒙军独立混成第2旅团第5大队 | 与八路军战斗中使用窒息性毒气弹4发 | 《安达千代吉笔供》，1954年11月17日 | 《毒气战》513—514,665页；《战史》423页 | 旧察哈尔省 |
| 64 | 1938 | 11 | 17 | 灵丘县 | 义泉岭村、孙家庄等 | 义泉岭警备队(3分遣队) | 对夜间突袭的八路军发射9发"红筒"，受害者有八路军约500人，群众80余人 | 《安达千代吉笔供》，1954年11月17日；《抗敌报》，1938年11月25日 | 《毒气战》513—514,665页；《战史》423页 | |
| 65 | 1938 | 11 | 25 | 霍县 | 青郎平、沙窝里 | —— | 战斗中发射喷嚏性毒气弹 | 《新华日报》，1938年11月29日 | 《战史》424页 | |

| NO. | 年 | 月 | 日 | 使用县 | 使用地点 | 部队 | 内容 | 资料名 | 依据文献 | 备注 |
|---|---|---|---|---|---|---|---|---|---|---|
| 66 | 1938 | 11 | 29 | 灵丘县 | 杏树嘴、乐陶三村 | —— | 灵丘北杏树嘴、乐陶三村附近的战斗中,用山炮、掷弹筒发射大量催泪性、喷嚏性毒气,使300多名官兵中毒 | 《朱德、彭德怀致阎锡山等人的电报》,1938年12月1日;《新华日报》,1938年12月5日 | 《毒气战》515、665页;《战史》424页 | |
| 67 | 1938 | 12 | —— | 灵丘县 | 灵丘—平型关 | 独立混成第2旅团第5大队 | 战斗中使用20发毒气弹 | 《庄司昼笔供》 | 《毒气战》666页;《战史》426页 | |
| 68 | 1938 | 12 | 2 | —— | 清华镇西关 | —— | 战斗中对槐树圪垯阵地炮击毒气弹 | 《新华日报》,1938年12月8日 | 《战史》424页 | |
| 69 | 1938 | 12 | 2 | 永济市 | 风陵渡 | —— | 战斗中用毒气炮击阵地 | 《抗敌报》,1938年12月11日 | 《战史》424页 | |
| 70 | 1938 | 12 | 15 | 忻州市(旧忻县) | 卫村、刘庄 | —— | 战斗中施放毒气 | 《新华日报》,1938年12月21日 | 《战史》425页 | |
| 71 | 1938 | 12 | 18 | —— | 姚上村、六官村 | —— | 战斗中施放催泪性、喷嚏性毒气 | 《新华日报》,1938年12月22日 | 《战史》425页 | |

| NO. | 年 | 月 | 日 | 使用县 | 使用地点 | 部队 | 内容 | 资料名 | 依据文献 | 备注 |
|---|---|---|---|---|---|---|---|---|---|---|
| 72 | 1938 | 12 | 19 | 忻州市（旧忻县） | 卫村、坡腾、刘庄 | — | 战斗中施放催泪性、喷嚏性毒气 | 《新华日报》，1938年12月27日 | 《战史》425 页 | |
| 73 | 1938 | 12 | 20 | 昔阳县 | 昔阳东南川口 | — | 战斗中被包围时施放大量毒气，死伤200余人 | 《八路军军政杂志》，1939年1月号 | 《战史》425 页 | |
| 74 | 1938 | 12 | 末 | 平陆县 | 连家湾、北吕村、王家滑 | — | 战斗中发射毒气炮弹 | 《新华日报》，1939年1月1日 | 《战史》426 页 | |
| 75 | 1939 | 1 | 2 | 辽县 | | | 连日战斗中使用大量毒气。此外，进攻途中向水井中投入毒气 | 〔第129 师发往各集团的电报〕，1939年1月2日 | 《毒气战》515，666 页；《战史》426 页 | 日期为电报日期 |
| 76 | 1939 | 1 | 8 | 河津县 | 西岭口附近 | — | 战斗中数次使用毒气 | 《抗敌报》，1939 年1 月14 日 | 《战史》，427 页 | |
| 77 | 1939 | 1 | 12 | — | 六宫、桃坡 | — | 战斗中发射芥子气性毒气弹20 余发后撤退 | 《新华日报》，1939年1 月16 日 | 《战史》427 页 | |

110

| NO. | 年 | 月 | 日 | 使用县 | 使用地点 | 部队 | 内容 | 资料名 | 依据文献 | 备注 |
|---|---|---|---|---|---|---|---|---|---|---|
| 78 | 1939 | 1 | 29 | 辽县 | 苏亭、栗城 | — | 与陈锡联旅战斗中使用大量毒气，使500多人中毒，头晕目眩、中毒、神经失常 | 《朱德、彭德怀致程潜、阎锡山、卫立煌、鹿钟麟的电报》，1939年2月2日；《新华日报》，1939年2月6日 | 《毒气战》516、667页；《战史》427页 | |
| 79 | 1939 | 1 | 29 | 霍州市(旧霍县) | 沙涡里 | — | 战斗中发射催泪毒气弹100余发 | 《新华日报》，1939年2月1,3日；《抗敌报》，1939年2月3,5日 | 《战史》427页 | |
| 80 | 1939 | 1 | 30 | 辽县 | — | 第8旅团一部 | 战斗中对中国军队第385旅769团施放大量毒气，使1个连的官兵中毒 | 〔第385旅发往129师的电报〕1939年1月30日 | 《毒气战》515—516,667页；《战史》427页 | 日期为电报日期 |
| 81 | 1939 | 1 | 31 | 霍州市(旧霍县) | 东谷里、关家山、杨家庄 | — | 战斗中施放多发毒气弹 | 《申报》，1939年2月7日 | 《日志初》218页 | |

| NO. | 年 | 月 | 日 | 使用县 | 使用地点 | 部队 | 内容 | 资料名 | 依据文献 | 备注 |
|---|---|---|---|---|---|---|---|---|---|---|
| 82 | 1939 | 1 | 下旬 | 灵丘县 | 距灵丘15公里的村落 | 独立混成第2旅团步兵第5大队第1中队 | 战斗中使用催泪性毒气弹两发 | 《庄司巽笔供》 | 《毒气战》667页 | |
| 83 | 1939 | 2 | 1 | 霍州市（旧霍县） | 杨庄、刘家山 | —— | 战斗中发射大量催泪性、窒息性毒气弹 | 《新华日报》,1939年2月4日 | 《战史》428页 | |
| 84 | 1939 | 2 | 2 | 霍州市（旧霍县） | 峪里 | —— | 战斗中发射大量毒气弹 | 《新华日报》,1939年2月8日 | 《战史》428页 | |
| 85 | 1939 | 2 | 3 | 霍州市（旧霍县） | 源头村、杨枣村 | —— | 战斗中施放大量窒息性毒气 | 《申报》,1939年2月8日;《新华日报》,1939年2月9日 | 《战史》428页;《日志初》218页 | |
| 86 | 1939 | 2 | 4 | 辽县 | 牛川村 | —— | 战斗中施放毒气 | 《抗敌报》,1939年2月15日 | 《战史》428页 | |

| NO. | 年 | 月 | 日 | 使用县 | 使用地点 | 部队 | 内容 | 资料名 | 依据文献 | 备注 |
|---|---|---|---|---|---|---|---|---|---|---|
| 87 | 1939 | 2 | 4 | 利顺县 | 碧霞观柳、东沟 | — | 战斗中用毒气炮弹掩护逃跑 | 《抗敌报》,1939年2月15日 | 《战史》428页 | |
| 88 | 1939 | 2 | 8 | 运城县 | 安邑 | — | 战斗中施放毒气，多人中毒 | 《抗敌报》,1939年2月13日 | 《战史》428页 | |
| 89 | 1939 | 2 | 8 | 辽县 | 哈嘛滩 | — | 战斗中施放毒气，使50多人中毒死亡 | 《新华日报》,1939年2月10日 | 《战史》429页 | |
| 90 | 1939 | 2 | 13 | 绛县 | 眉山头 | — | 战斗中不断发射催泪性毒气 | 《新华日报》,1939年2月16日 | 《战史》429页 | |
| 91 | 1939 | 2 | 17 | 绛县 | 三口镇 | — | 战斗中施放大量毒气 | 《抗敌报》,1939年2月21日 | 《战史》429页 | |
| 92 | 1939 | 2 | 18 | 河津县 | 侯家庄 | — | 战斗中发射炮弹1000余发，其中有非常多的毒气弹 | 《新华日报》,1939年2月24日；《抗敌报》,1939年2月24日；《新中华报》,1939年2月25日 | 《战史》429页；《日志补一》44页 | |

| NO. | 年 | 月 | 日 | 使用县 | 使用地点 | 部队 | 内容 | 资料名 | 依据文献 | 备注 |
|---|---|---|---|---|---|---|---|---|---|---|
| 93 | 1939 | 2 | 22—23 | 灵石县 | 静升镇附近 | — | 战斗中施放催泪性、窒息性毒气，70余名官兵中毒 | 《新华日报》，1939年3月4日 | 《战史》430页 | |
| 94 | 1939 | 2 | 24 | 霍县 | 李高、韩村 | — | 战斗中发射很多喷嚏性毒气弹 | 《抗敌报》，1939年3月1日 | 《战史》430页 | |
| 95 | 1939 | 3 | | 夏县 | 大台村 | — | 战斗中施放毒气。另外，败逃中投下毒气，使几千军民死亡 | 《沦陷区惨状记》 | 《战史》431—432页 | |
| 96 | 1939 | 3 | | 晋西 | — | — | 晋西战役中的负伤者脸色苍白，伤口浮肿，周围呈绿色的水泡，水泡破后流出绿黄色的脓水，被确认为中毒 | 《新华日报》，1939年3月19日 | 《战史》432页 | |

| NO. | 年 | 月 | 日 | 使用县 | 使用地点 | 部队 | 内容 | 资料名 | 依据文献 | 备注 |
|---|---|---|---|---|---|---|---|---|---|---|
| 97 | 1939 | 3 | 6 | 灵石县 | 静升镇西、北高地、赵家庄、邑角乌 | — | 战斗中施放毒气，使中国军队四五十人中毒 | 《新华日报》，1939年3月8日 | 《战史》431页 | |
| 98 | 1939 | 3 | 12 | 灵石县 | 军寨 | — | 战斗中用大量催泪性毒气掩护撤退 | 《新华日报》，1939年3月18日 | 《战史》431页 | |
| 99 | 1939 | 3 | 14 | 静乐县 | 静荷大道（出窝底附近） | | 战斗中用毒气掩护撤退 | 《新华日报》，1939年3月20日；《抗敌报》，1939年3月21日 | 《战史》432页 | |
| 100 | 1939 | 3 | 14 | 静乐县 | 扶头会 | — | 战斗中发射30余发毒气弹，向城内退却，中毒官兵很多 | 《新华日报》，1939年3月20日；《抗敌报》，1939年3月22日 | 《战史》432页 | |
| 101 | 1939 | 3 | 14 | — | 黑龙关附近 | — | 连日来多次发射喷嚏性、催泪性毒气 | 《新华日报》，1939年3月17日 | 《战史》432页 | |

| NO. | 年 | 月 | 日 | 使用县 | 使用地点 | 部队 | 内容 | 资料名 | 依据文献 | 备注 |
|---|---|---|---|---|---|---|---|---|---|---|
| 102 | 1939 | 3 | 28—31 | 高平县、阳城县、晋城市区、长治县等 | — | | 检查飞机投下的炸弹,发现其中有毒气弹等 | 〔专员戒伍胜的电报〕,1939 年 3 月 30、31 日 | 《毒气战》518,668 页;《战史》434 页 | |
| 103 | 1939 | 3 | 30 | 平陆县 | 大臣村、凤斜口、南坡村、顺头村 | — | 战斗中施放毒气 | 《新华日报》,1939 年 4 月 1,2 日;《抗敌报》,1939 年 4 月 2、6 日 | 《战史》434 页 | |
| 104 | 1939 | 4 | 初旬 | 绛县 | 乔村 | — | 战斗中对第 15 军 65 师 193 团第 3 营使用毒气弹,中毒及死伤者甚多,营长及 7 连连长战死 | 〔第 15 军军长刘茂恩致蒋介石的电报〕,1939 年 4 月 11 日 | 《毒气战》517,669 页;《战史》436 页 | |
| 105 | 1939 | 4 | 2 | 霍县 | 侯家庄、杨家庄 | — | 战斗中施放喷嚏性、催泪性毒气 | 《新华日报》,1939 年 4 月 11 日 | 《战史》435 页 | |
| 106 | 1939 | 4 | 23 | 介休县 | 王和镇 | — | 战斗中施放催泪性毒气 | 《新华日报》,1939 年 4 月 11 日 | 《战史》436 页 | |

| NO. | 年 | 月 | 日 | 使用县 | 使用地点 | 部队 | 内容 | 资料名 | 依据文献 | 备注 |
|---|---|---|---|---|---|---|---|---|---|---|
| 107 | 1939 | 4 | 12 | 夏县 | 崔家河、郭牛堡 | — | 战斗中用毒气掩护撤退 | 《申报》,1939 年 4 月 15 日 | 《日志补一》48 页 | |
| 108 | 1939 | 4 | 13—15 | — | 中条山 | — | 中条作战中施放大量毒气 | 《新华日报》,1939 年 4 月 18 日 | 《战史》436 页 | |
| 109 | 1939 | 4 | 19 | 灵石县 | 富家湾—罗汉 | — | 战斗中施大量放毒气 | 《新华日报》,1939 年 4 月 25 日 | 《战史》437 页 | |
| 110 | 1939 | 4 | 20 | 五台县 | 豆村 | | 战斗中,五台滩村的日本军步兵骑兵 1500 余人施放大量毒气 | 《抗敌报》,1939 年 4 月 28 日 | 《战史》437 页 | |
| 111 | 1939 | 5 | | 孟县 | 上鹤山 | — | 战斗中使用催泪性毒气 | 《抗敌报》,1939 年 5 月 12 日 | 《战史》440 页 | |
| 112 | 1939 | 5 | | 平陆县 | 平陆县城、大神村 | 第 20 师团第 80 联队（第 2 大队第 5 中队） | 战斗中施放 4000 次毒气,战果报告中提到"敌军遗尸 2000 具以上" | 《又川春义笔供》,1954 年 8 月 2 日 | 《毒气战》518,671—672 页；《战史》441 页 | |

| NO. | 年 | 月 | 日 | 使用县 | 使用地点 | 部队 | 内容 | 资料名 | 依据文献 | 备注 |
|---|---|---|---|---|---|---|---|---|---|---|
| 113 | 1939 | 5 | | — | 戒子营、南北留路 | — | 战斗中对120师施放毒气 | 〔左权致各兵团长电报〕,1939年6月6日 | 《战史》441页 | |
| 114 | 1939 | 5 | 上旬 | 原平市（旧崞县） | 轩岗镇 | 独立混成第3旅团独立步兵第7大队 | 轩岗镇东北炮楼中,奉独立混成第3旅团独立步兵第7大队大队长宫崎武之中佐命令,使用1名俘房验证"红筒"效果,之后将昏迷状态的俘房杀害 | 《菊地修一口供》,1955年3月12日;《菊地修一笔供》1955年 | 《毒气战》518—522,671页 | |
| 115 | 1939 | 5 | 1 | 平遥县 | — | — | 战斗中施放毒气 | 《抗敌报》,1939年5月8日 | 《战史》439页 | |
| 116 | 1939 | 5 | 2 | — | 安沟里 | — | 战斗中施放大量毒气 | 《抗敌报》,1939年5月8日 | 《战史》439页 | |
| 117 | 1939 | 5 | 2 | 运城县 | 官庄镇、张郭店、军家岭 | — | 战斗中发射大量毒气弹 | 《抗敌报》,1939年5月10日 | 《战史》439页 | |

| NO. | 年 | 月 | 日 | 使用县 | 使用地点 | 部队 | 内容 | 资料名 | 依据文献 | 备注 |
|---|---|---|---|---|---|---|---|---|---|---|
| 118 | 1939 | 5 | 3 | | — | | 战斗中,八路军129师先遣部队的中毒者皮肤生水泡,流黄水,溃疡腐烂 | 〔先遣部队致129师电报〕,1939年5月3日 | 《战史》439页 | 日期为电报事件 |
| 119 | 1939 | 5 | 5 | 忻州市(旧忻县) | 利洞附近 | — | 战斗中施放毒气 | 《抗敌报》,1939年5月12日 | 《战史》440页 | |
| 120 | 1939 | 5 | 14 | 繁峙县 | 神堂堡—台怀 | 第3旅团1个大队 | 被中国军队第717团、718团包围时,发射大量毒气弹掩护,突破包围圈 | 《抗敌报》,1939年6月15日;《中国人民解放军战史》,第2卷161页 | 《战史》440页 | |
| 121 | 1939 | 6 | 9 | 平陆县 | 茅津渡、平陆,芮城 | — | 用飞机、大炮攻击时,同时施放大量毒气 | 《抗敌报》,1939年6月19日;《申报》,1939年6月19—20日;《新中华报》,1939年6月20日 | 《战史》441页;《日志补一》52页 | |
| 122 | 1939 | 6 | 20 | 垣曲县 | 皋落,垣曲 | — | 在飞机与毒气掩护下攻下皋落和垣曲 | 《抗敌报》,1939年6月25日 | 《战史》442页 | |

| NO. | 年 | 月 | 日 | 使用县 | 使用地点 | 部队 | 内容 | 资料名 | 依据文献 | 备注 |
|---|---|---|---|---|---|---|---|---|---|---|
| 123 | 1939 | 6 | 23 | 夏县 | 马家庙、东西冒峪 | — | 战斗中施放大量毒气 | 《新中华报》，1939年6月27日 | 《战史》442页 | |
| 124 | 1939 | 7 | | 阳城县 | 董封 | — | 战斗中对85师使用腐烂性毒气，中毒官兵出现核桃大的水池，破裂后流出脓水，面部难以治疗 | 〔左权致各兵团长电报〕，1939年8月5日；《新华日报》，1939年8月8日 | 《毒气战》522、675页；《战史》444页 | 可能在8月份 |
| 125 | 1939 | 7 | | — | 黄家盆堤 | — | 战斗中对阎锡山军的许绍来部用迫击炮发射催泪性与喷嚏性毒气弹，中毒者甚多 | 〔左权致各兵团的电报〕，1939年8月9日 | 《毒气战》523、674页；《战史》443—444页 | 可能在8月份 |
| 126 | 1939 | 7 | 6 | 曲沃县 | 门前村 | 野战重炮第6联队第2大队第6中队 | 战斗中对敌阵地炮击中使用窒息性的毒气弹 | 《吉田来笔供》 | 《毒气战》672页；《战史》443页 | |

| NO. | 年 | 月 | 日 | 使用县 | 使用地点 | 部队 | 内容 | 资料名 | 依据文献 | 备注 |
|---|---|---|---|---|---|---|---|---|---|---|
| 127 | 1939 | 7 | 15 | 高平县 | 长平驿 | 一 | 用飞机和大炮进行轰炸，阵地内充满毒气 | 《抗敌报》，1939年7月19日 | 《战史》443页 | |
| 128 | 1939 | 7 | 21 | 阳城县 | 张店〔家〕庄 | 一 | 战斗中施放毒气 | 《新中华报》，1939年7月28日；《抗敌报》，1939年7月29日 | 《战史》443页；《日志补一》53页 | |
| 129 | 1939 | 7 | 28 | 晋城县 | 黑石关 | 一 | 战斗中施放毒气 | 《抗敌报》，1939年7月31日 | 《战史》443页 | |
| 130 | 1939 | 8 | 7 | 黎城县 | 东阳关 | 一 | 战斗中施放大量毒气 | 《抗敌报》，1939年8月14日 | 《战史》444页 | |
| 131 | 1939 | 8 | 11 | 沁县 | 碾（神）驼岭 | 一 | 战斗中施放大量毒气 | 《新华日报》，1939年8月16日；《新中华报》，1939年9月12日 | 《战史》444—445页；《日志补一》55—56页 | |

| NO. | 年 | 月 | 日 | 使用县 | 使用地点 | 部队 | 内容 | 资料名 | 依据文献 | 备注 |
|-----|-----|-----|-----|--------|----------|------|------|--------|----------|------|
| 132 | 1939 | 8 | 14 | 晋城 | — | — | 战斗炮击同时施放毒气 | 《新华日报》，1939年8月20日；《新中华报》，1939年8月22日 | 《战史》445页；《日志补一》56页 | |
| 133 | 1939 | 9 | 11 | 故县 | 神驼岭 | — | 战斗中施放大量毒气 | 《新中华报》，1939年9月12日 | 《战史》447页 | |
| 134 | 1939 | 9 | 14 | 壶关县 | 泽井村 | — | 战斗中施放毒气 | 《新华日报》，1939年9月17日；《抗敌报》，1939年9月19日 | 《战史》447页 | |
| 135 | 1939 | 9 | 19 | 昔阳县 | 皋落 | — | 战斗中施放毒气，使200多人中毒 | 《八路军军政杂志》第1卷第10号 | 《战史》449页 | |
| 136 | 1939 | 9 | 25 | 长子县 | 尧庙山 | 第20师团岩切联队 | 战斗中岩切联队的一部三四百人施放大量催泪性毒气弹，官兵全员中毒 | 《新华日报》，1939年10月1日 | 《战史》451页 | |

| NO. | 年 | 月 | 日 | 使用县 | 使用地点 | 部队 | 内容 | 资料名 | 依据文献 | 备注 |
|---|---|---|---|---|---|---|---|---|---|---|
| 137 | 1939 | 9 | 29 | 长子县 | 尧庙山 | 牛岛师团岩切联队 | 战斗中使用毒气，战场中发现刺激性强，具有菱花香味的液体。另外，所使用的炮弹周围涂着白、黄色的漆 | 《新华日报》,1939年12月4日 | 《毒气战》523、675页 | |
| 138 | 1939 | 10 | 7 | 长子县 | — | 第20师团骑兵第28联队 | 战斗中为切断敌退路使用毒气弹 | 《藤田茂口供》 | 《毒气战》676页;《战史》453页 | |
| 139 | 1939 | 10 | 27 | 离石县 | 东西相王、天神头 | — | 战斗中补给被切断时，在毒气的掩护下突出包围 | 《新华日报》,1939年11月4日;《抗敌报》1939年11月7日 | 《战史》454—455页 | |
| 140 | 1939 | 11 | 9 | 长子县 | 尧神庙 | — | 被长子的1000余名日军炮击后的次日清晨，全部守军的头部、手脚各处出现脓泡、破裂，后续部队也出现同样中毒症状。军医检查在草和石头上发现油状的点滴 | 《新中华报》,1939年12月6日 | 《战史》456页 | |

| NO. | 年 | 月 | 日 | 使用县 | 使用地点 | 部队 | 内容 | 资料名 | 依据文献 | 备注 |
|---|---|---|---|---|---|---|---|---|---|---|
| 141 | 1939 | 11 | 14 | 乡宁县 | 十里铺、平原村 | — | 战斗中数次发射毒气 | 《抗敌报》,1939 年 11 月 17 日；《新中华报》,1939 年 11 月 18 日 | 《战史》457 页 | |
| 142 | 1939 | 12 | — | — | 中条山 | — | 飞机投掷毒气弹,使军民受害 | 《新华日报》,1939 年 12 月 20 日 | 《毒气战》682 页；《战史》462 页 | |
| 143 | 1939 | 12 | 4 | — | 堡子山 | — | 堡子山战役中飞机投下四发弹药,中毒者皆呕吐不止,头、身体各部,口部痉挛,肺部疼痛发痒,皮肤破溃 | 《大众日报》,1940 年 1 月 7 日 | 《毒气战》524,679 页 | |
| 144 | 1939 | 12 | 4 | — | 梁家山 | — | 梁家山战役中用 35 山炮发射芥子气性的毒气弹 21 发,中毒者呈现腐烂,窒息的症状 | 《大众日报》,1940 年 11 月 7 日 | 《毒气战》524,679 页 | |

| NO. | 年 | 月 | 日 | 使用县 | 使用地点 | 部队 | 内容 | 资料名 | 依据文献 | 备注 |
|---|---|---|---|---|---|---|---|---|---|---|
| 145 | 1939 | 12 | 5 | — | 店头、坦山、朱家庄 | | 飞机先后四次投下芥子气性毒气弹，中毒者颜面红肿，生成水泡，非常严重的情况下则表现成腐烂、窒息 | 《新华日报》，1939年12月24日；《抗敌报》，1939年12月25日；《大众日报》1940年1月7日 | 《毒气战》524,679页；《战史》458页 | |
| 146 | 1939 | 12 | 5 | 闻喜县 | 文峰山 | 野战重炮兵第6联队第2大队第6中队 | 闻喜县文峰山东麓地区的战斗中，以观测下士官的身份参加，中队长饭川中尉的命令，发射催泪毒气（梅弹）50发，窒息毒气（竹弹）50发，受害详细情况不明 | 〔吉田来笔供〕1954年11月17日 | 《毒气战》523—524,679页；《战史》459页 | |
| 147 | 1939 | 12 | 8 | — | 马家庙 | — | 战斗中用山炮发射大量喷嚏性毒气弹，中毒者咳嗽，呈现出浮肿症状 | 《新华日报》，1939年12月24日；《抗敌报》,1939年12月25日；《大众日报》，1940年1月7日 | 《毒气战》524,680页；《战史》459页 | |

| NO. | 年 | 月 | 日 | 使用县 | 使用地点 | 部队 | 内容 | 资料名 | 依据文献 | 备注 |
|---|---|---|---|---|---|---|---|---|---|---|
| 148 | 1939 | 12 | 14—16 | 沁水县 | 翼城、沁水公路 | — | 战斗中施放大量毒气 | 《抗敌报》，1939 年 12 月 23 日 | 《战史》459 页 | |
| 149 | 1939 | 12 | 20 | 纬县 | — | — | 战斗中整日施放毒气 | 《新华日报》，1939 年 12 月 24 日 | 《战史》460 页 | |
| 150 | 1939 | 12 | 21 | — | （中条山）史家村 | — | 战斗中用毒气弹掩护撤退 | 《申报》，1939 年 12 月 26 日 | 《日志补一》63 页 | |
| 151 | 1939 | 12 | 21 | 夏县 | 小吕村，张郭店、王峪口，泛段村 | — | 战斗中施放毒气弹几十发 | 《申报》，1939 年 12 月 26 日 | 《日志补一》63 页 | |
| 152 | 1939 | 12 | 29 | 曹阳县 | 案落 | — | 战斗中施放大量毒气 | 《新中华报》，1940 年 1 月 6 日 | 《战史》462 页；《日志补一》64—65 页 | |
| 153 | 1940 | 1 | 7 | 夏县 | 夏县以东的各山口 | — | 战斗中施放大量毒气 | 《新华报》，1940 年 1 月 10 日 | 《战史》463 页 | |

126

| NO. | 年 | 月 | 日 | 使用县 | 使用地点 | 部队 | 内容 | 资料名 | 依据文献 | 备注 |
|-----|-----|-----|-----|--------|----------|------|------|--------|----------|------|
| 154 | 1940 | 1 | 7 | 壶关县 | 掌家店13公里以南的村落 | 第36师团第223联队第1大队第3中队第2小队 | 战斗中对抗日军阵地施放3发特殊发烟筒 | 《千田谦三郎供》,1954年10月16日 | 《毒气战》524—525,682页;《战史》463—464页 | |
| 155 | 1940 | 1 | 13(12) | 壶关县 | 五龙头 | —— | 战斗中施放喷嚏性毒气,中毒者受伤甚重 | 《抗敌报》,1940年1月17日;《新华日报》,1940年1月21日 | 《毒气战》525,683页;《战史》465页;《日志补四》27页 | |
| 156 | 1940 | 1 | 13 | 长治县、壶关县 | 亘(互)河头、韩店 | —— | 战斗中用大量大炮施放毒气 | 《新华日报》,1940年1月18日;《申报》,1940年1月19日;《抗敌报》,1940年1月19日 | 《战史》465页;《日志补一》66—67页;《日志补四》27页 | |

| NO. | 年 | 月 | 日 | 使用县 | 使用地点 | 部队 | 内容 | 资料名 | 依据文献 | 备注 |
|-----|-----|-----|-----|--------|----------|------|------|--------|----------|------|
| 157 | 1940 | 2 | | 翼城县 | 仪门村 | 第41师团山炮兵第41联队第2大队第5中队第2小队 | 用山炮炮发射喷嚏毒气弹8发，使村民500余人吸器官受到伤害 | 《市毛高友笔供》1954年10月26日 | 《毒气战》525—526页；《战史》470页 | |
| 158 | 1940 | 3 | 13 | 平鲁县 | 张崖沟 | — | 包围攻击平鲁县张崖沟，进村后向炭坑口的坑内投入毒气筒，使5人受伤，妇女干部11人中毒 | 《侵华日军在山西的暴行》(202页) | 《战史》471页 | |
| 159 | 1940 | 3—4 | — | 屯留县 | 中村 | — | 战斗中对八路军施放大量毒气，使400余人中毒 | 《华北扫荡与反扫荡汇集》 | 《毒气战》686页；《战史》473页 | |
| 160 | 1940 | 4 | 18 | 翼城县 | 官(宫)门村、大青凿 | — | 战斗中飞机20余架交替轰炸中国军队阵地，施放大量催泪性毒气 | 《新华日报》，1940年4月22日；《申报》，1940年4月22日 | 《战史》473页；《日志补—》69页；《日志补四》32页 | |

128

| NO. | 年 | 月 | 日 | 使用县 | 使用地点 | 部队 | 内容 | 资料名 | 依据文献 | 备注 |
|---|---|---|---|---|---|---|---|---|---|---|
| 161 | 1940 | 4 | 20 | 平陆县 | 毛进度东北 | 一 | 战斗中被包围时，施放大量窒息性毒气 | 《抗敌报》，1940年4月26日 | 《战史》473页 | |
| 162 | 1940 | 4 | 20 | 朔县 | 张崔沟 | 一 | 战斗中对八路军施放大量毒气，使数十人中毒 | 《抗敌报》，1940年5月6日 | 《战史》473页 | |
| 163 | 1940 | 4 | 20 | 晋南的三角地带 | 淹泾底村 | 一 | 战斗中施放大量毒气 | 《新华日报》，1940年4月25日；《新中华报》，1940年4月30日 | 《战史》474页；《日志补一》69页 | |
| 164 | 1940 | 4 | 27 | 灵丘县 | 上寨西南 | 一 | 战斗中使用催泪性毒气，使200余人中毒 | 《抗敌报》，1940年5月4,18日；《华北扫荡与反扫荡汇集》 | 《毒气战》687—688页；《战史》474页 | |
| 165 | 1940 | 5 | — | 晋城 | 坚水村 | 牛岛师团 | 侵入占领晋城后，在坚水村大肆烧杀并施放毒气，使277名村民慢性中毒死亡，2名急性中毒死亡 | 《三千万人民的血泪与仇恨》 | 《毒气战》690页；《战史》478页 | |

129

| NO. | 年 | 月 | 日 | 使用县 | 使用地点 | 部队 | 内容 | 资料名 | 依据文献 | 备注 |
|---|---|---|---|---|---|---|---|---|---|---|
| 166 | 1940 | 5 | 5 | | | 桐口 | — | 战斗中施放毒气突破包围圈 | 《新华日报》，1940年5月10日 | 《日志补四》33页 | |
| 167 | 1940 | 5 | 8—10 | 偏关县 | 偏关巡检司 | — | 战斗中使用毒气，使300多人中毒 | 《华北扫荡与反扫荡汇集》 | 《毒气战》688页；《战史》475页 | |
| 168 | 1940 | 5 | 18 | 稷山县 | （稷山北）马壁峪 | — | 战斗中施放催泪性毒气 | 《新华日报》，1940年5月20日 | 《战史》475页；《日志补四》33页 | |
| 169 | 1940 | 5 | 23 | 闻喜县 | 陈村、周村、苗村一带 | — | 战斗中施放大量毒气 | 《新华日报》，1940年5月26、29日 | 《战史》476页；《日志补四》34页 | |
| 170 | 1940 | 5 | 25 | 长治县 | 七佛山、顶林寺 | — | 战斗中施放毒气 | 《新华日报》，1940年5月31日 | 《战史》476页 | |
| 171 | 1940 | 5 | 27 | 阳城县 | 冯家山、杏树嫣 | — | 战斗中施放催泪性毒气 | 《新华日报》，1940年6月2日 | 《战史》476页 | |
| 172 | 1940 | 5 | 下旬 | 岢岚县 | 岢岚城外北山 | 独立混成第3旅团独立步兵第7大队 | 战斗中对八路军使用小型催泪性毒气弹3发 | 《桥本三郎笔供》 | 《毒气战》689页；《战史》477页 | |

| NO. | 年 | 月 | 日 | 使用县 | 使用地点 | 部队 | 内容 | 资料名 | 依据文献 | 备注 |
|---|---|---|---|---|---|---|---|---|---|---|
| 173 | 1940 | 6 | 7/9 | 兴县等 | — | — | 使用大量毒气，死伤2000余人 | 《华北扫荡与反扫荡汇集》 | 《毒气战》691页；《战史》478页 | |
| 174 | 1940 | 6 | 13 | 晋城县 | 外山村 | — | 战斗中用三架飞机投下五六个毒气弹 | 《新华日报》，1940年6月17日 | 《战史》479页 | |
| 175 | 1940 | 6 | 18 | 娄烦县 | 米峪镇 | 第9混成旅团村上部队 | 战斗中施放大量毒气 | 《新华日报》，1940年8月2日 | 《日志补四》36页 | |
| 176 | 1940 | 7 | 9 | 沁水县 | 西山 | 第41师团 | 日军第41师团一部来沁水县西山后将淫妇女，施放毒气。此外，杀害居民80余人，烧毁房屋40余间 | 《侵华日军在山西的暴行》 | 《战史》481页 | |
| 177 | 1940 | 8 | 15 | 新绛县 | 寺塔 | — | 战斗中施放毒气 | 《新华日报》，1940年8月22日；《抗敌报》，1940年8月23日 | 《战史》482页 | |

| NO. | 年 | 月 | 日 | 使用县 | 使用地点 | 部队 | 内容 | 资料名 | 依据文献 | 备注 |
|---|---|---|---|---|---|---|---|---|---|---|
| 178 | 1940 | 8 | 21 | 平定县 | 洽西村 | — | 战斗中对陈赓部（第386旅）施放大量毒气，连以下官兵40余人中毒 | 《新中华报》，1940年9月8日；《解放日报》，1944年7月22日；《新华日报》1944年8月4日；《百团大战史料》（战报4） | 《战史》482页；《日志初》234页 | |
| 179 | 1940 | 8 | 21 | 武乡县 | 故城镇 | — | 战斗中对陈旅施放大量毒气，使100余名官兵中毒 | 《新中华报》，1940年9月8日；《解放日报》，1944年7月22日；《新华日报》1944年8月4日；《百团大战史料》（战报7） | 《毒气战》437，693页；《战史》482页；《日志（初）234页；《日志补一》71页 | |
| 180 | 1940 | 8 | 21 | 阳泉市区（旧阳泉县） | 狮垴山 | — | 战斗中在20余架飞机掩护下对386旅一部分阵地施放大量毒气 | 《百团大战史料》 | 《战史》482—483页 | |

| NO. | 年 | 月 | 日 | 使用县 | 使用地点 | 部队 | 内容 | 资料名 | 依据文献 | 备注 |
|---|---|---|---|---|---|---|---|---|---|---|
| 181 | 1940 | 8 | 23 | 阳泉市区（旧阳泉县） | 独（狼,烂）峪 | — | 战斗中对129师新编10旅使用毒气，旅长范子侠,赖际发发下100余人中毒 | 《抗敌报》,1940年9月2日;〔范子侠、陈际谢及致刘邓李的电报〕,1940年9月12日;《新中华报》,1940年9月12日;《解放日报》,1944年7月22日;《百团大战史料》(战报20) | 《毒气战》437,526,693页;《战史》483页;《日志初》235页;《日志补一》72页 | |
| 182 | 1940 | 8 | 23 | 榆次县 | 榆建公路附近 | — | 战斗中对386旅使用毒气，使50余人中毒 | 《新中华报》,1940年9月12日;《百团大战史料》(战报20) | 《战史》483页 | |
| 183 | 1940 | 8 | 24 | 寿阳县 | 寿阳战 | — | 战斗中对386旅第17团施放大量毒气 | 《新中华报》,1940年9月12日;《百团大战史料》(战报20) | 《战史》483页 | |
| 184 | 1940 | 8 | 25 | 平定县 | 沿西村 | — | 战斗中对386旅120余人(200人)死伤、中毒 | 《新中华报》,1940年9月12日;《百团大战史料》(战报22) | 《战史》483页 | |

| NO. | 年 | 月 | 日 | 使用县 | 使用地点 | 部队 | 内容 | 资料名 | 依据文献 | 备注 |
|---|---|---|---|---|---|---|---|---|---|---|
| 185 | 1940 | 8 | 29 | 阳泉市区（旧阳泉县） | 桑掌坡头附近 | — | 战斗中对 129 师 385 旅使用大量毒气，陈锡联旅长、谢富治政委、曹绍山参谋长等 100 余人中毒 | 《抗敌报》，1940 年 9 月 15 日；《新华日报》，1940 年 9 月 15 日；《解放日报》，1944 年 7 月 22 日；《百团大战史料》（战报 34） | 《毒气战》437，693 页；《战史》483 页；《日志（初）》235 页 | |
| 186 | 1940 | 8 | 下旬 | 河津县 | 上岭附近 | 第 41 师团山炮兵第 41 联队 | 战斗中对黄河沿线的中国军队发射腐烂性毒气弹 800 发，死伤官兵 30 余人，农民 100 余人中毒 | 《市毛高友笔供》，1954 年 10 月 26 日 | 《毒气战》527—528，693 页；《战史》484 页 | |
| 187 | 1940 | 9 | 8 | 盂县 | 西烟村北寨 | — | 战斗中对第 2 团 3 营施放毒气 | 《百团大战史料》，113 页；《晋察冀军区抗日战史》，189 页 | 《战史》484 页 | |

| NO. | 年 | 月 | 日 | 使用县 | 使用地点 | 部队 | 内容 | 资料名 | 依据文献 | 备注 |
|---|---|---|---|---|---|---|---|---|---|---|
| 188 | 1940 | 9 | 13 | 襄垣县 | 西营镇（乡）西营村 | — | 在为期三日的"扫荡"作战中，在洞口施放毒气，杀害任和尚，任治、任锦洪，任先保、李二口、刘来子、赵小叶，任保存、任小爱、马圭女、孟存弟、李三口，任臭旦等13人 | 《襄垣县西营乡乡长赵庚子等十一人控诉书》，1954年7月27日；《西营乡任有毅控诉书》，1954年7月27日 | 《毒气战》528—529、695页 | |
| 189 | 1940 | 9 | 14 | 晋城县 | — | — | 战斗中用飞机施放大量毒气 | 《抗敌报》，1940年9月20日 | 《战史》485页 | |
| 190 | 1940 | 9 | 20 | — | 五寨南风子头 | — | 战斗中对师一部施放大量毒气，死伤50余人 | 《百团大战史料》（战报103） | 《战史》485页 | |
| 191 | 1940 | 9 | 21 | 大同市区 | 破鲁堡 | — | 战斗中对120师358旅使用毒气，使20余人中毒 | 《解放日报》，1944年7月22日；《百团大战史料》（战报103） | 《毒气战》437、694页；《战史》485页 | |

| NO. | 年 | 月 | 日 | 使用县 | 使用地点 | 部队 | 内容 | 资料名 | 依据文献 | 备注 |
|---|---|---|---|---|---|---|---|---|---|---|
| 192 | 1940 | 9 | 22 | 忻州市（旧忻县） | 忻口镇忻口站 | — | 战斗中对第120师独1旅使用毒气，使数十人中毒 | 《解放日报》，1944年7月22日；《新华日报》，1944年8月4日；《百团大战史料》（战报112） | 《毒气战》437、694页；《战史》485页；《日志初》236页 | |
| 193 | 1940 | 9 | 22 | 夏县 | 南庄、北庄、小凹 | — | 战斗中施放毒气 | 《新华日报》，1940年9月26日 | 《战史》485—486页；《日志补四》37页 | |
| 194 | 1940 | 9 | 23 | 榆社县 | 城镇周边、王晋镇 | — | 战斗中在飞机掩护下施放大量毒气，企图突破包围圈 | 《新华日报》，1940年9月30日；《百团大战史料》，207页；《榆社县志》486页 | 《战史》486页；《日志补四》37页 | |
| 195 | 1940 | 9 | 24 | 晋城县 | 南沙石一带 | — | 战斗中施放大量毒气 | 《新华日报》，1940年10月2日 | 《战史》486页 | |
| 196 | 1940 | 9 | 25 | 榆社县 | 县城西5公里 | — | 战斗中使用大量毒气，使129师第386旅旅长陈赓、参谋长周希汉等200余人中毒 | 《解放日报》，1944年7月22日；《新华日报》，1944年8月4日；《百团大战史料》（战报105） | 《毒气战》437、694页；《战史》486页；《日志初》236页 | |

| NO. | 年 | 月 | 日 | 使用县 | 使用地点 | 部队 | 内容 | 资料名 | 依据文献 | 备注 |
|---|---|---|---|---|---|---|---|---|---|---|
| 197 | 1940 | 9 | 下旬 | 襄垣县 | 西营镇 | 第36师团第223联队第2大队第7中队 | 为制造"无人区",烧毁民房,杀害20多名村民,其中有13人是用毒气杀害的 | 《千田谦三郎口供》,1954年10月16日 | 《毒气战》528、695页 | 或与1940年9月13日事例为同一事例 |
| 198 | 1940 | 10 | 2 | 辽县 | 王景村 | — | 战斗中使用毒气,使得300余人中毒 | 《解放日报》,1944年7月22日;《百团大战史料》(战报139) | 《毒气战》437、695页;《战史》487—488页 | |
| 199 | 1940 | 10 | 19 | 平陆县 | 茅津渡 | — | 战斗中用炮击发射多发催泪弹 | 《新华日报》,1940年10月23日 | 《战史》486页;《日志补四》38页 | |
| 200 | 1940 | 10 | 22—23 | 武乡县 | 蟠龙东北温庄,南垴,漆树烹 | | 战斗中用飞机对阵地施放毒气,使得300多人死伤中毒 | 《百团大战史料》(战报204) | 《战史》489页 | |
| 201 | 1940 | 10 | 下旬 | 宁武县 | 上寤村 | 独立混成第3旅团独立步兵第10大队 | 与八路军的战斗中使用12发毒气弹及20发烟雾弹 | 《相乐圭二口供》,1955年3月14日 | 《毒气战》529—530、696页 | |

| NO. | 年 | 月 | 日 | 使用县 | 使用地点 | 部队 | 内容 | 资料名 | 依据文献 | 备注 |
|---|---|---|---|---|---|---|---|---|---|---|
| 202 | 1940 | 11 | 6—11 | 武安县 | 阳邑、黄泽关 | — | 战斗中对129师34团使用毒气，伊先炳旅长等40余人中毒 | 《百团大战史料》（战报163） | 《战史》489页 | |
| 203 | 1940 | 12 | 26 | 平陆县 | 古王、讨王、东延、西延 | — | 战斗中用炮击方式发射毒气弹数枚 | 《新华日报》，1940年12月29日 | 《战史》492页；《日志补四》39页 | |
| 204 | 1941 | 2 | —— | 闻喜县 | 横岭关、埝掌 | — | 战斗中施放催泪瓦斯 | 《晋察冀日报》，1941年3月10日 | 《战史》494页 | |
| 205 | 1941 | 2 | 5 | 晋城县 | 西狄河、核桃园 | — | 战斗中施放大量毒气 | 《新华日报》，1941年2月9日；《晋察冀日报》，1941年2月19日 | 《战史》494页 | |
| 206 | 1941 | 2 | 6 | 原平市（旧崞县） | 原平镇附近将姚嘴子村 | — | 将姚嘴子村村民数百人强制集合到指定窑洞内，施放毒气，使村民130余人中毒而死 | 《侵华日军在山西的暴行》，207页 | 《战史》494页 | |

| NO. | 年 | 月 | 日 | 使用县 | 使用地点 | 部队 | 内容 | 资料名 | 依据文献 | 备注 |
|---|---|---|---|---|---|---|---|---|---|---|
| 207 | 1941 | 2 | 8 | 定襄县 | 上零山 | — | 将上零山包围时,强制令100多名群众进入学校的两间房屋,关进烟筒,着毒烟筒,许多群众昏倒,其中有45人中毒死亡 | 《侵华日军在山西的暴行》,132页 | 《战史》494页 | |
| 208 | 1941 | 2 | 26 | 蒲县 | 蒲县以东地区 | — | 战斗中施放毒气 | 《新华日报》,1941年3月5日 | 《战史》495页 | |
| 209 | 1941 | 3 | — | 临汾县 | 县城东南姚家庄、李家庄一带 | — | 临汾日军使用毒气,使得附近100多名村民中毒 | 《新华日报》,1941年3月30日 | 《战史》496页 | |
| 210 | 1941 | 3 | 10 | 垣曲县 | 垣曲、同善镇 | — | 陵川作战中,在垣曲等地用飞机投下许多毒气弹 | 《新华日报》,1941年3月17日 | 《战史》495页;《日志补四》41—42页 | |
| 211 | 1941 | 4 | 4 | 临汾县 | 十一营坡 | — | 战斗中施放毒气 | 《新华日报》,1941年4月8日 | 《战史》496页 | |

| NO. | 年 | 月 | 日 | 使用县 | 使用地点 | 部队 | 内容 | 资料名 | 依据文献 | 备注 |
|---|---|---|---|---|---|---|---|---|---|---|
| 212 | 1941 | 4 | 10—12 | 盂县 | 西烟村 | 第35师团独立混成第11旅团 | 扫荡中向西烟村水井中投毒 | 《129师及晋察冀军区抗日战争史》 | 《战史》497页 | |
| 213 | 1941 | 5 | 上旬 | 临晋县、永济县 | 县境中某村 | 第37师团步兵第225联队第2大队 | 战斗中使用2座41式山炮发射90发榴弹与30发“红筒”，杀害30余人 | 《永滨健勇笔供》，1954年8月14日 | 《毒气战》530，701页；《战史》498页 | |
| 214 | 1941 | 5 | 8 | 垣曲县 | 横皋 | —— | 战斗中用飞机大量投毒，使100多人中毒，其中重伤16人，死者2人 | 《新华日报》，1941年6月16日 | 《战史》497页 | |
| 215 | 1941 | 5 | 8 | 垣曲县 | 贾家山 | —— | 战斗中施放毒气 | 《晋察冀日报》，1941年5月13日 | 《战史》497页 | |
| 216 | 1941 | 5 | 8—9 | 夏县 | —— | —— | 战斗中施放毒气 | 《新华日报》，1941年5月10日；《晋察冀日报》，1941年5月15日 | 《战史》497页 | |

| NO. | 年 | 月 | 日 | 使用县 | 使用地点 | 部队 | 内容 | 资料名 | 依据文献 | 备注 |
|---|---|---|---|---|---|---|---|---|---|---|
| 217 | 1941 | 5 | 10 | 垣曲县 | 小赵村 | — | 战斗中施放毒气 | 《晋察冀日报》1941年5月16日 | 《战史》497页 | |
| 218 | 1941 | 5 | 12 | 平陆县 | 上坪村 | 第37师团步兵第227联队 | 中原作战搜查中国军人时向洞内发射发烟筒与催泪性毒气弹各一发,将洞内躲藏的40余名群众熏出,施加各种暴行 | 《长井觉口供》1955年6月10日;《平陆县上坪村田胡法等三人的证明书》,1955年6月14日 | 《毒气战》532—534,701页 | 《证明书》中的使用日期为5月14日 |
| 219 | 1941 | 5 | 14 | 阳城县 | 苏村 | — | 向村中发射毒气弹,村民500余人中毒 | 《三千万人民的血泪与仇恨》,1948年4月15日 | 《毒气战》530—532,701页;《战史》498页 | |
| 220 | 1941 | 5 | 中旬 | 绛县 | 东北15公里 | 第36师团第223联队第2大队第6中队 | 战斗中使用特殊发烟筒5发 | 《千田健三郎口供》,1954年10月16日 | 《毒气战》532,702页;《战史》498—499页 | |
| 221 | 1941 | 5 | 28—30 | 垣曲县 | 狂口一带 | — | 炮击中使用很多毒气弹 | 《新华日报》,1941年6月8日 | 《战史》499页 | |

| NO. | 年 | 月 | 日 | 使用县 | 使用地点 | 部队 | 内容 | 资料名 | 依据文献 | 备注 |
|---|---|---|---|---|---|---|---|---|---|---|
| 222 | 1941 | 5 | 29 | 平鲁区（旧平鲁县） | 三里庄乡大破石村 | 日伪县公署警察队指导官（神野久吉） | 将42名村民关入洞穴，使用毒气 | 《三里庄乡大破石村卢福财等二十人控诉书》，1954年12月27日 | 《毒气战》535页 | 或与1941年6月13日的事例为同一事例 |
| 223 | 1941 | 6 | 8 | 垣曲县 | —— | —— | 战斗中大量使用毒气，使100余人中毒，重伤10人，死伤2人，化学检查炮弹的结果为腐烂性的子气与窒息性的混合剂 | 《新华日报》，1941年6月16日 | 《毒气战》534页；《战史》499页 | |
| 224 | 1941 | 6 | 11 | —— | 马和坪 | —— | 战斗中发射催泪毒气弹 | 《冈村宁次侵华毒气使用任务资料》 | 《战史》500页 | |
| 225 | 1941 | 6 | 13 | 平鲁区（旧平鲁县） | 三百户村 | 平鲁县警察队、警备队 | 搜索村落时发现20多名村民逃入南部的洞穴，遂发射毒气弹2发，使其中毒。 | 《神野久吉口供》，1955年5月28日 | 《毒气战》534—535、703页；《战史》500页 | 或与1941年5月29日的事例为同一事例 |

| NO. | 年 | 月 | 日 | 使用县 | 使用地点 | 部队 | 内容 | 资料名 | 依据文献 | 备注 |
|---|---|---|---|---|---|---|---|---|---|---|
| 226 | 1941 | 7 | 16 | 垣曲县 | 西南的白浪渡南岸 | —— | 战斗中发射100多发炮弹进行炮击，其中发射各种毒气弹30余发 | 《新华日报》，1941年7月22日 | 《毒气战》535—536,704页；《战史》501页 | |
| 227 | 1941 | 7 | 25 | —— | 吕梁山 | —— | 战斗中施放大量毒气 | 《新华日报》，1941年8月1日 | 《战史》502页 | |
| 228 | 1941 | 7 | 29 | 太谷县 | —— | —— | 日军在太谷将某村包围时，将来不及逃跑的村民赶入洞穴。洞内的村民放毒气，中毒者有20余人 | 《新华日报》，1941年8月24日 | 《战史》502页 | |
| 229 | 1941 | 9 | | 晋东南 | 西井镇赤峪、槐树坪 | —— | 战斗中使用大量毒气 | 《解放日报》，1941年11月24日 | 《毒气战》707页 | |
| 230 | 1941 | 9 | 3 | 昔阳县 | 锁簧镇 | —— | 战斗中使用大量毒气 | 《晋察冀日报》，1941年9月12日 | 《战史》505页 | |

| NO. | 年 | 月 | 日 | 使用县 | 使用地点 | 部队 | 内容 | 资料名 | 依据文献 | 备注 |
|---|---|---|---|---|---|---|---|---|---|---|
| 231 | 1941 | 9 | 6 | 平定县 | 锁簧镇 | — | 战斗中使用大量毒气 | 《解放日报》,1941年9月20日 | 《战史》505页 | |
| 232 | 1941 | 10 | — | 浮山县 | 南孔滩附近村落 | 第41师团山炮兵第41联队第2大队第6中队 | 沁河作战中发现炭矿内避难的中国百姓,向坑道发射"红筒"2发、杀害老人1名、幼儿2名、病人1名,除此之外,还使得200人支气管受伤 | 《市毛高友笔供》,1954年10月26日 | 《毒气战》536,708页、《战史》510页 | |
| 233 | 1941 | 10 | 6—7 | 垣曲县 | 贾家山 | — | 战斗中飞机数十架投放大量毒气弹 | 〔卫立煌致蒋介石电报〕,1941年10月28日 | 《战史》508页 | |
| 234 | 1941 | 11 | 9 | 黎城县 | 左会 | — | 战斗中大量施放毒气 | 《解放日报》,1941年11月24日 | 《战史》511页 | |
| 235 | 1941 | 11 | 10 | 武乡县 | 槐树坪、赤峪 | — | 战斗中施放毒气 | 《解放日报》,1941年11月24日 | 《毒气战》709页、《战史》511页 | |

| NO. | 年 | 月 | 日 | 使用县 | 使用地点 | 部队 | 内容 | 资料名 | 依据文献 | 备注 |
|---|---|---|---|---|---|---|---|---|---|---|
| 236 | 1941 | 11 | 10 | 武乡县 | 桃花寨,水窑 | — | 战斗中施放毒气 | 《解放日报》,1941年11月26日;《晋察冀日报》,1941年11月30日 | 《战史》512页 | |
| 237 | 1941 | 11 | 11—16 | 黎城县 | 黄崖洞,水窑 | — | 战斗中施放大量毒气,八路军团长欧致富等70余人中毒 | 《解放日报》,1941年12月6日;《晋察冀日报》,1941年12月7日;《新华日报》,1944年4月28日 | 《战史》512页;《日志补五》4页 | |
| 238 | 1942 | 1 | 初 | 晋东南 | — | — | 战斗中投下毒气弹,德国送来的多种毒气弹在中国军队根据地进行试验 | 《解放日报》,1942年1月31日 | 《战史》514页 | |
| 239 | 1942 | 2 | | 左权县 | 武军寺 | — | 战斗中使用腐烂性毒气,使群众中毒 | 《解放日报》,1942年2月28日 | 《毒气战》537,712页 | |
| 240 | 1942 | 2 | | 左权县 | 桐峪地区 | — | 扫荡中向屋子内发射腐烂性毒气,使10多人中毒 | 《集总参谋部致各兵团的电报》,1942年2月27日;《解放日报》,1942年3月19日 | 《毒气战》536,712页 | |

| NO. | 年 | 月 | 日 | 使用县 | 使用地点 | 部队 | 内容 | 资料名 | 依据文献 | 备注 |
|---|---|---|---|---|---|---|---|---|---|---|
| 241 | 1942 | 2 | — | 保德县、岢岚县、五寨县、宁武县等 | — | — | 扫荡中使用毒气、细菌，使690多人死亡 | 《华北扫荡与反扫荡汇集》 | 《毒气战》711页 | |
| 242 | 1942 | 2 | 8—15 | 左权县（旧辽县）、武乡县、黎城县、涉县 | 柳沟、东堡、桥南塔等 | — | 大行山区"扫荡"撤退时，在所到之处播撒烂性毒气，仍有发现。毒剂大部分散布在门窗、灶台、粮食、水井、草堆上，接触即中毒。涉县某村中毒儿十人，全家中毒死亡的例子也存在。武乡柳沟、东堡、桥南塔等11村的中毒死亡者最多 | 《解放日报》，1942年3月15日；《晋察冀日报》，1942年3月18日；《抗战日报》，1942年3月28日 | 《毒气战》713页；《战史》516页；《日志初》260—261页 | |

| NO. | 年 | 月 | 日 | 使用县 | 使用地点 | 部队 | 内容 | 资料名 | 依据文献 | 备注 |
|-----|-----|-----|-----|--------|----------|------|------|--------|----------|------|
| 243 | 1942 | 2 | 16—23 | — | 河西,包头滩,丁洪湾 | | 战斗中发射炮弹半数为毒气弹,大部分炮弹为催泪,喷嚏,窒息性.40 余人被害 | 《军政部防毒处兼任处长李忍涛的电报》,1942 年 3 月 11 日 | 《日志初》258 页 | |
| 244 | 1942 | 2 | 18 | 黎城县 | 柳树园以东 | | 战斗中对八路军 129 师一部施放毒气,使得 20 余人中毒 | 《129 师大行荡扫初步总结》,1942 年 3 月 | 《战史》516 页 | |
| 245 | 1942 | 2 | 28 | 潞城市 | 红梯关附近 | | 战斗中对八路军 129 师施放毒气,20 余人中毒 | 《129 师大行荡扫初步总结》,1942 年 3 月 | 《毒气战》537,712 页;《战史》517 页 | |
| 246 | 1942 | 3 | | — | | | 对八路军指挥机关驻地以及重要场所的房屋施放腐烂性毒剂(辛辣气息),100 多人中毒 | 《彭德怀,左权致聂荣臻的电报》,1942 年 3 月 18 日 | 《毒气战》537,713 页 | |

| NO. | 年 | 月 | 日 | 使用县 | 使用地点 | 部队 | 内容 | 资料名 | 依据文献 | 备注 |
|---|---|---|---|---|---|---|---|---|---|---|
| 247 | 1942 | 3 | 25 | 柳林县 | 军渡 | — | 对陕西省宋家川镇的守卫川军队发射炮弹的三分之一为腐烂性毒气弹 | 《解放日报》,1942年4月2日 | 《毒气战》539、713页 | |
| 248 | 1942 | 3 | 28 | 永济 | 大庆关 | — | 向大庆关发射炮弹100余发,大多数为毒气弹 | 《新华日报》,1942年4月1日 | 《战史》519页 | |
| 249 | 1942 | 4 | 11 | — | 师家滩,万堡子山,石门近边 | | 战斗中用山炮分别向黄河西岸的马如坪和猴儿川发射20余发和30余发毒气弹（喷嚏性),呈现黄色、白色、黑色的烟雾,马如坪的士兵4人中毒 | 《军令部致军政部的电报》,1942年4月23日;《新华日报》,1942年4月25日 | 《毒气战》539、713页;《日志初》262页;《日志补四》48页 | |
| 250 | 1942 | 4 | 14 | 平鲁县 | 南小占,沙城 | — | 战斗中施放毒气 | 《解放日报》,1942年4月26日;《晋察冀日报》,1942年4月30日 | 《战史》519页 | |

| NO. | 年 | 月 | 日 | 使用县 | 使用地点 | 部队 | 内容 | 资料名 | 依据文献 | 备注 |
|---|---|---|---|---|---|---|---|---|---|
| 251 | 1942 | 4 | 23 | 万荣县（旧万泉县） | —— | —— | 向某村正在洗衣服的妇女们投掷毒气弹，使 4 人死亡，3 人负伤 | 《解放日报》，1942 年 4 月 25 日 | 《毒气战》539，714 页；《战史》520 页 | |
| 252 | 1942 | 5 | 下旬 | —— | 万垒子山 | —— | 对黄河西岸的马山坡一带进行炮击，其中使用了很多喷嚏性的毒气弹 | 《解放日报》，1942 年 4 月 25 日 | 《毒气战》714 页 | |
| 253 | 1942 | 5 | 下旬 | 垣曲县 | 同善镇北土墙 | —— | 对土坑中的一名中国人使用 1 发"红筒"毒气，致其死亡 | 《村上隼人笔供》 | 《毒气战》716 页 | |
| 254 | 1942 | 6 | | 五台县 | 五台地区 | 第 37 师团第 227 联队第 3 大队第 9 中队 | 向各处的"无人区"封锁沟播撒无色毒气 | 《晋察冀日报》，1942 年 6 月 28 日 | 《毒气战》539—540，718 页；《战史》527 页 | |
| 255 | 1942 | 6 | 10 | 介休市 | 三桂村 | —— | 战斗中施放毒烟罐 118 个，使 15 人中毒 | 《冈村宁次侵华毒气使用任务资料》 | 《战史》526 页 | |

| NO. | 年 | 月 | 日 | 使用县 | 使用地点 | 部队 | 内容 | 资料名 | 依据文献 | 备注 |
|---|---|---|---|---|---|---|---|---|---|---|
| 256 | 1942 | 6 | 12 | 河津县 | 闫家沟 | 井上部队 | 战斗中用炮弹发射喷嚏性毒气弹20余发 | 《冈村宁次侵华毒气使用任务资料》 | 《战史》526页 | |
| 257 | 1942 | 6 | 22 | 繁峙县 | 平型关南神堂堡 | 嵩本联队第2大队 | 战斗中施放大量毒气 | 《晋察冀日报》，1942年7月3日,8月22日 | 《战史》519页 | |
| 258 | 1942 | 7 | 上旬 | 陵川县 | 南沟村 | —— | 战斗中用山炮对第25师使用催泪性、喷嚏性毒气弹 | 《住冈义一笔供》，1955年5月16日 | 《毒气战》540、718页 | |
| 259 | 1942 | 7 | 11 | 孝义县 | 孝义 | 独立混成第4旅团第12大队（旅团山炮队） | 战斗中发射窒息性毒气 | 《冈村宁次侵华毒气使用任务资料》 | 《战史》528页 | |
| 260 | 1942 | 7 | 24 | 乡宁县 | 三门村 | 第69师团若松队 | 战斗中用38式山炮发射窒息性毒气弹20余发，使41人中毒 | 《冈村宁次侵华毒气使用任务资料》 | 《战史》528页 | |

| NO. | 年 | 月 | 日 | 使用县 | 使用地点 | 部队 | 内容 | 资料名 | 依据文献 | 备注 |
|---|---|---|---|---|---|---|---|---|---|
| 261 | 1942 | 8 | —— | 垣曲县 | 麻姑山北山脚 | —— | 对洞穴中避难的村民 2 人使用红筒 2 发 | 《村山隼人笔供》 | 《毒气战》720 页 | |
| 262 | 1942 | 8 | —— | 洪洞县 | 赵城南约 4 公里的汾河右岸 | 第 37 师团第 227 联队第 3 大队 | 战斗中使用喷嚏性毒气 3 发 | 《小山内义磨口供》 | 《毒气战》720 页 | |
| 263 | 1942 | 8 | 19 | 灵丘县 | 古之山 | 第 69 师团独立步兵第 85 大队井上中队 | 向田间劳作的农民发射毒气弹 2 发,使 30 余人死亡 | 《晋察冀日报》,1942 年 9 月 18 日;《解放日报》,1942 年 9 月 25 日 | 《毒气战》540,720 页;《战史》529 页 | |
| 264 | 1942 | 8 | 27 | 汾城县 | 候村 | —— | 战斗中发射毒气筒、毒气手榴弹 20 余发 | 《冈村宁次侵华毒气使用任务资料》 | 《战史》528 页 | |
| 265 | 1942 | 9 | 16 | 灵丘县 | 古之山 | 第 69 师团 | 向村民们发射毒气弹多发,25 人中毒,丧失劳动能力 | 《解放日报》,1942 年 9 月 25 日 | 《毒气战》540,720 页;《战史》530 页 | |

| NO. | 年 | 月 | 日 | 使用县 | 使用地点 | 部队 | 内容 | 资料名 | 依据文献 | 备注 |
|---|---|---|---|---|---|---|---|---|---|---|
| 266 | 1943 | 1 | 2 | 洪洞县 | 洪洞娄村 | —— | 战斗中对国民党军第48师3团3营施放毒烟罐15个 | 《32年度敌军毒气使用情况》 | 《战史》522—533页 | |
| 267 | 1943 | 1 | 6 | 洪洞县 | 光棍岭 | 北支2305部队 | 战斗中使用大量毒气 | 《新华日报》，1943年1月28日 | 《毒气战》722页；《战史》533页 | |
| 268 | 1943 | 1 | 10 | 汾阳县 | 上古池村 | —— | 将抓获的48名村民押入洞穴中，施放毒气，并放火使毒气加速蒸发，杀害48人 | 《侵华日军在山西的暴行》 | 《战史》530页 | |
| 269 | 1943 | 1 | 16 | 平鲁区 | 王家泉子 | —— | 对八路军120师使用大量毒气，使126人中毒 | 《120师司政致集政野政等的电报》，1943年1月20日；《解放日报》，1943年2月2日；《新华日报》，1943年2月2日 | 《毒气战》541，723页；《战史》533页 | |

| NO. | 年 | 月 | 日 | 使用县 | 使用地点 | 部队 | 内容 | 资料名 | 依据文献 | 备注 |
|---|---|---|---|---|---|---|---|---|---|---|
| 270 | 1943 | 1 | 28 | 赵城县 | 广九岭 | — | 战斗中5架飞机投下许多毒气弹 | 《32年度敌军毒气使用情况》 | 《战史》533页 | |
| 271 | 1943 | 4 | 6 | 平陆县 | 禹王庙 | — | 战斗中对新军第2师5团2连施放喷嚏性毒气 | 《32年度敌军毒气使用情况》 | 《战史》536—537页 | |
| 272 | 1943 | 4 | 中旬 | 太原市 | 双塔寺 | — | 将3名和尚赶出后,在庙内进行催泪性毒气演习 | 《高田博笔供》 | 《毒气战》725页 | |
| 273 | 1943 | 4 | 15 | 新绛县 | 马头山 | — | 对第68师202团7、8连队阵地发射毒气弹10余发,守卫官兵数十人中毒 | 《32年度敌军毒气使用情况》 | 《战史》537页 | |
| 274 | 1943 | 4 | 25 | 陵川县 | 纪西村、马儿坪 | — | 战斗中对40军106师用飞机投下毒气弹五六十发,守卫军队300余人中毒,其中40人重伤 | 《32年度敌军毒气使用情况》 | 《战史》537页 | |

| NO. | 年 | 月 | 日 | 使用县 | 使用地点 | 部队 | 内容 | 资料名 | 依据文献 | 备注 |
|---|---|---|---|---|---|---|---|---|---|---|
| 275 | 1943 | 5 | — | 左权县（旧辽县） | 麻田—涉县南店25公里间 | — | 在麻田和涉县河南店（河北省）25公里间的水井与水池中放置毒气20箱，军干部及群众120余人中毒，4人死亡 | 《侵华日军在山西的暴行》，216页；《日军侵华暴行录》 | 《战史》539页 | |
| 276 | 1943 | 5 | 6 | 平陆县 | 郭原 | 第36师团第222联队 | 战斗中对国民党军队挺身军第4纵队施放喷嚏性毒气罐 | 《32年度敌军毒气使用情况》 | 《战史》537页 | |
| 277 | 1943 | 5 | 10 | 汾城县 | 汾城西1328高地 | — | 战斗中向国民党党军第37师发射腐烂性毒气弹20发，使10多人中毒 | 《32年度敌军毒气使用情况》 | 《战史》538页 | |
| 278 | 1943 | 5 | 30 | — | 万和堂西南 | — | | 《32年度敌军毒气使用情况》 | 《战史》538—539页 | |
| 279 | 1943 | 5 | 31 | — | — | — | 包头的日军飞机投下毒气弹 | 《新华日报》，1943年6月18日 | 《毒气战》541，727页 | |

| NO. | 年 | 月 | 日 | 使用县 | 使用地点 | 部队 | 内容 | 资料名 | 依据文献 | 备注 |
|---|---|---|---|---|---|---|---|---|---|---|
| 280 | 1943 | 6 | — | 太原市 | 兰池街(兰池街在大同，口供者可能回忆有误·译者) | — | 日军与警防团、防卫队共同演习，使用毒气弹，使十四五名群众中毒 | 《齐藤辛成口供》 | 《毒气战》728页；《战史》541页 | |
| 281 | 1943 | 6 | 1 | 新绛县 | 马头山 | — | 战斗中炮兵向马头山阵地发射毒气 | 《新华日报》，1943年6月18日 | 《毒气战》541页；《战史》540页；《日志补五》11页 | |
| 282 | 1943 | 6 | 1 | 稷山县 | 马首山 | 第37师团炮兵大队 | 战斗中对第68师204团1营发射腐烂性毒气弹20余发，使23名官兵中毒 | 《32年度敌军毒气使用情况》 | 《战史》540页 | |
| 283 | 1943 | 6 | 29 | 夏县 | 史家滩 | 第37师团第26联队第2中队 | 战斗中用75式山炮对新军第5师5团发射腐烂性毒气弹20发，使2人中毒 | 《32年度敌军毒气使用情况》 | 《战史》541页 | |

| NO. | 年 | 月 | 日 | 使用县 | 使用地点 | 部队 | 内容 | 资料名 | 依据文献 | 备注 |
|---|---|---|---|---|---|---|---|---|---|---|
| 284 | 1943 | 9 | — | 河津县 | 园镇以东 | 第37师团第225联队第3大队第9中队 | 战斗中用山炮对山西军人的碉堡发射两三发毒气弹 | 《森野博明笔供》 | 《毒气战》730页 | |
| 285 | 1943 | 9 | 7 | 稷山县 | 稷山东8公里的村落 | 第37师团镇目部队 | 战斗中使用腐烂性毒气使6人死亡,多人负伤 | 《村山隼人口供》,1954年5月14日 | 《毒气战》542、729页 | |
| 286 | 1943 | 10 | — | 襄垣县 | 老爷山北关上村 | 山西省剿共军第1师 | 将抓获的1名中国人放入洞穴后,从洞穴入口使用喷嚏性毒气逼供,使10多名群众中毒死亡 | 《小川恒夫口供》 | 《毒气战》731页 | |
| 287 | 1943 | 11 | 2 | 阳城县 | 南乡 | —— | 扫荡中,向藏匿在炭窑的群众施放毒气,除1人逃走之外,其余10多人全部中毒死亡 | 《侵华日军在山西的暴行》 | 《战史》544页 | |

| NO. | 年 | 月 | 日 | 使用县 | 使用地点 | 部队 | 内容 | 资料名 | 依据文献 | 备注 |
|---|---|---|---|---|---|---|---|---|---|---|
| 288 | 1943 | 12 | 16 | 汾城县 | 南候村 | 第69师团 | 对中国军队施放5个毒气罐 | 《冈村宁次侵华毒气使用任务资料》 | 《战史》553页 | |
| 289 | 1943 | 12 | 17 | 新绛县 | 杜坞村 | —— | 对中国军队发射喷嚏性毒气弹60余发,使9人中毒 | 《32年度敌军毒气使用情况》 | 《战史》553页 | |
| 290 | 1943 | 12 | 18 | 垣曲县 | 鸡笼山 | 第37师团第227联队 | 战斗中用7门15英寸榴弹炮发射窒息性毒气弹700余发,使23人死亡,22人负伤 | 《冈村宁次侵华毒气使用任务资料》 | 《战史》553页 | |
| 291 | 1944 | 3 | 4 | 柳林县 | 石家坳村 | —— | 向3处水井中投毒,使16户39人中毒,其中11人死亡 | 《解放日报》,1944年6月5日;《晋察冀日报》,1944年6月10日 | 《毒气战》646,735页;《战史》554页 | |
| 292 | 1944 | 3 | 14 | 离石县 | 兴亡村,后坪村 | —— | 对村民使用大量毒气,使71人死亡 | 《解放日报》,1944年4月27日;《新华日报》,1944年8月4日 | 《毒气战》542,735页;《战史》554页;《日志（初）》265页 | |

| NO. | 年 | 月 | 日 | 使用县 | 使用地点 | 部队 | 内容 | 资料名 | 依据文献 | 备注 |
|---|---|---|---|---|---|---|---|---|---|---|
| 293 | 1944 | 3 | 26 | 壶关县 | 常行村 | 独立步兵第14旅团第246大队第1中队、保安队 | 劫掠之后发现洞穴中藏匿之人，遂施放毒气杀害5人 | 《常行乡乡长侯春贵等人证明书》，1954年6月6日 | 《毒气战》542、735页；《战史》554页 | |
| 294 | 1944 | 4 | 2 | 万荣县 | 大赵 | — | 战斗中施放催泪性毒气 | 《解放日报》，1944年4月12日 | 《战史》555页 | |
| 295 | 1944 | 5 | 30 | 壶关县 | 长(常?)行村 | 独立步兵第14旅团，山西剿共军第2师 | 向保存八路军武器、粮食、弹药的洞穴投入喷嚏性毒气弹2发，使5人死亡，约20名群众和民兵中毒 | 《村山隼人笔供》，1954年12月31日 | 《毒气战》542—543；736—737页；《战史》556页 | |
| 296 | 1944 | 9 | 上旬 | 沁县 | 西南 | 独立步兵第14旅团第244大队（干部候朴生队） | 演习中使用毒气使数名村民中毒 | 《高屋三郎口供》 | 《毒气战》740页；《战史》560页 | |

| NO. | 年 | 月 | 日 | 使用县 | 使用地点 | 部队 | 内容 | 资料名 | 依据文献 | 备注 |
|---|---|---|---|---|---|---|---|---|---|---|
| 297 | 1944 | 9 | 30 | 兴县 | 八区蔡家庄 | —— | 对藏匿在村内地下室的民众使用毒气，使 26 人窒息身亡 | 《解放日报》，1944 年 11 月 2 日；《晋察冀日报》，1944 年 11 月 7 日 | 《毒气战》543—544，740 页；《战史》560 页 | |
| 298 | 1945 | 4 | | 壶关县 | 刘寨村 | 保安队 | 壶关县顾问笠实，向参加抗日活动的王海水等人躲藏的洞穴施放毒气，将王海水全家（3 人）熏死 | 《王娃则控诉》 | 《毒气战》742 页 | |
| 299 | 1945 | 7 | 下旬 | 襄城县，曲沃县，临汾市 | —— | 第 114 师团直辖炮兵大队 | 在襄城县为杀害抗日军民，向 5 处水井中投入毒药两箱；同一时期，向曲沃县城西 4 公里的村落的两处水井各投入毒药两箱。此外，在临汾向火车中放置毒毒馒头 15 个 | 《五十岚猛口供》 | 《毒气战》646—647，743 页；《战史》564 页 | |

| NO. | 年 | 月 | 日 | 使用县 | 使用地点 | 部队 | 内容 | 资料名 | 依据文献 | 备注 |
|---|---|---|---|---|---|---|---|---|---|---|
| 300 | 1945 | 8 | 23 | 汾阳县 | 县城 | 第114师团第201大队第3中队 | 对解放汾阳，从城洞中攻人的八路军施放毒气，杀害30余人（《解放日报》，《控诉书》中为67人） | 《抗战日报》，1945年8月31日；《解放日报》，1945年8月31日下俊孝笔供，1954年12月5日；《山西汾阳县县长史平控诉日军放毒的罪行》 | 《毒气战》544，743页；《战史》564页；《日志（初）》267—268页 | 因资料不同，日期略有出入 |
| 301 | —— | —— | | 临县 | 贺家湾 | —— | 约300人在洞中被熏杀 | 〔中国解放区临时救济委员会晋绥分会致总署绥热平津分署长童冠贤的书简节录〕，1946年4月26日 | 《毒气战》545页 | |

# 山西省受害调查的课题与成果

·小田部雄次

日方（宫崎教四郎、丰田雅幸、松野诚也、小田部雄次）主导的实地调查团在 1999 年 8 月和 2000 年 9 月，共进行两次山西省毒气受害者访谈。

1999 年 8 月的调查地为山西省定襄县、榆社县、武乡县、襄垣县、左权县、黎城县、沁源县 7 县的十多处具体地点，这些地点大部分都为离山西省中心地带太原较远的农村与山区地带。其中就包括 1944 年 2 月 8 日至 15 日日军第 36 师团 223 联队撒毒的太行地区。汽车总行程 1700 公里。该地区村与村之间距离遥远，地形上也相互隔绝，交通不便。当时的八路军根据地，现在各处都建有抗日纪念馆和八路军纪念馆。

调查团由日方调查团和中方调查团（步平教授，黑龙江省社会科学院副院长；笪志刚，副教授；高晓燕，副研究员；杨燕，产业经济学硕士研究生；赵健，山西省社会科学院山西省史志负责人）组成，是中日两国学者的共同研究。黄玉雄部长（山西省海外旅游实业总公司）负责当地联络和翻译。

步平教授是日本毒气战研究专家，著有『日本の中国侵略と毒ガス兵器』（《日本侵华与毒气武器》日文译本，明石书店出版）；高晓燕女士著有『日本軍の遺棄毒ガス兵器』（《日军的遗弃毒气武器》日文译本，明石书店出版）；赵健教授参加过抗日战争，对毒气战有一定认识；黄玉雄部长参与过《山西省》歌集作者宫柊二的战争经历访谈计划，熟悉山西省的战争遗址。

词人宫柊二 1939 年应征，1943 年复员，以普通士兵身份在山西度过了战争时光，《山西省》为他所整理的歌集。歌集中部分描述了山西省严酷的战斗体验，字里行间也充分展示出山西省这一地区险峻的地貌。广阔的大地，险峻的山谷，双方在大自然天地中浴血奋战。歌集中收录着如下短歌：

> 友人所在支队，已行走在葱郁山巅。
> 隐约望见，着火敌村落正在右前山峦。
> 山西五台炮泉厂高地，雨中激战已三天。
> 潮水般绿色稻田，如窃窃私语伏向尾端。
> 俘虏两名被刺刀插入前胸，吞没于深深山谷之中。

《山西省》歌集弥漫着在遥远异乡战斗的士兵的孤独感，其中的"龙王峪""温峪村"等地名，也能使人联想到山西省险峻的地形地貌。

本次的调查地并未与《山西省》歌集中提到的地名完全重合，且《山西省》歌集中也没有涉及毒气战的叙述。宫柊二当时战斗的山西省，似乎与今日的调查地完全一样。一望无垠的麦田，雨后车辆难以行进的泥泞，足下不稳则会滚落的山谷，寄身于其中的几百户人家的村落，不时还有寄居在山崖窑洞中的人家。这些地方使人不时心头泛起疑惑，日军为何要费尽艰辛特意到此。

2000 年 9 月的调查遍及平鲁区、榆社县、武乡县、壶关县、平陆县五县十多处地方。与上述地方相似，这些地方也是农村和山区。我们在 1999 年的调查基础上，重点选择了与前一次相同的调查地区，以及战犯审判资料中对毒气战有记载的地区。调查中还有汽车无法行进，顺着干枯河床行走很远，才能最终到达的村落，这或许也是之前日军扛枪走过的道路吧。

2000 年 9 月的调查，除日本调查团与黄玉雄之外，还有协助调查的相马一成。相马一成也是作为日本毒气战的专家来实地采访的，关于山西省毒气战的作品有『置いてきた毒ガス』（草の根出版会）（中文译名：《残留的毒气》，草根出版会）。

调查内容都以口述记录的形式得到了整理。表 1 中的《山西省访谈调查的时间与地点》就是调查时间与地点的整理产物。口述记录包括相马一成与黄玉雄单独进行的访谈调查。表 1 中的（1）—13—15，以及（2）—8—15 即是这些。

表 1　山西省访谈调查的时间与地点

| 记录编号 | 时间 | 地点 |
|---|---|---|
| （1）—1 | 1999 年 8 月 20 日 11 时 15 分 | 定襄县白村镇上零山村 |
| （1）—2 | 8 月 20 日 16 时 50 分 | 定襄县城郊王进村 |
| （1）—3 | 8 月 21 日上午 | 榆社县第八中学旧址 |
| （1）—4 | 8 月 21 日下午 | 榆社县河峪镇辉教村 |
| （1）—5 | 8 月 22 日 10 时 50 分 | 武乡县漆树坡村 |
| （1）—6 | 8 月 22 日下午 | 襄垣县西营镇 |
| （1）—7 | 8 月 23 日 9 时 45 分 | 左权县桐峪镇武军寺村 |
| （1）—8 | 8 月 23 日 11 时 37 分 | 左权县麻田八路军总部纪念馆 |
| （1）—9 | 8 月 24 日上午 | 黎城县东崖底镇 |
| （1）—10 | 8 月 24 日下午 | 黎城县东崖底镇下赤峪村 |
| （1）—11 | 8 月 25 日上午 | 沁源县关北石渠村 |
| （1）—12 | 8 月 26 日上午 | 沁源县韩洪镇韩洪村 |
| （1）—13 | 2000 年 2 月 2 日 | 武乡县蟠龙镇 |
| （1）—14 | 2 月 2 日 | 武乡县韩北镇 |
| （1）—15 | 2 月 3 日 | 左权县石台头村 |

| 记录编号 | 时间 | 地点 |
|---|---|---|
| （2）—1 | 2000 年 9 月 12 日下午 | 平鲁县三百户村 |
| （2）—2 | 9 月 12 日傍晚 | 平鲁县大破石村 |
| （2）—3 | 9 月 13 日下午 | 榆社县河峪镇辉教村 |
| （2）—4 | 9 月 15 日上午 | 武乡县蟠龙镇 |
| （2）—5 | 9 月 15 日下午 | 武乡县蟠龙镇 |
| （2）—6 | 9 月 15 日下午 | 武乡县韩北镇 |
| （2）—7 | 9 月 16 日下午 | 壶关县常行村 |
| （2）—8 | 9 月 18 日下午 | 平陆县下坪乡上坪村 |
| （2）—9 | 9 月 18 日下午 | 平陆县下坪乡上坪村 |
| （2）—10 | 9 月 18 日下午 | 平陆县下坪乡上坪村 |
| （2）—11 | 9 月 19 日下午 | 平陆县牡马乡向东村 |
| （2）—12 | 9 月 19 日下午 | 平陆县牡马乡向东村 |
| （2）—13 | 9 月 19 日下午 | 平陆县牡马乡向东村 |
| （2）—14 | 9 月 19 日下午 | 平陆县八政村（城关） |
| （2）—15 | 9 月 19 日下午 | 平陆县八政村（城关） |

## 表 2  毒气受害口述者的姓名、年龄等

| 地点 | 性别  姓名  年龄（调查时）等 |
|------|------------------------------|
| 定襄县白村镇上零山村 | 男——张宝亮（77），当时的民兵队长；张佩生（70）；张申云（73）<br>女——赵引心（77），家里 7 人中毒死亡；杨金枝（76），丈夫被拷打致死 |
| 定襄县城郊王进村 | 男——李书林（83） |
| 榆社县第八中学旧址 | 男——调查当时的第八中学校长 |
| 榆社县河峪镇辉教村 | 男——孟明全（75）；白守银（71）；石友杰（70），村党支部原书记；石新华（65）；不明（72） |
| 武乡县漆树坡村 | 男——武来水（77），当时为民兵；<br>女——李晋仙（74） |
| 襄垣县西营镇 | 男——任国宝（56），父亲为 1945 年战犯审判时的证人 |
| 左权县桐峪镇武军寺村 | 男——李海宽（70）；王金水（71）；王恩换（62）；赵乃云（75），当时的民兵，被日军俘虏用刺刀刺伤，听力受到损伤 |
| 左权县麻田 | 男——赵庆（70）；李牛虎（72） |
| 黎城县东崖底镇 | 男——粟金德（68），叔父为民团成员 |
| 黎城县东崖底镇下赤峪村 | 男——张书香（77），当时为民兵 |
| 沁源县关北石渠村 | 男——任明水（70），叔父为日军掳获未归 |

166

| 地点 | 性别　姓名　年龄（调查时）等 |
|---|---|
| 沁源县韩洪镇韩洪村 | 男——段世昌（79），1948 年村党支部书记；杨泉生（82） |
| 武乡县蟠龙镇 | 男——安俊茹（88），当时村干部；杨春旺（77），20 岁时成为民兵 |
| 武乡县韩北镇 | 男——韩俊鸿（83），当时的村长<br>女——李鹅纠（79），韩俊鸿之妻 |
| 左权县石台头村 | 男——吕来友（79） |
| 平鲁县三百户村 | 男——丰全（85）；刘宝（73），其他数人 |
| 平鲁县大破石村 | 男——芦战华（79） |
| 榆社县河峪镇辉教村 | 男——石友杰（71）；石新华（66）；孟明全（76），听力损伤；王鸣风（？） |
| 武乡县蟠龙镇 | 男——安俊茹（88），不明，现为村长、医生；安培茹（80），当时为民兵<br>女——武桃儿（70） |
| 武乡县蟠龙镇 | 男——杨春旺（77），当时放羊，20 岁时成为民兵 |
| 武乡县韩北镇 | 男——韩俊鸿（83），当时为区委会民兵指导员 |
| 壶关县常行村 | 男——苏米锁（71） |
| 平陆县下坪乡上坪村 | 男——贺银桃（70） |
| 平陆县下坪乡上坪村 | 男——田先德（70） |

续表

| 地点 | 性别　姓名　年龄（调查时）等 |
|---|---|
| 平陆县下坪乡上坪村 | 男——田小卫（84）；田先德（70），田小卫之弟<br>女——刘月变（83），田小卫之妻 |
| 平陆县牡马乡向东村 | 男——张万才（68），村长；张彦娥（72） |
| 平陆县牡马乡向东村 | 男——张保初（87）；张万才（68），村长 |
| 平陆县牡马乡向东村 | 女——毛凤云（81），原游击队长之妻 |
| 平陆县八政村（城关） | 男——吴振华（68） |
| 平陆县八政村（城关） | 男——史晋安（71） |

表2整理了毒气受害口述者的姓名、年龄、性别。其中有丧失听觉，不能回答问题之人，调查中很多村民作为听众也参与其中，并有发言，而主要口述者则如表2所示。

1999年8月的已确定年龄的被调查者中，男性共有22人，年龄分布为：80岁以上2人，70岁以上16人，60岁以上3人，50岁以上1人；女性有2人，都为70岁。83岁者为1916年生，卢沟桥事变爆发时21岁。70岁以上者则为1920年至1929年间出生，卢沟桥事件时为8岁至17岁。这一年龄可以说已对1940年前后发生的毒气战有着足够的记忆能力。此外，被调查者的很多家人和亲戚就丧生于日军之手。

很多男性被调查者，之前或为民兵，或当过村长，都是抗日战争的直接经历者。战后则成为共产党干部，作为核心人物活跃在村子里。当过民兵的有上零山村的张宝亮（民兵队长）、漆树坡村的武来水、武军寺村的赵乃云、下赤峪村的张书香等。其中，武军寺村的赵乃云曾被日军虏获，并用刺刀刺伤。

最年轻的是西营镇 56 岁的任国宝，他 1943 年生，对抗日战争没有深刻的记忆，他父亲是战后审判的证人，毒气战的事情从他父亲那里得知。而且，他兄长和姐姐都被毒气杀死，之后自己才出生，很小的时候就经常听到毒气战的事情。

2000 年 2 月调查时的性别与年龄分别为，男性 4 人，80 岁以上 2 人，70 岁以上 2 人；女性 1 人为 70 岁。他们在抗日战争中也同样有当村长或者民兵的经历。

2000 年 9 月调查对象为：男性 11 人，80 岁以上 4 人，70 岁以上 6 人，60 岁以上 1 人；女性 1 人，70 岁以上。辉教村与蟠龙镇是先前的调查地点，访谈者也有重复。蟠龙镇的安培茹、杨春旺为民兵，韩北镇的韩俊鸿当过民兵指导员。此外，平陆县调查的 8 个事例中访谈者也有重复，其中男性 7 人，80 岁以上 2 人，70 岁以上 3 人，60 岁以上 2 人；女性有 3 人，80 岁以上 2 人，70 岁以上 1 人。其中，牡马乡毛风云的丈夫，抗战时为游击队长。

亲身经历过毒气战的受访者，都已经是七八十岁的高龄，战争结束 50 年后才得以将自己的亲身经历诉说出来，不得不说是太迟了。事实上，我们在各个调查地点都听说，很多亲身经历者已经去世，甚至更直接的亲身经历者几年前还在世。

但也有人指出，多年前战争记忆鲜明之时，日本人甚至很难进入村庄。即使在这次调查中，憎恶与谴责日军的话语也投向了日本调查团。漆树坡村的武来水说："无论说什么，他们（日本人）都不会明白"；李晋仙批评说："（即使调查），也起不到什么作用"。韩北镇的韩俊鸿批评道："你们这些年轻人（日本调查团中有 3 人出生在战后，其中有两位 20 多岁的年轻人），完全不了解日本人是怎么样侵略的"，其中仍有人对日本人的访谈表示出厌恶之情。

战后 50 年间，日本人确实已忘记了过去。村民们说到的伤害，家被烧毁，家畜被抢走，妇女遭到蹂躏，家人和亲戚被杀。其中一些事仅以"三光作战"的名称为日本人所知晓。此外，近些年揭露山西省性暴力的努力还在持续进行中。①。然而日本社会中，确有忘记日本战争中暴力的倾向。

当地的村民们，特别是受到日军暴力，至今没有得到道歉和赔偿的亲历者，仍然将日军战争罪行看作重要的待解决问题。房屋被烧毁，家畜被掠夺，妇女们遭到侵犯，家人和亲戚被杀，这些被害记忆仍然残留在村民的心头。调查团原以为，本次调查的意义在于解决受害者的记忆问题，可惜无法立即见效。很多日本人大概只知道一些曾经

①　中国人「慰安婦」裁判を支援する会ほか編「その勇気をむだにしないで——中国山西省での性暴力被害者の証言・訴状」）中译名：支援中国人"慰安妇"审判之会编《支持她们的勇气——中国山西省性暴力受害者的口供与诉状》

的关于"烧、杀、抢"的暴力历史，但由于没有历史现场感，对这些问题反应迟钝。作为历史遗留问题，否认战争罪行的人有之，同时认为战争中如此行为也不过分的人也存在。从这个层面上讲，当地百姓对于调查团的所作所为，认为"无用"——"烧、抢、杀的伤害已经难以复原"的看法非常多。

表3与表4为调查团1999年8月、2000年9月从对村民的访谈中获取的资料。调查团的目的是从访谈中获取日军毒气战的佐证，而村民则控诉日军进行的整个战争罪行。受害的当地民众至今未获得道歉和补偿，"罪行"仍然活生生地存在着。

表3与表4的内容，反映了人们忘我地控诉日军如何残暴夺走自己财产，杀害自己亲人。那种强烈抑制憎恶感情的情形让人心酸，满是愤恨的口气让人无法接话。这些控诉告诉我们，武装集团突然出现在贫穷、祥和的村庄时，村民们所面对的混乱状况和凄苦心情。上零山村的某位妇女对日军骂道："你们想把全世界的中国人都杀光吗？"距离武军寺村不远的屈原村中，有人仅因为说了"为什么欺负我们"就被杀害。从地洞中被强行带出的男女皆身体赤裸，用铁丝网穿成一串（此处的口述没有整理为记录，只是在现场听说）。

**表 3　口述中的日军动向与村民的受害情况（1999 年 8 月调查）**

| 时间、地点 | 受害情况 |
|---|---|
| 定襄县白村镇上零山村<br>＊1941 年阴历正月十一将 400 名村民中的 80 人强行驱赶进小学校，毒烟致 46 人死亡<br>＊距村 9 公里处为日军据点，想来即来，无恶不作 | ＊妇女的口述（70）【邻村人】——日军来时 8 岁。农民们都骂："干什么来了，想把全世界中国人都杀光吗?"<br>＊张宝亮（77）的口述——19 岁时，3 个日本人率领 40 多人的伪军进村，在村中各处抢东西。以开会的名义将男女赶进小学并施放毒气。3—5 日内 400 人不到的村庄中有 46 人死亡。<br>＊赵引心（77）与张宝亮的口述——80 人中 46 人为烟所熏而死亡。2 人被日军抓获杀死，杨金枝丈夫即是其中一人，她也被毒烟熏到。<br>＊杨金枝（76）的口述——日军一户户搜查。丈夫张万岁（当时 23 岁）没有钱购买良民证被当成八路军，被县中队带走，拷问 10 天，最终被拷打致死。<br>＊赵引心的口述——家里 7 人中毒死亡。丈夫吐出 4 脸盆黑血。<br>＊张宝亮的口述——县中队在该村停留过两夜，一位乞丐向日军告发，从而遭日军用毒气屠杀平民。日军在离村 9 公里之外的地区有据点，4 年时间里随时前来，无恶不作 |
| 定襄县城郊王进村<br>＊1937 年日军占领定襄县<br>1938 年日军从五台方面攻来 | ＊李书林（83）的口述——1937 年，日军占领定襄县，阴历十一月，阎锡山新二师前来。次年阴历四月初五，智村有几个村民被杀，初七打算离开村庄但受阻，日军进村烧毁四五十户民房，50 余人被杀害。阴历八月初七，日军与新二师开战，村民们外逃，遭到毒气攻击 |

| 时间、地点 | 受害情况 |
|---|---|
| 榆社县第8中学旧址<br>*1940年百团大战中，日军与八路军开战 | *校长口述——建学校时发现遗骨。县志中有记载 |
| 榆社县河峪镇辉教村<br>*1938年秋天日军飞机撒毒<br>*每年夏、秋、年末年初时前来<br>*日军最后来的时候是1939年或1940年春天 | *石友杰（70）的口述——日军侵略中国时，每年来村里几回，杀人放火。平常在夏、秋、年末年初时来。当时400人以上、90户以上的村落里，七八人被杀，房屋被烧，只剩2栋房子。<br>*石新华（65）的口述——飞机飞来之时，出现2种中毒症状。一种是浮肿，另一种是被称为"癫病"的皮肤病。没有医生，只能忍耐等待自愈。<br>*石友杰的口述——八路军来过。<br>*石新华的口述——村里为共产党根据地。日军每年来三回，将旧正月里准备的东西抢去了许多。村里的牛300头、羊一千七八百头被抢走，屋子也几乎被烧光了。"癫病"半年后治愈，还有眼睛看不清楚等症状，但完全不知道原因 |
| 武乡县漆树坡村<br>*1943年阴历六月十五清晨，日军袭击了村落 | *武来水（77）的口述——村里原为八路军根据地，日军经常来征讨。八路军路南办事处驻扎在村里。当时采用麻雀战的游击战法，敌人到来时马上转移到其他地方。60余村民被困于洞中，日军在开炮之前将棉被点燃用烟熏。洞中出来的7人被杀，途中又杀死1人。我在日军不注意的时候逃走了。洞中有2人死亡，我的母亲也被杀。<br>*李晋仙（74）的口述——大家都憎恶日本兵 |

续表

| 时间、地点 | 受害情况 |
|---|---|
| 襄垣县西营镇 * 1938 年至 1942 年 | *任国宝（56）的口述——洞中有两层，上面有一定防护作用，下面则死了 13 人。死者中有我的哥哥和姐姐。之后的 1943 年我出生了。当时为躲避日本人侵略，村里人在自家院子底下与水井下面挖通地道。其他的地洞中有六七十人死亡 |
| 左权县桐峪镇武军寺村 * 1941 年 1 月播撒毒气 | *李海宽（70）的口述——麻田有八路军总部，彭德怀在此停留。日军经常来此"扫荡"。每年大约三回，夏秋收割季节与腊月的年末年初之时，日军攻来时八路军马上撤退。日军在亚麻上撒毒，生活用具上撒毒，炭上、柴火上都有。村民们回来后只要一接触，手和胳膊上就会起水疱，八路军全部进行消毒。八路军卫生队教给我们什么是腐烂性毒气。日军来时逃到山上住在树林子里。每天背水，一天吃一顿饭。抗战八年逃了大约有 24 回。5 月小麦收割，秋天的收获季，旧正月时就会自顾自地前来，抢东西打人。村民们到现在愤恨不已。在屈原村，日军将村民抓住，又打又杀，死了 500 多人。只因为说"为什么欺负我们"就被杀害 *王金水（71）的口述——一个叫李茹香的人在麻田中毒，失去了双手 |
| 左权县麻田村（八路军总部纪念馆） | *赵庆（70）的口述——当时，得肺结核、斑疹伤寒、"癫病"的人很多，因此而死的人也很多 *李牛虎（72）的口述——失去双手的李茹香就是因为感染了斑疹伤寒 *赵庆的口述——据说也有因为喝水而中毒的 *李牛虎的口述——日军在年末、年初，秋夏的收割季节经常来。有时是一周，有时是半个月，20 天的时候也有。村民们背上水逃到山里，一天只能吃一顿饭 |

续表

| 时间、地点 | 受害情况 |
|---|---|
| 黎城县东崖底镇 | *粟金德（68）的口述——黄崖洞是原来的根据地，八路军秘密兵工厂。春天播种时，夏秋收割时，年末年初时，一年三回来此"扫荡"。日军花40天时间攻打黄崖洞。听说在南陌村，日军点燃的草烟使18人死亡。不知道是毒气，听说恶臭的炮弹也使很多人死亡 |
| 黎城县东崖底镇下赤峪村<br>*1940年9月24日攻打黄崖洞<br>*1941年9月23人，日军攻下桃花寨，使用毒气<br>*1942年1月，烧毁下侧峪<br>*1942年5月日军来到麻田和武乡 | *张书香（77）的口述——根据地响应号召，建立小型兵工厂，为前线供给武器。1939年7月，建立了兵工厂。兵工厂生产小铁炮、步枪、地雷、手榴弹、马尾弹等。日军最初攻下黄崖洞是1940年9月24日，主力部队参加百团大战，工厂被烧毁。1941年9月23日，日军攻击桃花寨，最后还使用了毒气。武乡栓马有医院。下侧峪村则是日军年末年初时，以及收割时过来，1942年1月，日军烧毁村庄房子，追骡子等，村民有40多人被杀，有10多人受伤 |
| 沁源县城关北石渠村<br>*1942年 | *任明水（70）的口述——日军来时，村里的人都躲藏到山里，逃到山洞中。烟熏使得村民难以呼吸，跳下来，父亲和叔叔中毒死了 |

| 时间、地点 | 受害情况 |
|---|---|
| 沁源县韩洪镇韩洪村<br>＊1941 年秋，日军施放毒气，使 180 名抗日军民死亡（修建了永志亭）<br>＊1941 年阴历十月，日军攻击桃花沟，发射恶臭炮弹 | ＊段世昌（79）的口述——1940 年百团大战时，日军对太行山进行大"扫荡"，1941 年阴历八月十七烧毁煤窑沟。八路军太行指挥部在煤窑沟藏有棉花和辣椒。往炭坑里放时，村民们也钻到了里边，日军点燃了入口处的棉花，炭坑前面的人死了。白天日军来到村里搜人，村民们藏到山里。听说因为辣椒和棉花死的人很多，有没有使用毒气不知道 |
| 武乡县蟠龙镇 | ＊安俊茹（88）的口述——春天播种时分，日军的飞机在河岸边撒毒，20 多人中毒。日军每年来"扫荡"四回，春天播种、夏天播种、秋天收割、旧正月时候。房子基本上都被烧光了<br>＊杨春旺（77）的口述——日军第一次来的时候，杀了 7 人，带走了 20 多人。飞机投下的炸弹使得很多人被烧死 |

| 时间、地点 | 受害情况 |
|---|---|
| 武乡县韩北镇<br>* 1941 年阴历九月初九，日军来征讨<br>* 1943 年正月十八，包围了斗郑村 | * 韩俊鸿（83）的口述——1941 年阴历九月初九，日军来"扫荡"，停留了 7 天，杀了 47 人，抢了很多鸡猪牛羊。另外，还抢了村民 2000 公斤粮食，烧毁了 100 多间房屋，回去之前还释放了毒气。1943 年旧正月十八，日军包围斗郑村，抓住了藏在洞中的 5 名八路军、3 名民兵，走的时候还牵了一头牛。接着回去的时候还在洞口施放了毒气<br>* 韩俊鸿妻子（79）的口述——3 月中有 8 人因为斑疹伤寒而死。<br>* 韩俊鸿的口述——日军来之前，村里有 900 多人，日军杀害 127 人。1939 年至 1944 年间，80% 的人得疥癣。有三种病特别流行，因为这些病而死亡的人有很多 |
| 左权县石台头村<br>* 1940 年农历九月"扫荡"<br>* 1941 年阴历正月初十"扫荡" | * 吕来友（79）的口述——1940 年阴历九月，日军来进行秋天"扫荡"，25 人被枪打死。还有人中毒而死，不知道是什么毒，过了 7 天才死。庄稼全部被烧、被抢，前后合起来死了 75 人。1941 年正月初十，日军又一次来征讨，杀死 21 人 |

表4　口述中的日军动向与村民受害情况（2000年9月调查）

| 场所与时间 | 受害情况 |
|---|---|
| 平鲁县三百户村<br>*1941年6月，日军20人前来抢劫财物。村民躲到山上，藏了一个月。据说还将村里人关入窑洞施放毒气 | *丰全（85）的口述——日军来了八年。欺负妇女，烧、杀、抢。村民在日军来征讨时藏到山里，带干粮藏了一个月<br>*刘宝（73）的口述——日军主要是去晋察冀。在村里抓鸡、抢东西，将女人的裤子脱了乱摸，逼着喝洗手水。日军有时候两三天来一次，有时候10多天来一次 |
| 平鲁县大破石村<br>*1941年5月，传说日军将人们关入窑洞施放毒气 | *芦战华（79）的口述——日军杀人、抢东西，经常让村民们干活，还记得将人们关入窑洞施放毒气。放毒气时感到非常呛，流鼻涕，痛苦难忍。一个叫李梅的队长和姓金、姓聂的人来侦查情报，还折磨村民，被八路军杀了 |
| 榆社县河峪镇辉教村<br>*百团大战之前的事情 | *石友杰（71）的口述——日军主要在祁县、太谷、榆社三县驻扎，经常来辉教。20多家的房子被烧，村民们只能躲藏在山里。家畜都被杀了，一年来三四趟<br>*孟明全（76）的口述——房子被烧，在窑洞中住了五六年。全家死光的都有。牛、羊都被杀了<br>*石新华（66）的口述——飞机来了三回，撒毒撒了两次。当时觉得撒的是像雾一样的东西<br>*石友杰的口述——死了六七十人。八路军前脚来，日军后脚就到，又杀又抢。这里是交通主干道，还是冲着牛羊来的 |

续表

| 场所与时间 | 受害情况 |
|---|---|
| 武乡县蟠龙镇 | *安俊茹（88）的口述——1500人的村子战后只剩865人。一年中来三四回，春播、夏秋收割时、年末年初（旧正月）。旧正月时候，有时一驻半个月。当时的三种病是疥癣、斑疹伤寒，以及浮肿<br>*村长（医生）的口述——疥癣是传染病的一种，不应当有那么大面积。建国后，都消失了 |
| 武乡县蟠龙镇 | *杨春旺（77）的口述——日军最初攻来时杀了50多人，房子也被烧了很多。日军走后，村民的脚和身体都起了疥癣。1943年，要么是1944年的阴历二月，因为疥癣死了30多人。房子被烧，牲畜也被杀、被抢了 |
| 武乡县韩北镇<br>*1938年阴历三月十六<br>*1941年年末年初"扫荡"<br>*1942年阴历九月初九驻扎了7天 | *韩俊鸿（83）的口述——日军在八年间来了六七回，在村里驻扎过三四回，最长的时候驻扎过7天。杀羊、猪、鸡，将田里和家里的干草弄乱烧掉，将房子全烧了。第一次来"扫荡"时杀了42人，一个日本兵一次就枪杀了12人。传来了三种病，斑疹，伤寒发高烧，疥癣起肿块。日军到处杀人放火。1941年正月里来，杀了12人。1942年秋天阴历九月初九来，驻扎了7天，杀了48人。不光杀人，还烧了1600多间房屋。日军走了就起疥癣，1944年之后就少了，1946年以后就没有了。日军还往窑洞里扔发烟弹熏人 |

续表

| 场所与时间 | 受害情况 |
|---|---|
| 壶关县常行村 | ＊苏米锁（71）的口述——往窑洞里施放毒气，死了五六人。日军在春天播种之后，（阴历）五六月份来，放火、抢东西，将动物和家畜带走 |
| 平陆县下坪乡上坪村 | ＊贺银桃（70）的口述——大年夜里，我们正在准备晚饭时，日军将嫂子带走了。拔出刀来把柱子都砍断了 |
| 平陆县下坪乡上坪村＊1941 年 5 月 12 日，将洞中的 40 多名村民熏出来，将很多妇女强奸 | ＊田先德（70）的口述——日军将不听话的人都枪杀了。向洞内投掷毒气，人们被呛跑出来，出来后就在河岸边被杀了，男女都让脱光衣服。1941 年到 1945 年，整整五年间，日军在山的另一面驻扎着。1945 年春天，收麦子的时候日军来过 |
| 平陆县下坪乡上坪村＊1941 年春天日军来过 | ＊田小卫（84）的口述——1941 年春天，日军来了。村里的人扔石头，日军放毒气。让所有的人脱光衣服，逃跑的话就会被杀。洞中藏着三四十人。我逃到山里了，日军驻扎了 4 年<br>＊刘月变①（83）的口述——往山上跑的时候遇到日军<br>＊田小卫的口述——有一家五口，田和尚一家三口，佃富的家人，加起来有 10 多人被杀 |

---

① 田小卫妻子。

| 场所与时间 | 受害情况 |
|---|---|
| 平鲁县牧马乡向东村<br>*1939 年 | *张万才（68）的口述——区里有游击队，队长张鹏飞和日军打过仗。日军看到人就杀，合起来有 40 多人被杀，被杀的牛羊等家畜非常多 |
| 平鲁县牧马乡向东村<br>*阴历九月十三 | *张万才的口述——张村有日军总部，有一口水井，杀了的尸体就被扔到里面<br>*张保初（87）的口述——不是 1939 年，1943 年阴历九月十三有 13 人被杀，总共死了 40 人。日军头子叫作"赤江"的被称为"杀人大王"，他的名字听起来都害怕 |
| 平鲁县牧马乡向东村<br>*阴历九月十三 | *毛风云①（81）的口述——阴历九月十三，家和窑洞被烧，结婚时的嫁妆也被烧掉了 |
| 平陆县八政村（城关）<br>1940 年阴历十一月 | *吴振华（68）的口述——1940 年阴历十一月的早上，日军突然来了，前后驻扎了五六年。日军大队在张村、果家园等地，在马蹄建了兵营，设置了两处慰安所。杀了人之后就把尸体往三口井里塞，万人坑也叫杀人井。"老虎口"就是说进去就出不来的洞，有一次杀了 108 人。日本兵的杀人练习，用刺刀刺死了 24 人。日军待过的地方都杀人，八镇有 300 多户的房子被烧，村民们都逃走了，10 天杀了 10 多人 |
| 平陆县八政村（城关） | *史晋安（71）的口述——井里埋了三四千人。看见一个日本人因为做毒气实验而死。八镇有日军司令部，驻扎着一个大队 |

① 游击队长张鹏飞之妻。

许多村里所共通的口述记录是，每年春、夏、秋农作物收获季节及年末年初时日军来村里，庄稼和牲畜被抢。好不容易才长成的庄稼和牲畜被抢，对于村民们而言是难以忍受的痛苦。还有村庄被烧，百姓被杀，妇女们被强暴。

列举一下口述记录中的受害情况。上零山村中，3—5天就死亡46人。王进村中，四五百户房子被烧，50多人被杀。辉教村90户400人，房子被烧的只剩2栋，村里300头牛、一千七八百只羊被抢。屈原村里死了500多人。下侧峪村被杀40多人。韩北镇900多人的村落有127人被杀。石台头村有75人死亡，第二年又有11人被杀。蟠龙镇1500人只剩下865人。八镇有300多户房子被烧。

当地村民对日本兵也有记忆，如上零山村民记得"当时谭庄附近的班长"名为"白村"。牡马乡民记得"日军头目"被称为"杀人大王"的"赤江"，据说"听到他的名字就害怕"。过去让人战战兢兢，50年过后的今天仍然让人心有余悸。

这次调查的主要目的是用当地的口述资料证明、确认日军在山西省使用毒气，并了解实际有关情形。由于调查时间有限，只能尽量在当地收集有关日军毒气战的口述资料。集中调查发现日军试图隐藏毒气战痕迹的证据。

很多村民直至今日依然不知道自己所受伤害是因为毒气。正因如此，调查团没有对是否因毒气受害匆忙下结论，而是尽量收集足够多的具体事实来确认毒气战的实际情况。

围绕这个目的，对飞机的样式、炮筒大小、颜色等都进行了仔细询问。

对于 50 多年前发生的事情，村民们脑海中存在着记忆误差，也有需要回避的信息。如 1999 年 8 月，我们在武军寺的调查访谈中，听到有一位因为毒气"失去双手"的妇女在麻田。然而在麻田听说的却不是因为毒气中毒，而是因为斑疹伤寒。据说日军曾在麻田播撒斑疹伤寒病菌，妇女失去双手估计也是这个原因。这种口述差错依然存在，不论毒气或是斑疹伤寒，都没有确凿的证据。口述中所能知晓的是，武军寺村和麻田村都提到有位"失去双手的妇女"。

即便这样考虑，在这次的调查中明确受毒气所害的案例还有许多。杀戮中看到非致死性毒气"红剂"（Dphenyl-cyanoarsine）的使用案例，还看到许多政府否认的致死性毒气"黄剂"的使用案例。学者们过去单纯依赖史料文献了解毒气的实施过程，在这次调查中通过对直接受害村民的口述访谈使毒气战的整个系统更加清楚明了。

表 5 是 1999 年 8 月和 2000 年 9 月调查中关于毒气受害者口述的总结。这次的调查范围中关于日军使用毒气的事例，可以分为多种类型。

表 5　关于毒气受害者的口述（1999 年 8 月、2000 年 9 月调查）

| 地点与时间 | 受害情形 |
|---|---|
| 定襄县白村镇上零山村 | 1941 年阴历正月十一，将村民关押到小学里，点燃 30 多厘米长、碗口粗的筒子。黑烟一片，烟使人不能呼吸，一直咳嗽、打喷嚏。80 个人中有 46 人被熏死。辛辣气息，喉咙干，吐黑血。张宝亮口述道：有"催泪气、喷嚏气、中毒气、窒息性气、腐烂性气"，那天使用的是窒息性气 |
| 定襄县城郊王进村 | 1938 年阴历八月的战斗中被喷了毒气。天空中飘着云一样的灰色烟雾，有辣椒似的辛辣气息。恶臭使人吐出黄色的脏东西。传说是辣椒气，实际上是毒气。新二师的人宣传说，闻着辛辣，让人流眼泪、打喷嚏烟的时候，马上用尿将衣服弄湿，塞住口鼻就没事了。日军将很多中毒后丧失战斗力的士兵用刺刀刺死。村民都逃了，但死的人也不少。一个叫李善义的 60 多岁老头就是中毒而死。2 小时后毒气就散了。中毒的人会吐秽物。第二年树木都没有发芽 |
| 榆社县第八中学旧址 | 县志中记载着 1940 年百团大战中，日军与八路军打仗，使用毒气 |
| 榆社县河峪镇辉教村 | 1938 年，飞机来撒毒，像雾一样，闻着有刺鼻的恶臭。记得飞机一走，村民就有肿痛、癫病等中毒症状。肿胀由红逐渐发黑，中间有白黄色的脓水，又痛又痒，有点像水疱，好像现在的农药中毒一样。没有医生，只能忍着等它痊愈。有 400 多人中毒，也有人发现其他奇怪的症状，半年或一年后才好 |

续表

| 地点与时间 | 受害情形 |
|---|---|
| 武乡县漆树坡村 | 1945 年阴历六月十五清晨，日军袭击村子，我逃到山洞里。日军将被子点着，撒了四方形的什么东西。呛得忍不下去，被日军抓住了。日军在开炮之前用烟熏，有刺激性的恶臭。睁不开眼，咳嗽。炮弹的烟把奶奶和媳妇熏死了 |
| 襄垣县西营镇 | 为了躲避日本侵略，村中人们都挖了洞穴。韩炳生被日军抓住，带日军发现洞穴，日军向洞中施放毒气，13 人死亡。韩炳生也被黄色的烟熏死了。被毒烟呛着后马上飘飘的，低下头呕吐黄色污物不止。据说别的洞中也死了六七十人 |
| 左权县桐峪镇武军寺村 | 这地方是八路军总部所在地。1941 年阴历腊月时，日军来后八路军撤退了，村民们逃到山里。日军往亚麻上撒毒，往生活用具、炭、柴火上撒毒。村民回来沾上后，手和胳膊上就起水疱。八路军将这些全部消毒，告诉我们这些有腐烂性 |
| 左权县麻田村 | 因为结核、斑疹伤寒、麻风而死的人很多。听说喝了水后就会中毒，听说也有腐烂性 |
| 黎城县东崖底镇 | 听说南陌镇被日本点燃的草烟熏死了 18 人，日军打的臭炮弹使几个人死了 |
| 黎城县东崖底镇下赤峪村 | 1941 年，日军攻不下桃花寨，最后使用了毒气。听说用尿弄湿的毛巾护住口鼻可以防毒气。中毒后死不了，但脑袋就不好使了 |

| 地点与时间 | 受害情形 |
| --- | --- |
| 沁源县城关北石渠村 | 1942 年逃到木炭沟的洞里后被发现。"砰"一声，黑黄色的烟就冒出来了，刚开始的时候不能呼吸，流泪、咳嗽，忍不下去只能钻出来。在地上躺了一两个小时起不来。日军将另外两个白色的筒子放到洞口。灰色的烟一熏，洞中的父亲和叔叔马上就没呼吸了。洞中的臭味散不去，一个月后来收拾尸体，尸体都腐烂了 |
| 沁源县韩洪镇韩洪村 | 永志亭里竖立着纪念 1941 年秋天日军往废弃的炭坑中施放毒气，使韩洪村 180 名抗日军民中毒死亡这一事件的纪念碑。这就是 1941 年 8 月 17 日，烧煤窑沟事件。日军在炭坑入口处烧棉花和辣椒，来熏躲藏在其中的村民。200 人中有七八十人逃出来了，洞前面的人都死了。1941 年阴历十月，日军发现桃卜沟的炭坑，将其中藏着的村民赶了出来。段世昌他们藏在岔道上，发射恶臭的炮弹后，鼻涕和眼泪都流出来了，大约 30 分钟后失去了意识。据说因为辣椒和棉花而死的人也不少 |
| 武乡县蟠龙镇 | 飞机播撒毒气。中毒者身上出现黑色和红色的点，起水疱，有 20 多人中毒 |
| 武乡县韩北镇 | 日军 1941 年 9 月 9 日来"扫荡"，回去前施放了毒气。日军走后，村民收拾时突然不省人事，出水疱发烧，也有三四天后死了的人。1943 年旧正月十八，日军包围斗郑村，往洞穴的入口处撒了毒气就走了。当时没有药，用热水洗，点燃艾草就着火来敷，治好了。受伤轻的人四五年没事了，长期没有好的人也有。水疱破裂，流出来的是黄白色的东西 |
| 左权县石台头村 | 目眩、头痛、发烧，不出汗，身体上生出黑色与红色的点点，死的时候全身发黑 |

| 时间与地点 | 受害情形 |
|---|---|
| 平鲁县三百户村 | 不知道 1941 年 6 月往窑洞里施放毒气的事情，村子南面现在没有窑洞 |
| 平鲁县大破石村 | 看见日军往窑洞里施放毒气，人们被呛得流鼻涕，痛苦难忍 |
| 榆社县河峪镇辉教村 | 日军用飞机撒了两回毒。中毒者头晕呕吐，身体皮肤发黑，发痒。用指甲挠后生出红色的点，之后就会变黑。当时没有医生，不知道怎么回事，向县里报告后知道是毒气，煮了绿豆汤和药草喝。直到去年才知道当时飞机播撒的像雾一样的东西是毒。死了 10 多人，但当时不知道是毒，怎么死的都不知道。眼睛红，喉咙痛，有炎症。有当时的记录，已经烧掉了 |
| 武乡县蟠龙镇 | 发炮后没有弹坑，只有像雾一样的东西，是毒气弹。听说过用飞机播撒毒气。中毒者起了红色的水疱，用胡椒水洗也治不好。虽然将火药中黄色的东西涂上后很痛，但结痂后会见效。飞机撒的是白色的雾，来后马上捂住嘴趴在地上。大水疱破后会流脓 |
| 武乡县蟠龙镇 | 日军走后，村民们脚上、身体上都起了疥癣。大家都生病后才注意到那是毒。在床上冷得直打冷战。死了 30 多个人，水疱痊愈需要六七个月，或者 10 个月，因人而异 |
| 武乡县韩北镇 | 平常日军走后，村民们就会生病。日军往粮食里下毒，村民们吃了就会中毒。疥癣是日军来后才起的。日军往洞穴里扔烟幕弹熏，有流鼻血的，但没有死人 |

续表

| 地点与时间 | 受害情形 |
|---|---|
| 壶关县常行村 | 日军往洞穴里放毒，非常臭，让人呕吐，刺激性的臭，像尸体的臭味。洞外有 10 多个筒，筒子有 40—50 厘米长，有碗口粗，颜色非灰非青 |
| 平陆县下坪乡上坪村 | 1941 年 5 月 12 日，日军往洞穴里施放毒气，村民们被熏得忍耐不住出来了。日军逼着出来的男女都脱光衣服，往河边的沙地赶，并杀了不听话的 3 个村民 |
| 平陆县下坪乡上坪村 | 1941 年春，日军来了。洞里的村民们扔石头，日军放毒气。村民们被熏得乱滚乱爬，实在忍不住只好出去。日军让所有的人脱光衣服，跑的话就杀掉，包括佃富母亲在内的 3 个人被枪杀。毒气弹有碗口粗，30 厘米长，点着火后会冒烟 |
| 平陆县牡马乡向东村 | 听说有施放毒气，当时不在现场 |
| 平陆县牡马乡向东村 | 毒气有奇怪的臭味，被呛着了 |
| 平陆县牡马乡向东村 | 不知道毒气 |
| 平陆县城关八政村 | 没有听说过毒气 |
| 平陆县城关八政村 | 看见一个日本人因为做毒气实验死了，在洞中作密封式的实验 |

首先，用毒气杀死集中在密室的村民的事例，如上零山村。使用的毒气是"窒息性毒气"，据说会咳嗽、打喷嚏、辛辣、口渴、吐黑血。80人被塞进密室，46人被熏致死。

其次，释放毒气攻击逃到洞穴里的村民的事例。调查中此种事例最多，漆树坡村、西营镇、北石渠村、韩洪村、桃卜沟、斗郑村、大破石村、韩北镇、常行村、上坪村等地都存在这种事例。口述中使用毒气的记忆略有差异，有点燃被子，往其中撒四方形东西的记述，还有烧棉花和辣椒等记述。南陌村点燃的草烟使得18人死亡的事例大致也包括在此。另外，八政村的日本兵据说是因为在洞中作密封式毒气试验失败而死。症状很多为呛、流眼泪、咳嗽、呕吐。有的在洞中死亡，有的被抓。到底是因为毒气而死，还是呛死，再或者使用的毒气有异常，估计各种可能性都存在。

第三种事例是飞机撒毒。辉教村、蟠龙镇等地都有该种事例。辉教村村民描述如烟雾一样的东西，刺激性的恶臭，非常呛，中毒者起水疱，由红变黑，中间有白黄色脓水，又疼又痒，与农药中毒的症状相同。由于当时没有医生，以致报知县里后才知是毒，服用了绿豆汤和药草解毒。辉教村村民不知道飞机撒下的白雾是毒气，受害60多年后才想起肿胀和癫病这两种中毒症状。飞机在蟠龙镇撒下白雾一样的东西，村民身体起黑红色的点和水疱，有人因此而死，有人生出疥癣，冷得打寒战。村民们得病后就想到那是毒气。

第四种是"臭炮"。战斗中发射毒气弹。王进村、漆树坡村、东崖底镇都有这种事例，桃花寨等处也存在类似行为，估计这是为了掩护进攻而采取的行动。王进村中，空中飘着像云一样的灰色烟雾，弥漫着像辣椒一样的辛辣气味，很臭，被熏后吐出黄色秽物。洞穴事例中提到了辣椒气味和臭味，可能与某种毒气相似。

第五种是撤退时向村中撒毒。武军寺村和韩北镇等处都有类似事例。武军寺村民逃走后，日军向生活用具等处撒毒。村民们回来接触后就起水疱。八路军消毒，并告诉他们这是腐烂性毒气。来韩北镇"扫荡"的日军返回之前施放毒气，村民回来后人事不省，起水疱。这些是防备八路军士兵和村民回来，有计划的撒毒。

表6是日军毒气工厂广岛县忠海冲大久野岛制造的主要毒气和毒性。日本毒气生产工厂中，为人所知的有大久野岛和福冈县企救郡的曾根工厂两处。另外，神奈川县寒川的相模海军工厂也生产海军化学武器。

**表6　大久野岛主要生产毒气及毒性**

| 种类 | 性质 | 身体危害 |
|---|---|---|
| Yperite | 腐烂性 | 皮肤沾到后发红，起水疱，破后会腐烂，吸入后就会伤到呼吸器官 |
| LEWISITE | 腐烂性 | 沾到后皮肤会痛，马上变红，起水疱腐烂，伤到呼吸器官 |

| 种类 | 性质 | 身体危害 |
|------|------|---------|
| Dphenylcyano-arsine | 喷嚏性（刺激性） | 吸入后马上鼻腔、喉咙会痛，生出眼泪、鼻涕、喷嚏、咳嗽、痰 |
| 盐化 Acelophe-none | 催泪性（刺激性） | 眼睛痛，流眼泪，刺激皮肤和呼吸器官 |
| Phosgene | 窒息性 | 吸入后马上引起呼吸困难，窒息死亡 |

　　表 6 中，致死性的 Yperite 是腐烂性的，"给身体造成的伤害"则是"沾上皮肤则发红，起水疱，破裂腐烂，吸入后则会刺激呼吸器官"。此外 LEWISITE 是腐烂性的，"皮肤沾到后会痛，马上变红，起水疱、腐烂，刺激呼吸器官"。基于这种症状对口述资料进行分析，则辉教村、武军寺村、蟠龙镇、韩北镇、石台头村等处撒下的致死性毒气，很有可能是芥子气（Yperite）和路易斯剂（LEWISITE）。

　　辉教村中的口述资料："肿块最初是红色，逐渐变黑，中间有黄白色的脓水，又痛又痒，像水疱，类似于现在的农药中毒"，这显然是致死性毒气引起的受害症状。另外，武军寺村访谈中有日军往生活用具上撒毒，沾上后就会起水疱，八路军来做防毒工作等口述。蟠龙镇、韩北镇、石台头村等地的口述中有红肿、起水疱，有中毒而死的人。极有可能是沾染致死性毒气芥子气（Yperite）或路易斯剂（LEWISITE）。

　　此外，调查团还听到很多关于非致死性的毒气危害倾诉，喷嚏性（刺激性）Dphenylcyanoarsine 的危害，"吸入后鼻腔、喉咙马上会痛，生出眼泪、鼻涕、喷嚏、咳嗽、痰"；催泪性（刺激性）盐化 Acelophenone 的危害为"眼睛痛，流眼泪，刺激皮肤和呼吸器官"。Dphenylcyanoarsine 通常被称为"红剂"，盐化 Acelophenone 被称为"绿剂"。

口述中群众谈起躲避日军暴行逃到洞穴时，日军用烟逼他们出来，那时使用的很可能是"喷嚏性"毒气"红剂"和"催泪性"的"绿剂"。

调查团注意到村民们口述中提到烧"辣椒"的气味。实际上村民们在洞内是看不到烧"辣椒"的，很有可能只是气味像辣椒点着后散发的气味。王进村的口述中提到辛辣的"辣椒气"，实际上就是毒气。

在本次调查口述中，没有听到有关窒息性青酸（"茶剂"）毒气的症状，即"吸入后马上引起呼吸困难，窒息致死"。

下面总结本次调查中的各种成果，对课题作一概述。

第一，本次调查的主要目的是调查是否有致死性毒气"黄剂"的使用案例，像前面所提到的那样，在辉教村、武军寺村、蟠龙镇、韩北镇、石台头村等地都发现了使用致死性毒气的痕迹。

当时辉教村中，很多村民没有毒气和医学方面的知识，只记得症状，认为是"肿起的包""癫病"，然而无意中描述的好像"现在农药中毒"却比较贴切。从"不知道什么原因死的，但所有的人身上都肿起了包"的口述判断是致死性毒气起的作用。

蟠龙镇还有连"病情"的原因也不清楚就死掉的事例。

蟠龙镇的三种病，是"疥癣、斑疹伤寒、疮"。武桃儿提到，直到调查团说明时都不知道为什么自己的身体会起水疱。安培茹以为身体糟糕的原因是传染病。蟠龙镇协助我们调查的年轻村主任是医生，说道："疥癣是传染病的一种，但不可能在那么广的范围传播"，他一直对传染病的说法表示怀疑。村民们在很长时间里都不清楚自己的受害原因，只是在已知病症的范围内治疗，且大多不具备毒气知识和医学知识，只隐约记得自己的症状。

关于疥癣，韩北镇的韩俊鸿展示了当时流传的一首歌谣。"疥癣像龙，手上有了，在腰上缠上两三圈，在两条腿的大腿上才算完"。疥癣1940年左右出现，1941年蔓延，1944年开始逐渐变少，1946年以后就最终消失。被称为"疥癣"的"病"1940年后在抗日战争中蔓延，这种症状还残留在村民们的歌谣里。这是不是因毒气而起姑且不论，村民们受到来历不明的病症困扰却是不可否认的事实。

八路军士兵以及军队相关人士具备毒气知识，武军寺村由八路军来消毒，卫生队的人告诉他们这是"腐烂性毒气"。八路军在赤峪村教给村民怎么防毒，指导村民"用尿弄湿毛巾，塞住口鼻防毒"。防毒的方法驳杂，辉教村村民"喝草药和绿豆汤"。蟠龙镇居民则是"用胡椒水洗""涂火药"等。这些处置方法的医学效果不明，但在没有药品的情况下也是不得已而为之的举措。关键在于，村民们中间，这种防毒方法传播范围很广，证明日军毒气攻击如何之猖狂。

第二，关于非致死性毒气"红剂"的杀戮问题。调查团的首要目的是检证致死性毒气"黄剂"的使用事例，但在当地口述中听到的却是杀戮时"红剂"的使用案例比"黄剂"要多。

因为"黄剂"是致死性的，所以目击者生还的可能性很低，可能由于这个原因，口述中出现的较少。此外，或许由于致死性毒气经常在两军交战的情况下使用，而在对村民攻击上使用频率不高；或者是日军知道"红剂"也能致命，没有必要在攻击村民时强行使用"黄剂"。原因多种多样，但最终显示的是此次调查中"红剂"使用事例远比"黄剂"居多。但这并不意味着日军的毒气攻击是非致死性的。许多村民被以"红剂"为主的非致死性毒气所害，故还需要对"非致死性"定义做进一步考察。

上零山村发生了日军将村民们关入小学校一间教室，用毒气杀死的事件。当时，民兵队长张宝亮有毒气常识，判断"日军使用的毒气是窒息性毒气"。日军使用的毒气不是致死性的"黄剂"，但此次事件使得46人被呛死。

西营镇任国宝口述："被毒气呛着的人飘飘忽忽，只是低下头不断呕吐黄色污物。吐了很多后，有的人症状会轻一些。在那个情况下孩子马上就死了，洞里的韩炳生也被烟呛到死了。"村民们为躲避日军侵略而逃到洞里，受到毒气攻击，在洞中被呛到死亡。这种气体具有非致死性"红剂"的特征，是村民死亡的重要原因。

北石渠村任明水口述："砰的一声，升起黄黑色的烟雾，刚开始不能呼吸，接着流泪、咳嗽，难以忍受。"这不是致死性"黄剂",而是非致死性"红剂"的特征。然而这种气体使"父亲和爷爷"死亡。可以肯定的是,非致死性毒气由于撒毒状况和被害者体质低下而具备了致命效果。

此外,可以想象,日军熏洞窟的目的是使躲藏在里面的村民投降,将疑似八路军战士的人带走拷问或者杀害。即便使用毒气是非致死性的,也是作为杀戮的辅助手段而使用的。国际法问题上关注的是,辨明是否使用致死性毒气与非致死性毒气。但需要明白,非致死性毒气也能致命。除此之外,也不能忽视频繁使用非致死性毒气作为辅助手段进行杀戮的事实。

关于非致死性毒气的问题,死于"辣椒"的事例很多。辣椒容易获取、便宜,使用频繁,所以从群众口述中听到非常多。但只是烧辣椒的话还不是毒气。被辣椒熏得呼吸困难的情形存在,但作为杀戮手段使用确实效率不高。有"辣椒气"这样的说法,也被称呼为"辣椒味"。但这显示的是毒气的臭味特征,还是真正的辣椒呢?不得而知。如果是真正的毒气,则展示的是致死性毒气的特征,而如果是真正的辣椒,则是朴实原始的武器。即便使用朴实原始的武器杀戮,也充分展现了日军对中国人民的非人道行为。

第 二 部 PART TWO

毒气战受害者的口述记录

　　1999 年和 2000 年，调查团分两次进行访谈，在合计
30 处调查地点收录了 50 多名口述者的口述、录像和录音。
我们的原则是尽量忠实地记录口述者的发言。

　　然而，中国农村地区大致相同，我们访问的山西各地
的农民语言基本都是与普通话有非常大差异的独特方言。
省会太原的人都不能完全听懂。所以，在录像回放中，由
山西省本地的日语老师将口述者的发言整理成标准汉语，
翻译为日语，并在两文对比中进行校对。经过这样的回放
整理，普通话与农民式的表现混杂在一起，啰嗦、不流利
的情况随处可见，遵照原则，我们尽量不做大的修改。

# 1999 年度调查成果

**1**

**日期**：1999 年 8 月 20 日 11 时 15 分

**地点**：山西省定襄县白村镇上零山村（人民政府）

定襄县城在太原东北方向约 80 公里处，是古代有名的佛教圣地，与五台山以西的八路军根据地相接壤。上零山村位于县城的东北端，五台山区与南方的太行山区相并列，是山西省八路军的主要根据地，周边的村庄也经常成为日军"扫荡"作战的对象，居民因此受害严重。因为日军性侵害事件而在日本提起诉讼的受害者的居住地盂县，就与定襄县的东南部相接壤。

1941 年 2 月，日军将许多居民关入学校教室，施放毒气，杀死 40 多人，这是日军在山西进行的大屠杀事件之一，中国各地的文献中经常提到。调查团选择此地为我们最初的调查地点。

**口述者**：张亮宝　男　77 岁　　　　张佩生　男　70 岁

杨金枝　女　76 岁　　　赵引心　女　77 岁
张申云　男　73 岁

站在村委会，日军毒气战发生现场。当时学校的房子现在已经毁掉了，事件的发生地已经什么都没有了。以前有南向的房屋 5 间，东向的房屋 6 间，北向的房屋 3 间。

（70 岁的妇女发言）8 岁时日军来的。老百姓们都骂："来这干什么了，想把全世界的中国人都杀光啊？"

**张亮宝**：我是上零山村的农民张亮宝，今年 77 岁。19 岁的时候是民兵队长。1941 年阴历正月十一，很多人刚吃完早饭，只有很少的人还没吃，村里响起枪声，村里的人都向东面、南面逃出去了。跑得晚的村民就被已经进村的日军发现了，害怕再跑就被敌人用枪打死，所以没敢再跑。

3 个日本人带着 40 多人的伪军进入村里，各处抢东西，以开会的名义把男女都赶到小学校（现在是村委会）里。其中有七八十岁的老人，也有十多岁的孩子，全部有 80 人左右。两个日本人戴着防毒面具，另外一个拿着机关枪。教室大概长 7—8 米，宽 3 米，中间有个高 70 厘米的炉子。男人们都让站在炕上。日军用刺刀向着村民，大家都战战兢兢地躲在墙角。妇女们都让站在地上。戴着防毒面具的两个人中间的一个，用这么高、这么粗的筒子（用手比画 30 厘米长，碗口粗），大概与现在的鞭炮一样，点燃开口处的引信，两个屋子里马上出来黑烟，一直冲到顶棚然后落下来，屋子里漆黑一片，紧紧挤在一起的人都互相看不见。毒烟让人喘不过气，咳嗽，打喷嚏。

日军关住门，守在门外。过了一会儿，烟雾把人呛得难以忍受。一个叫三毛的老头，站在窗子边，想从窗子那里呼吸点新鲜空气，两个日本人用刺刀朝左右一晃，那个老头马上就把头缩回去了。后来人们被呛得无法呼吸，砸窗子、砸墙，想逃到窗子外面。其中有个叫张二万的，原来旧式中学出来的人，向伪军队长张存根大声喊："混蛋张存根，想把我们用烟和毒杀死吗？"结果张存根马上用刀向张二万的腰里刺去。所以第一个死的人是张二万。之后3—5天的时间里，400人不到的村里，死了46个人。后来又有两个人被敌人抓住砍头了。

一个叫张银根的人也被赶到屋子里，因为忍受不了烟雾，从窗子里逃出去了，就是刚才大家看到的放柴火的那里。从屋子的西面跳下去后，看见有40多个敌人站在那里，马上就朝西南方向跑。敌人发现后马上就用枪啪啪地乱打，但根本没打中。学校过来的日军开了三枪，全部打到张银根的右胳膊上，张银根就倒下了。一个伪军过去检查，报告说："已经死了。"张银根才捡回一条命。那个日本人转过头来，看见一头骡子，就又开了一枪，还打了一只狗。枪里的5颗子弹都没有浪费。接着就带着伪军向北面走了。

**问**：日本人的名字叫什么？

**张亮宝**：不知道。

**张佩生**：那个日本人叫白村，是当时谭庄附近驻军的一个班长。

**问**：放毒气的筒子到底是什么样子的，看见了吗？

**张亮宝**：30 厘米长，碗口粗的筒子，像是点火用的东西。当时谁都害怕，没仔细看。

**张佩生**：当时村里有正月里串亲戚的习俗，现场的人还有其他村子里的。80 多名村民被赶进教室，被烟呛死的总共有 46 人。还有两个是被日军抓住后杀了的。杨金枝的丈夫就是其中一个，她也被烟熏了。冒烟筒子的形状究竟是什么样子的，谁也没有仔细看。

**问**：当时有几个人从教室里跑出来的？

**张亮宝**：只有两个人。刚开始的张二万被杀了，后来的张银根被日军开枪打了。

**杨金枝**：日本人来后一家一家地搜查。当时我们家里有 5 口人，公公一早到女儿家去了。丈夫叫张万岁，那年 23 岁，没有良民证，被认为是八路军，被日本人绑走了。没有钱，买不起良民证。婆婆想救他，被枪托打，刺刀刺。已经那个岁数了，被打得不轻，我马上把婆婆给拉住了。日军一个接一个地敲房子的门，喊着"出来"。刚开始说是开会，不能带孩子。接着，关门的时候，两个日本兵将抓到的孩子扔进来了。

我进教室的时候，房子里的人已经满了，大概有 80 多个人。伪军端着枪，用刺刀把村民往后逼。之后，两个日军戴着防毒面具，拿出像筒子一样的东西，在各处喷出三次黑烟。房间里全黑了，什么都看不到。站在炕上的人、站在地上的人都哭出声来。我坐在小板凳上，用袖子把嘴遮住来防住烟雾。别的人忍不下去，把自己的衣服和裤子脱下来盖到头上。不知道谁说，一定会中毒的，炕上的人都倒下叠在一起，也有把窗子弄烂想往外逃的人。敌人用刺刀向村民的头上挥。我的胸口像被针刺一样喘不过气来，在想，这样还不如死了算了。看见很多人都倒下了，敌人以为死了就走了，没有想到还有人活着。

**问**：打喷嚏了吗？

**杨金枝**：当然打喷嚏了。村民们又哭又嚎，学校里有一个盛水的甕，没有勺子，大家都用手往自己脸上、头上洒。

**问**：有呕吐的人吗？呼吸怎么样？难受吗？

**杨金枝**：也有呕吐的人，有一种辛辣的感觉，口渴难忍。妹妹一出去就吐了一口血死了。我从教室爬出去后，吐了很多，也吐血了。之后三个月说不出话来。之后的三年根本不能闻煤烟味。我丈夫被带到县中队，拷打 10 天后被杀。这次事件中，我们家是受害最深的。

**问**：你家里死了几个人？

**杨金枝**：丈夫、婆婆、丈夫的妹妹，大家都死了，只有我活下来了。

**问**：你看到的筒子是什么样子的，是什么颜色的？

**杨金枝**：跟大炮的筒子一样是灰色的。那时大家都害怕，吓得直打冷战。

**问**：记得确实是只有一个筒子吗？

**杨金枝**：确实是只有一个。（生气）只有那我们就已经受不了了。

**问**：放了几次毒气？

**杨金枝**：放了一回就成这样了。放几回……（你们这是在想什么）那一个筒子在这里和那里放了两次。

**问**：当时的毒气是让人打喷嚏的，还是喘不过气的？

**张亮宝**：那天用的是窒息性毒气，腐烂性毒气用衣服捂住的话就能防住。张申云的两个哥哥当时被呛着了，躺下后还有呼吸，起来后就没有气了。

**问**：教室有多大面积？

**张亮宝**：现在教室的两倍，一半是炕，一半是地。七八米长，宽不到三米，面积有 24 平方米。

**问**：当时村里的人口有多少？

**张亮宝**：300 多人。

**问**：进了教室的有多少人？

**张亮宝**：大概有 80 个，其中死了 46 个。

**张佩生**：以前的学校毁坏有 20 年了。原来朝南的房屋有 5 间，朝西的房子有 6 间，朝东的房子有 3 间。那年我 12 岁，自己经历了毒气战。我的奶奶、叔叔、婶婶都死在教室里。日本人来了无恶不作，村民们中毒后呕吐。

**问**：你们家死了几个人？

**赵引心**：我们家里 7 个人中毒死了。我的丈夫、婆婆、妹妹，两个哥哥以及嫂子。大家都来我家避难。丈夫吐了 4 脸盆黑血。

**问**：知道当时日军为什么来这放毒气吗？

**张亮宝**：县中队（中国军队）在这个村子里待了两个晚上，一个叫花子告诉他们（日军）的。据说是用毒气来复仇。离村子 9 公里的地方是日军据点。事实上在那四年里，日军随时就来，想干什么就干什么。

## 2

**日期**：1999 年 8 月 20 日 16 时 50 分

**地点**：山西省定襄县城郊王进村 131 号（李书林家）

王进村在定襄县城近郊，我们的车陷入泥沼里几个小时，几乎不能前行，此处的道路糟糕。

1938 年 5 月初，该村遭到日军"扫荡"，男女老少 1000 多人被屠杀，很多房屋被烧毁，这一"王进村惨案"记录在山西省人民检察院编著的书里。书中没有关于毒气的记载。

**口述者**：李书林　男　83 岁

**李书林**：1937 年日本人占领了定襄。驻在忻县，城墙上还架着大炮。（阎锡山的）新二师在阴历十二月来到这个村里。一个中队五六百人。第二年的四月初五（阴历）在一个叫智村的村里杀了几个村民。初七准备离开时被崔家堡（地名）的保安队挡住了。日本人进村，烧了四五百户房子，杀了 50 多个人。（日本人）去了北西梁，接着往更远的地方去了。新二师叫了五台县的人，趁着黑夜在龙门村和崔家庄之间挖了地道（村西北方向）。地道的入口有 6

米宽，中间有 4.5 米，深大约 3 米，长有 20 公里。中间有掩护，底下有荆棘。

八月初（阴历），日军飞机从五台县飞来，从空中侦察了一天。第二天凌晨，日军来了，在很远的地方都能听到枪声，战斗非常激烈。村庄的入口有新二师的总部，那个地方有机关枪，没有支援。日军没有到那里就返回去了。没过多久又来了，开始攻击。那时候太阳已经升起了，我们都逃了，父亲和我往村外跑。从路上碰到的人那里听说，村里被施放了毒气，毒气一嗅就很麻烦，不论男女，听说喝尿就能好一些。

过了一会儿，天空中飘着像云一样的灰色烟雾，有一股像辣椒一样的辛辣味道。闻到后，吐出来的是黄色秽物。据说是辣椒气，实际上是毒气。闻着辛辣，让人流眼泪、打喷嚏，新二师的人宣传说马上用尿淋湿的衣服护住口鼻就没事。这种毒气是灰色的烟，笼罩着村子。新二师的士兵伤亡惨重。中毒丧失战斗力的士兵，被日军用刺刀刺死了很多，村子也被日军占领了。村里大部分村民一大早就跑掉了，死的人很少。一个叫李善义的 60 岁老头中毒死了。那种毒气过上两个小时就逐渐散掉了。中毒的人都吐出许多秽物。到了第二年，村里的树木根本没有发芽。

## 3

**日期**：1999 年 8 月 21 日上午

**地点**：山西省榆社县第八中学校址

榆社县的县城在太原南面约 90 公里处，是通往长治方向的铁道要塞。另外，也是相当于八路军太行山根据地门户的重要军事据点。听说 1940 年"百团大战"时，日军在这个县城使用了毒气，所以我们与当地人开始接触。

《榆社县志》486 页记载，1940 年 9 月 23 日深夜，八路军攻击日军最重要的据点第八中学，开始激战。第二日夜晚，日军施放大量毒气。日军 25 日晚间时分已经撤退，但据记载这个时候又施放了一次毒气，没有受害记录。

**校长**：第八中学的牌匾被打成两半，其中一部分放在县博物馆。该学校是 1919 年建立，今年是成立 80 周年。1940 年"百团大战"时，八路军与日军在此处激战。

**问**：还想知道详细一些。

**校长**：原来的地方已经没有了，但是以前的学生在重建学校的时候发现了很多遗骨。县志里有毒气战的记载。

## 4

**日期**：1999 年 8 月 20 日下午

**地点**：山西省榆社县河峪镇辉教村（口述者石友杰家中）

辉教村在县城西北约 25 公里处，是县西部南北走向的道路上的要塞。我们关注的是对"百团大战"进行报复时，日军撒下 Yperite 毒剂将村子毒化。

这一记录是基于独立混成第 9 旅团永野支队的战斗详报和命令书，根据该文件，1940 年 9 月 13 日永野支队"将辉教村附近敌人歼灭完毕""对辉教的炮击与毒化完毕"。

该资料还记载了辉教附近毒化的示意图，其中展示了永野支队在八月末至九月中旬使用了"红弹"62发、"黄弹"47发。

**口述者**：孟明全　男　75岁　　石友杰　男　70岁
　　　　　村党支部原书记
　　　　　石新华　男　65岁　　白守银　男　71岁
　　　　　何闰四　男　72岁

**问**：当时年龄多大？

**孟明全**：十三四的时候（闲谈到毒气之后）。

**问**：当时起的疮，是在手上，脚上，还是在身体上？

**孟明全**：身体上都有，刚开始在手指中间，后来到胳膊上，接着全身都有。

**问**：日军来的时候是哪一年？1938年、1939年，还是1940年？

**孟明全**：哪一年已经忘记了，我13岁的时候，这儿没有战斗。

**问**：日军飞机来的时候是哪一年？

**孟明全**：1938年。

**问**：日军来村里干什么了？

**孟明全**：杀人、烧房子。村里房子只剩两间了。

**问**：当时村里有多少人口？

**石友杰**：村里有400多口人，有90户，现在有300户了。

**问**：日军只来过一回吗？

**石友杰**：不是，日军侵略中国后，每年都来好几次，杀人放火。平常是夏、秋，以及年末年初时来。来得多的是大队，大部分是中队，最后大"扫荡"的时候来了几百人。

**问**：死了多少人？

**石友杰**：杀了七八个人，烧了很多房子，结果只剩下两栋。

**问**：水疱是日军走后马上出的吗？

**石友杰**：飞机撒毒之后的事情。

**问**：是什么气味呢？

**石友杰**：说不出来是什么，刺激性的气味，很呛。

**问**：闻了气味后，有什么感觉呢？

**石新华**：当时，村民们什么感觉都没有，飞机飞走后，才发现有两种中毒症状。

**问**：日军撒毒之后多长时间发现的？

**石新华**：20天后，或者半个月后，七八天后发现的人也有。那时即使发觉也不知道原因。一个是肿痛，另一个是叫"癞病"的皮肤病。

**问**：得那种病的人多吗？

**石新华**
**孟明全**：九成村民都得病了。没有症状的人接触后，也被传染了。

**问**：疮是什么样子的呢？

**石新华**
**孟明全**：那种疮刚开始是红色的，慢慢变黑，中间有白黄色的脓水，又痛又痒。像水疱，就和现在的农药中毒一样。

问：当时村里究竟有多少人起了这种疮呢？

**石新华**：当时，全村 300 多人基本上都得了这种病，加上没有医生，大家只能忍着等它痊愈。

问：有没有因为这个而死的？

**石新华**：有没有不清楚。或者，死于什么原因也不清楚，几乎所有的人身上都是这种疮。

问：撒了几回毒呢？

**石友杰**：一回或者两回，像雾一样。

问：飞机经常来吗？

**石友杰**：是的，经常来。

问：八路军在此驻扎过吗？

**石友杰**：不是驻扎，是经过，停留上几天然后就又走了。

问：日军来过几回？

**石友杰**：至少来过二三十回。

问：当时为什么会有"三光"政策，知道吗？

**石友杰**：完全不知道。

问：杀了多少人？

**石友杰**：总共杀了 20 多人。

问：日军在这里开过炮吗？

**石友杰**：有。

问：还记得吗，开过几回？

**石友杰**：日军朝这个村里开过两回炮。

问：两次开炮都是同一年吗？

石友杰：第二回是在第一回的第二年。第二回时，日军从北面向村子里开炮。

问：当时八路军在吗？

石友杰：在，八路军在的话就开炮。（日军）从山顶上用望远镜看见了，发射了三发炮弹。

问：炮弹全部炸到村里了吗？

石新华：第一发打中村里的戏台，第二发把山上的房子打坏了。第三发的时候，蹲着的八路军趴在了地面上，炮弹的弹壳从空中落下来，尘土乱飞。看见什么动静也没有，日军就回去了。

问：回去之后，疮起来了吗？

石友杰：没有，没出。村民们都逃走了，日军走后才回来的。

石新华：日军不让（我们）吃东西，粮食都和土混在一起了。简单地说，辉教村不是维持村，而是共产党的根据地。

问：飞机是什么季节来的，详细告诉我们飞机下雨的情形？

石友杰
石新华：1938 年秋天，日军飞机飞来，那时村民都以为是下雨。七八天后，起了又疼又痒的小水疱，还流出黄色的脓水。八路军在村里住过，后来就转移到山上，日军的飞机是从太谷来撒毒的。白天的 12 点左右，三架飞机飞得很低，像喷气式飞机那样，撒了像雾一样的东西。我们以为是雨，实际上不是雨，而是像烟雾一样的东西。

问：村里有民兵吗？

**石新华**：有。

问：有多少人？

**石新华**：不多，有八九个人。所以日军从第一次开始，每年来三回，过年准备的东西被抢去很多。

问：日军最后一次来是什么时候？

**石新华**：最后一次来是 1939 年还是 1940 年，记不太清楚了，春天。村里的牛羊都被赶到太谷去了。

（**后面又追述**）一个包扎着绷带的伤员被认为有八路军嫌疑，被杀了。村里的牛 300 头、羊一千七八百头（都被抢走了），而且房子基本上都被烧光了。"癫病"半年后才痊愈，还有失明等症状，根本不知道原因。

问：日军撒毒之外，还来过吗？

**石友杰**：在那一年前日军来过，只是侦查，（然后）就回去了。过了一段时间才撒的毒。

问：飞机撒了两回毒吗？

**石新华**：那天早上（天未亮），飞来两架飞机，但没有撒毒。中午时分，三架飞机飞来，撒毒和传单。像雾一样的东西。

问：当时村里有多少人口？

**石友杰**：400 人左右。

问：中毒人的比例有多少？

**石新华**：八成以上的人中毒了。

问：那个病多长时间治愈的？

**石友杰**：半年或者一年后病才好。

**问**：几天后发现撒了毒的？

**石友杰**：大约过了 10 天到 20 天，才发现有奇怪的病症。

**问**：撒毒就只有那个时候吗？

**石友杰**：是的，只有那个时候。

（*山西省史志研究院的赵健先生听了村民的话之后作了如下整理*）村民的话里混杂着如下的事实，飞机撒毒是在秋天，晚上村民脱衣服时会蹭着皮肤，那是慢性中毒。"癞病"这种皮肤病是因为不卫生引起的，开炮的不是毒，飞机撒下的像雾一样的东西是毒。

## 5

**日期**：1999 年 8 月 22 日 10 点 50 分

**地点**：山西省武乡县漆树坡村（武来水的家）

武乡县与榆社县的南面接壤，东部是太行山八路军根据地的核心部分，八路军司令部经常驻扎在此处（关于中日战争中的武乡县，前面有详细记述）。漆树坡村在武乡县城西南 6.7 公里处。附近为黄土高原特有的纵横连绵的侵蚀山谷，村庄在该平台之上。窑洞住宅很多。

漆树坡村农民的"被熏"事件之前在《抗日战争中的武乡》中的《漆树坡村窑洞防卫战》曾经提到。此外，该村的入口处还建有颂扬这次战斗的纪念塔。1994 年日本摄

影家相马一成（第二年调查时随行）将此作为八路军根据
地的中枢，了解武乡县农民的毒气受害情形，访问了该地，
并听取了相关讯息。他所著的《被放置的毒气》就是此时
的记录。

**口述者：**武来水　男　77岁

李晋仙　女　74岁（二人为夫妇）

**武来水：**我有三个儿子，两个在潞安矿务局工作，三
儿子住在村里。

**问：**我们想知道洞穴里放的东西是什么？

**武来水：**1943年阴历六月十五清晨，日军袭击漆树坡
村。那一年，我16岁（21岁或为口误），是一个民兵。这
个村子是老根据地，日本兵经常来此讨伐。八路军潞南事
务所在这村驻扎，姜一（湖南省委原书记）担任政治委员。
我于1945年正月离开家当兵，一直到1956年回来的11年
间，一直与他一起工作，一起战斗。

**问：**还记得山洞吗？

**武来水：**是的，我在山洞中待过。我记得的山洞防卫
战是这样的。当时的战术是被称为麻雀战的游击战战术。
敌人来了，马上转移到其他地方战斗。那一天，东面的山
洞办事处的正式机关被60多人的特务和伪军（俘虏）封住
了，必须把他们转移到其他的地方，命令是拼死守住西面
的山洞，尽量把敌人缠住。西面山洞大致能装40—50人。
我们12个人组成一组。敌人来了，我们就马上钻入洞中。
日军进不了山洞，将我们没有带进山洞，留在外面的被子

点燃，将烟雾往洞穴里吹。

问：日军用来熏的是什么东西呢？

**武来水**：将被子点燃，将一个四方形的东西用什么包住，是不是毒不知道。我们被呛得无法忍耐，马上钻入旁边的洞穴，将连接两个洞穴的道路用羊毡、土隔开。日军发现后，在对面的山丘上放置两门大炮，开了十二三炮。洞穴的入口被轰塌，大家都被埋入土中没有了呼吸，失去了意识。之后，敌人将山洞的入口挖开，空气进来之后，大家才恢复呼吸。

我们被从山洞中拉到了外面的石壁之下，那里有坐着的村民，我们什么也不知道，一直躺着。在那个地方死了七个人，还有三人被带往沁县，在南厅（地名）杀了一个，另外一个人失去意识，没有跑掉，我趁敌人不注意跑掉了，所以那时候只留下我一个人了。光着脚，被石头和刺扎了也没有感觉。

在山洞中死了两个人。一个人死于炮弹，一个是站岗的士兵，被埋到日军发炮崩落的土里死掉了。他的母亲为了救儿子向日军恳求，也被炮轰死了。那个士兵的妻子生孩子才三天，身体虚弱，被大炮的烟雾熏死了。

问：日军熏的吗？

**武来水**：日军开炮前用烟熏的，一种说不出来的辛辣气息。

问：流眼泪了吗？

**武来水**：人们都睁不开眼，也一直咳嗽。

问：与烧秸秆的味道一样吗？

**武来水**：比那个辛辣，刺激性的味道。但是没有死人，村民们马上转移到其他的山洞，用羊毡和土将连接的道路隔开。后来日军又开炮，炮弹的烟使上了年纪的奶奶和儿媳妇呛死了。刚开始用被子熏时没有死人。

**李晋仙**：我丈夫被呛，然后被抓住了，晚上回来的。

**赵健**：炮弹的味道不会呛着，可能是毒气弹，杀了多少人？

**武来水**：7 个人。

问：有没有被烟直接呛死的呢？

**武来水**：没有。

问：知道日军熏了几次吗？

**武来水**：只有那一次。

**李晋仙**：（朝着武来水）你的母亲不是被日军杀了吗？

**武来水**：我的母亲是被日军杀了的。

**李晋仙**：现在想起来还恨吗？

**武来水**：现在说什么日本人也不会明白。

问（**翻译**）：这些日本人这次来就是为了好好调查这个事情，告诉其他的日本人。

**李晋仙**：即使这样也起不了什么作用，日军杀百姓，大家都恨日本人。


# 6

**日期**：1999 年 8 月 22 日下午

**地点**：山西省襄垣县西营镇（镇政府党支部会议室）

襄垣县与武乡县的南部接壤，该县位于太行山区的西南部。西营镇在县的北端，接近武乡县界，现在大约有1000户。文献记载中出现了两次日军在西营镇用毒气杀害避难村民的事件。一次是战争初期的1938年4月，第二次是百团大战后"扫荡"的1940年9月。前者被记录为"西营惨剧"，日军杀死200人，投掷毒气弹杀害逃入山洞的村民70多人。

1940年的毒气战则杀害逃入洞中的13名村民，战后村民向检察院提出控诉书，有日军战犯的供述书，残留着详细的记录。前面提到的相马一成与被害者见面，留下口述记录。此处保留着太行山区毒气战的确切资料，我们对此地进行了再次调查。

**口述者**：任国宝　男　56岁（*父亲为1945年审判日本战犯的审判庭上出场的证人。当时的另一位证人是日本人，时任223联队第2大队代理中队长千田谦三郎。*）

**问**：能谈谈当时日军放毒气的事情吗？

**任国宝**：日军是在韩炳生引导下发现山洞的。山洞中有两层，日军放毒时，山洞上层有防护的办法，没有熏着人，下层藏着的人死了13个。死者当中有我的哥哥任先宝（当年12岁）和姐姐任小爱（1岁多）。哥哥和姐姐死后，我于1943年出生。

**问**：听说当时的情况了吗？

**任国宝**：据说当时被毒气熏到之后，人们都感觉轻飘飘地，低下头，不断呕吐黄色的污物。有些人吐出很多后会好一些，孩子们当场就死了。进入山洞的韩炳生也被烟熏死了。据说其他的洞穴里死了六七十人。

**问**：有还活着的知道详细情况的人吗？

**任国宝**：经历当时事件的人现在基本都死了。我的母亲还活着，但已经说不出话了。当时大家只是不断呕吐黄色污物。

**问**：还记得什么事情？

**任国宝**：我听说过关于毒气的事情还有很多，但知道的并不详细。只知道自己家里人的详细情况（之前提到的）。听说任和尚（人名）死了全家13口人（注：当时13口人并不全是任和尚家族）。

当时为了躲避日军侵略，村里的人都挖了地洞。也有相邻的人一起挖地洞的。地方大概是在自己院子底下和水井下。这个洞是我的父亲利用原来的灶台挖的，里面藏的都是亲戚和邻居。

**问**：父亲就当过一次证人吗？

**任国宝**：1954年最高人民法院的人来调查的时候，我的父亲是证人。

# 7

**日期**：1999年8月23日9时45分

**地点**：山西省左权县桐峪镇武军寺村（村委会）

左权县在太行山区的北部，与榆社县、武乡县的东部相接壤。左权县被视为连接北京到太原的铁路干线进入太行山区的关口。战争中被称为辽县，八路军指挥官左权将军在此壮烈牺牲，遂改名为左权县。县境最左端的麻田一段时期内是八路军总部所在地，是革命根据地的重要据点之一。武军寺村距离麻田很近，背后数十米的悬崖峭壁高高耸立。

《细菌战与毒气战》中记载，1942 年 2 月，日军"扫荡"该村的时候，散布腐烂性毒气，从当时的新闻报道中看，村里男女老少都尝到了痛苦滋味。此村庄是芥子气受害的鲜活案例，于是，调查团开始了对该村的调查。

**口述者**：李海宽　男　70 岁　　王恩换　男　62 岁

　　　　　王金水　男　71 岁　　赵乃云　男　75 岁

**李海宽**：抗日战争时期，武军寺村是八路军总部所在地，彭德怀在此停留。日军经常来此"扫荡"，每年三回，夏秋收获季和年末年初的时候。敌人比我们强，敌人攻来的时候，八路军就马上撤退。

**问**：首先请告诉我们有关放毒的事情。

**李海宽**：大概是我十五六岁的时候。正好是阴历的腊月，日军来了，八路军撤退了，百姓们都逃到山里去了。日军想把亚麻点着，点不燃所以在亚麻上撒毒了。日军走后，百姓们回到村里，一沾到，手上和胳膊上都马上起了水疱，过了一会儿就腐烂了。这就是所说的腐烂性。

**问**：当时大家都沾到了吗？

**李海宽**：当时我们都还小，没有沾到。

问：接触毒的人还有活着的吗？

李海宽：当时还小，什么都不记得，比我们年龄大的人基本上都死了。活着的话，也已经是 80 岁以上的人了。那时候有大概 10 人中毒，其中有二猪（本名赵炳成）、姜小蛋、小赖（本名王喜来）等。

问：孩子们有谁中毒了？

李海宽：大人们比孩子回来得早，从而沾到毒了。后来八路军回来后，将沾毒的地方全部消毒了，才能用了。

问：放毒的时候是冬天，还是秋天，还记得吗？

李海宽：放毒气是在 1941 年阴历的腊月，即 1942 年的 1 月份左右。百姓没有过好年的，就是因为撒毒。

问：看见过中毒的人吗？什么地方起水疱呢？

李海宽：中毒的人的手、胳膊、肚子上起水疱，皮肤腐烂，接着范围逐渐扩大。八路军回到村里后马上戴上防毒面具开始消毒。八路军的卫生队在村里停留，告诉我们这是腐烂性的毒造成的。发现得早，而且因为是马上治疗，所以没有死人。

问：点燃亚麻时，发出了什么气味？

王恩换：点燃亚麻进行消毒的时候，大家都藏起来了，所以不知道是什么气味。

问：中过几回毒？

李海宽：还有在水里撒毒，中毒就只有这次。当时八路军谁也没有中毒。

问：听说还有在武军寺、麻田以外的地方放毒的。

**李海宽**：可能有吧，不太清楚。

**问**：日军来时你们去哪了？

**李海宽**：日军来时，我们都逃到山上了，不在山洞，就在树林子里。每天背着水，一天只吃一顿饭。日军也上过山。有一次，日军进了山谷，爬到了山顶。突然发现一个人，两三个日本人就上去了，接着又发现两户村民，就将那 10 个人都杀了。

**问**：经常往山上逃吗？

**李海宽**：我们每年往山上逃三四回，抗战八年间逃了24 回。五月份小麦收割，秋天收获，旧正月的时候日军就来了。抢东西，打人。想到这些，百姓至今也愤恨不已。真的受了很多罪。

民兵们用自己造的枪向日军射击后，就马上跑了。但是日军抓回来的百姓，又打又杀，死了很多人。这个村也被称为屈原村。

**问**：这个村子八路军驻扎过吗？

**李海宽**：这个村子驻扎过八路军一个连。八路军的战术是敌攻我退，抵抗不了就躲在山里。我的叔叔赵五四就发了句牢骚："日本人也是人，为什么要欺负我们？"后来就被日本人抓到黎城给杀了，一点也不宽容。

**王金水**：（指着旁边坐着的老人）他叫赵乃云，耳朵听不见。他十八九岁的时候参加了民兵，被日军抓住后打得很厉害，还被刺刀扎过。

**李海宽**：还有一个叫赵炳云的人，当时被日军用刺刀扎后，用石头压在马槽那了。不过，被民兵发现后才得救。

问：前后死了多少人？

**李海宽**：战争时期，前后死了几十个人。

问：当时村里有多少人？

**李海宽**：400 多人。

问：中毒的人有多少？

**李海宽**：中毒起了水疱的人大概有 10 个。

问：那时候没有注意到撒过毒的东西是湿的吗？

**李海宽**：没有痕迹注意不到，沾到后就会中毒。后来八路军回来，告诉大家不要接触有毒的东西。

问：日军为什么会撒毒，知道吗？

**李海宽**：说到什么原因，可能是觉得村里有几栋漂亮的房子，以及寺庙是八路军干部住着的，将他们用毒杀死吧。

问：什么地方还有毒？

**李海宽**：在生活用具上撒毒，炭的上面，柴火上面都有。

问：那时候八路军不在村里吗？

**李海宽**：嗯，大家都跑了。结果百姓们先回来，根本不知道有毒的事情。

问：什么痕迹也没有吗？

**李海宽**：是的，一用就会中毒。

问：水疱、腐烂，多长时间后才痊愈的呢？有伤疤吗？

**李海宽**：中毒的人一两个月后慢慢好了的，肚子和手上留下伤疤。

问：中毒的人有后遗症吗？

**李海宽**：一个人中毒后，两只手都没了。

**问**：有没有眼睛和喉咙受伤的人？

**李海宽**：没有。

**问**：都是皮肤伤吗？

**李海宽**：是的。

**问**：听说过中毒后手腐烂的事情吗？

**王金水**：失去双手的人名叫李茹香，在麻田中毒的。那时候只有十多岁，和这个村里的人结婚时，两只手都烂掉了。

**问**：那个妇女有孩子吗？

**王金水**：28岁就死了，孩子是收养的。日军来村里撒毒的时候，村里一个人也没有。一个日本人将小孩子用刺刀刺死后扛在肩上，孩子们都哭了，那个景象非常惨。

**问**：是往村里放的毒吗？

**李海宽**：不是村里，往几间房子的院子里。

**问**：当时放毒的院子还在吗？

**李海宽**：不在了，大"扫荡"的时候被烧了。


## 8

**日期**：1999年8月23日上午11时37分

**地点**：山西省左权县麻田村八路军总部纪念馆

**口述者**：赵庆　男　70岁　李牛虎　男　72岁

**问**：我们来这里，是想知道日军使用毒气的事情，听说过吗？

**赵庆**：有是有，当时得肺结核、斑疹伤寒、"癫病"的人很多，死的人也很多。

问：日军来之前，有没有斑疹伤寒？

**赵庆**：没有，只有抗日战争期间有。

问：听说过皮肤腐烂的事情吗？

**赵庆**：听说过，但不知道详情。

问：武军寺村有一个从麻田嫁过去的叫李茹香的人，听说她的手已经残废了，你们知道吗？

**李牛虎**：那个女人好像是感染了斑疹伤寒。

问：你们听说过接触到家里什么地方就会中毒，皮肤腐烂的事情吗？

**赵庆**：没有，但听说过喝水中毒的事情。

问：知道为什么喝水会中毒吗？

**赵庆**：那个谁也不清楚。

问：日军经常来"扫荡"吗？

**李牛虎**：是的，年末年初，夏秋收割季经常来。短的话一周，有时来半个月，二十天。

问：那个时候怎么办呢？

**李牛虎**：我们背上水逃到山里，一天只吃一顿饭。


## 9

**日期**：1999 年 8 月 24 日上午

**地点**：山西省黎城县东崖底镇（粟金德家）

黎城县与武乡、左权两县的南部接壤，广阔县域控制着巍峨耸立的太行山脉的南部。东崖底镇险峻山脉的山洞距离左权县很近，黄崖洞还有八路军的兵工厂。1942 年 2 月，日军在这一地区进行大规模"扫荡"，散布了大量的芥子气毒剂。这些在陆军习志野学校的《支那事变中的化学战例证集》中有记载。这是记录日军在山西省使用芥子气最为详细的资料。所以，我们将这一地域作为重点调查的地域。

《支那事变中的化学战例证集》中记载，日军第 36 师团 223 联队的特殊部队，在 2 月 8 日至 15 日间，对兵营、山洞、工厂等地使用了 300 公斤的"黄剂"。中国方面有数千人中毒，其中死亡将近一半，这种毒气的使用效果非常巨大，还附有注明毒气散布区域的地图。八路军的报纸也对这一情况进行了大规模报道。

**口述者**：粟金德　男　68 岁

**问**：我们想知道日军使毒的事情……

**粟金德**：使毒的事情基本上没有。我原来在黄崖洞附近住。那是老根据地，柳沟、黄崖洞、苏姑屯都是八路军的秘密兵工厂。八路军在那里做武器，柳沟主要是做手榴弹，黄崖洞主要是做炮弹等一些东西，那里制作的步枪被称为"朱德造"。当时炮弹的生产分为几个地方，首先在黄崖洞将手榴弹拆开，接着在柳沟组装，最后在苏姑屯检查后完成。主要是迫击炮。

**问**：那个时候日军在什么地方驻扎着？

**粟金德**：日军在潞城县魏子镇，左权县，河北省的涉县等地驻扎着，每年来"扫荡"三回。春天播种，夏天、秋天收割，还有年末年初的时候。

问：日军攻打黄崖洞的时候你在哪呢？

**粟金德**：我还很小，当不了民兵，就在山上。我的叔叔是民兵。

问：还记得那个时候的事情吗？

**粟金德**：记得。日军花了 40 天时间攻下了黄崖洞。使用的是迫击炮、重机关枪，不是从黎城（南面），而是经过西面的武乡，从一个叫左会的斜坡处攻来的。那里有碉堡，敌人从后面攻来，陷落了。对面的山上是峭壁，与敌人作战死了很多人，最后有几个士兵从山顶上跳下来了，所以在那修了纪念碑。

问：记得日军开炮的事情吗？

**粟金德**：记得。开炮的时候升起灰色的烟，一直打到黄崖洞入口。入口很小，炮弹进不来，只打到周围的石头上。

问：有什么味道呢？

**粟金德**：当时我们藏在距那里两公里远的地方，完全没有嗅到味道。

问：当时去参加战斗的，离那里比较近的，还有活着的人吗？

**粟金德**：有。

问：这个村里有吗？

**粟金德**：已经没有了，离黄崖洞 5—6 公里的地方有。

问：知道一个姓张的人吗？

**粟金德**：知道，名字现在想不起了，还活着。

问：活着。一个叫张书香的人今年 70 多岁。当了几年民兵。你今年多少岁了？

**粟金德**：今年 68 岁整。

问：当时还挺小。

**粟金德**：是的。

问：这个村子日军来过吗？

**粟金德**：来过。

问：那时候在这个村里住着的人还有谁活着吗？

**粟金德**：当时我不住在这个村里，之前住着的人基本上没有活着的了。听说有一个叫南陌村的地方，南面山麓的一个小山洞中，日军点燃的草烟熏死了 18 个人。

问：光是草的话能把人弄死吗？

**粟金德**：肯定是沾过毒的。那时候敌人拿着机关枪守在山洞外面，洞里的人全死光了。这个事情大家都知道。

问：当时知道日军是在使用毒气吗？

**粟金德**：完全不知道，只知道日军发射的是臭臭的炮弹。

问：这个村有没有因毒气而死的人。

**粟金德**：我们村里没有因毒气而死的人，因为战争而死的人不少。听说过日军发射的臭臭的炮弹使几个人死了的消息。

问：知道毒气是什么气味吗？

**粟金德**：详细情况不知道。我是 1944 年当兵，1950 年后回来的，现在有 6 个孩子。

## 10

**日期**：1999 年 8 月 24 日下午

**地点**：山西省黎城县东崖底镇下赤峪村（张书香家）

前面提到的东崖底镇南面 4.5 公里的一个小村庄。向导告诉我们，这里有作为民兵参加黄崖洞战斗的人。

**口述者**：张书香　男　77 岁

**问**：当时你多大了？

**张书香**：我 18 岁。

**问**：是民兵吗？

**张书香**：当民兵了，当时一直住在贫瘠的山里面。八路军的炮兵团总部在山上，团长武亭是朝鲜族人。当时共产党第六次代表大会上，主席号召在根据地建立小型兵工厂，为前线供应武器。响应这一号召，1939 年 7 月，在朱德、彭德怀、罗瑞卿、左权等领导的支持下建立了兵工厂。随着战争发展和解放区的不断发展壮大，民兵需要的武器也越来越多。兵工厂主要生产小型铁炮、步枪、地雷、手榴弹，特别是生产马尾弹等。刚开始时扔出去在空中就爆炸了，陈志坚技师不知用了什么方法对马尾弹做了改进。

**问**：日军来黄崖洞是什么时候？

**张书香**：日军第一次攻打黄崖洞是在 1940 年 9 月 24 日，在此之前的阴历八月十六下午 4 点左右，日军两架飞机飞来，在兵工厂的上方散发宣传单。

**问**：宣传单之外还有什么吗？

**张书香**：没有了。

问：你们看到那个传单了吗？

**张书香**：是的，捡到了。

问：上面写的什么？

**张书香**：我们看不懂，好像是写着要攻打兵工厂。9 月 24 日，日军来到黄崖洞，3 天后我们守不住了，当时主力部队去参加百团大战了，晚上 9 点工厂被日军烧了。后来民兵回来后又将工厂恢复了。1941 年做的武器足够装备一个连。

1941 年阴历九月二十三，日军又来了。这次没有飞机，八路军从山上投掷马尾弹，就向后撤退，进入地雷区域，死了 200 个敌人。当时民兵的士兵都拿着很多枪和子弹。

现在还记得当时战斗所唱的歌谣，歌词是这样的："太行山上有八路军，为了消灭日军，日军'扫荡'作战时被地雷炸了 200 人，侵略者四散逃走。东洋人来'扫荡'，到处都被八路军打败，八路军和民兵的胜利，使敌人吓得关了城门。"

问：两次战斗都参加了吗？

**张书香**：是的，都参加了。当时我属于第 7 中队，中队长叫彭志海，在中国南方的一个地方疗养，今年大概有 80 多岁了。他是个非常勇敢的人。敌人攻来时，我们都无法隐蔽，就向山谷间撤退，还向下扔巨石和马尾弹。日军攻不下，僵持了一整天。那一天是雨夹雪，山上道路都是雪。5 天后，敌人又攻打另外一个地方，一个叫桃花寨的村子。在山麓上支起 14 门大炮，开始炮击，花了很长时间都攻不下，最后使用了毒气、喷火器和燃烧弹。

问：那个时候你在哪呢？

**张书香**：我在山上。

问：是你亲眼看见的吗？

**张书香**：我亲眼看见喷火器和燃烧弹了，特别是喷火器，从很远的地方喷火出来，烧得很高，看到衣服被烧着的士兵在地面上翻滚。

问：日军的主要目标是哪呢？

**张书香**：桃花寨。敌人拼命攻击，桃花寨也陷落了。后来向西北方向猛攻，我们不得已撤退了，很悲壮。

问：日军放毒气时是什么样子的？

**张书香**：我没有看到过。

问：听说过什么吗？

**张书香**：毒气，听说就是用尿淋湿的毛巾掩住口鼻就能防毒。

问：毒气弹是什么样子的呢？

**张书香**：不知道。

问：有什么气味呢？

**张书香**：不知道，喷火器使八路军士兵在地上打滚，身上全是伤，送到医院了。

问：知道放毒气后会变成什么样子吗？

**张书香**：中毒后，虽然死不了，但脑子根本不好使了。

问：看到过那样的人吗？

**张书香**：医院在一个叫拴马的地方，我往那边搬运过伤员。在那边的马槽里住过一晚，晚上非常冷。

问：看到是什么样子的？

**张书香**：看到伤员身体上黑色的伤、黄色的伤连续不断。

问：那时候负伤的人还有活着的吗？

**张书香**：那些伤员现在还活着不活着，不知道。

问：当时的伤员有多少？

**张书香**：不知道，我只知道往那搬运伤员。

问：那个医院的医生和护士还有活着的吗？

**张书香**：不知道，不能随便去医院。

问：你搬运的伤员是什么状态呢？

**张书香**：相对比较轻，用我的骡子运过去的。第 6 中队的联络员，战后当了武汉一个军管区的参谋长，带着家人来看过我。那时候连长是叫欧子富的广西壮族人，红军经过广西时当兵的。

问：他中毒了吗？

**张书香**：一天中了两回毒。年末、年初、收割的时候，日军来了，烧村里的房子，追骡子，杀了村民 40 多个，伤了 10 多个。

问：那个村子叫什么名字？

**张书香**：村子叫下侧峪。前面说的是 1942 年 1 月份的事情。

问：中毒的人，除了黄崖洞以外，还有别的地方的人吗？

张书香：不知道。

问：你往医院送过伤员吧？

张书香：医院中除黄崖洞的人之外，还有别的地方的人。

问：知道有什么中毒的症状吗？

张书香：中毒的症状不太知道。

问：1942 年 1 月的时候，你在这个村里住着吗？

张书香：不在，在山里。1949 年才从山里出来的。

问：1942 年日军来过吗？

张书香：是的，5 月（阴历四月初），日军来麻田和武乡了。

## 11

**日期**：1999 年 8 月 25 日上午

**地点**：山西省沁源县城关北石渠村（小学会议室）

沁源县的位置正好在南北贯穿山西中央的干线铁路和沿着太行山南下的支线铁路的中央（两个沿线都在日军控制中），在中日攻防的据点中占据着重要的位置。日军经常进行"三光作战"。

文献资料中没有在北石渠村使用毒气的记载，由当地信息引导而来。

**口述者**：任明水　男　70 岁

问：是多大时候的事情呢？

任明水：1942 年，我 13 岁的时候。听说日本人来了，村里人都躲到山里去了。

问：你们去哪了？

任明水：我家都逃到村子南面 500 米，木炭沟的一个山洞里，那个天然山洞的入口距地面有 4 米，只能允许一个人出入。

问：那年的阴历九月十三日军来"扫荡"了吗？

任明水：日军来后就没有回去，驻扎在城关、交口。村子距城关有 10 公里。

问：日军来后做什么了？

任明水：日军"扫荡"停留了 4 晚，我的叔叔 1941 年腊月被日军抓住了。

问：后来回来了吗？

任明水：没有回来。我的父亲和爷爷、婶婶（叔叔的媳妇），还有另外两个侄子（叔叔的孩子）觉得，可能日军两三天后还会回来，就回洞里躲藏了起来。

问：全部有多少人？

任明水：全部是 14 人的家庭，那天午饭时，5 个人回去，洞里还剩了 9 人。爷爷、我的父母、婶婶、叔叔（异姓）、叔叔的媳妇、叔叔的两个孩子（姐妹）和我，下午 4 点多太阳落山的时候（日军来的）。

问：日本兵来了几个人？

任明水：四五个日本兵来了，拿着刺刀。

问：穿着同样的衣服吗？

任明水：穿着同样的衣服，说日语的人啪啪地开枪，山洞下面拴着的骡子一直在嘶鸣。接着洞口就被日军发现了。山洞的入口离地面有四五米高……

**问**：怎么登上去的？

**任明水**：没有梯子上不去。两发子弹就听不见骡子的声音了，我们没看到。接着砰一声升起黄黑色的烟，刚开始不能呼吸，接着流泪、咳嗽，无法忍耐。

**问**：接着怎么样呢？

**任明水**：我的爷爷已经70多岁了，忍不下去，跳下去了。接着是母亲、婶婶（叔叔的媳妇）、我、叔叔（父亲的兄弟）一个个跳下去了，另外，婶婶的两个女儿（8岁和13岁的堂姐妹）用父亲的裤子打成结就着滑下去了。

**问**：下去的有几个人呢？

**任明水**：下去的有7个人，留在洞里的是父亲和异姓的叔叔。

**问**：当时你在下边吧，日本人也在？

**任明水**：当时日本兵和我们都站在下边，日本兵一边挥舞着刺刀一边叫着："八路、八路"，我们摆着手回答着："良民、良民"。

**问**：接着，下去后有什么感觉呢？

**任明水**：最初的一两个小时里躺下起不来，爷爷一直在地面上趴着。那时候日本兵不在旁边，父亲和（另外一个人）叔叔架上梯子准备往下走的时候，日本兵回来了，父亲马上把梯子抽走了。日本兵命令他们下来，他们因为太害怕没有出来。母亲也说下来吧，掉下去的梯子撞到日本兵了。那个日本兵没有戴防毒面具，将两个白色的筒子搁到洞中了……

**问**：那个筒子是什么颜色的？

**任明水**：灰色的，冒着烟。第一次什么声音也没有，我的爷爷将被子蒙在头上也忍不下去。接着又放了一次……

**问**：你的父亲和叔叔叫喊了吗？

**任明水**：父亲和叔叔逐渐没了声音，后来就什么都听不到了。

**问**：日本兵没有杀你们。

**任明水**：是的，我们没被杀。晚上 9 点多以后日本兵走了。

**问**：日本兵走后，马上上去看了吗？

**任明水**：是的，我的母亲马上上到山洞的入口处，喊"日本兵回去了，下来"，但什么回应也没有。我们想一定是死了，就离开那个地方了。

**问**：别的有什么反应吗？

**任明水**：中毒的爷爷当天就死了。被抓走的是叔叔（父亲的弟弟），死了的是异姓的叔叔。

**问**：现在那个山洞还在吗？

**任明水**：已经坏掉了。

**问**：根本看不到了吗？

**任明水**：不是，还看得到，还有痕迹。

**问**：离这里远吗？

**任明水**：不远，500 米左右。

**问**：日本兵放毒时，往那个洞中扔筒子了吗？

**任明水**：没有，从洞的下面熏的。

**问**：当时日本兵戴着面具吗？

**任明水**：没有，没有戴面具。

**问**：父亲和叔叔的名字叫什么，另外，年龄有多大？

**任明水**：父亲（任兴盛）那一年 37 岁，叔叔（崔长关）35 岁。

**问**：他们的尸体没有处理吗？

**任明水**：那个山洞的味道久聚不散，一个月都进不去。还有，那个时候光想着跑，没有顾得上。第二年的清明节想给父亲和叔叔收尸，进洞之后，尸体都已经腐烂了。

## 12

**日期**：1999 年 8 月 26 日上午

**地点**：山西省沁源县韩洪镇韩洪村（村委会办公室）

文献记录中没有韩洪村的毒气使用记录，当地有抗日战争殉难碑（永志亭），记载着日军向矿井放毒，使 183 人死亡。《沁源县志》中记录着 1941 年 8 月 6 日，日军熏死矿井中避难的群众 186 人的事件。口述者称是日军点燃棉花和辣椒熏的。

**口述者**：段世昌　男　79 岁（1948 年任村里的党支部书记）

　　　　　杨泉生　男　82 岁

**段世昌**：1941 年秋，日军向废弃的矿井中施放毒气，使韩洪村 180 余名抗日军民死亡。为了纪念这些人，建立了永志亭。

**问**：我们首先看见永志亭了，还想详细了解永志亭的事情，大家还记得吗？给我讲讲。

**段世昌**：好的，还记得。1940 年百团大战时，日军在太行山进行了大"扫荡"。1941 年阴历八月十七烧矿井。八路军太行指挥部（38 团）在煤矿放了棉花和辣椒。一天正往里边放的时候，日军来了，村民们没有躲藏的地方，就钻到矿井里了。日军就将放置在矿井入口处的棉花点着了。

**问**：日军点燃棉花后，马上就走了吗？

**段世昌**：还将辣椒放在上面，将烟往矿井里扇。前面的人都死了，后面还有活着的人。

**问**：大家都是同一个村里的吗？

**段世昌**：不是，也有其他村里的，有 200 多人。

**问**：有多少人逃出来了呢？

**段世昌**：七八十人。

**问**：当时你们都是亲眼看见的吗？

**段世昌**：不是，当时我不在场，住在离这 2 公里的山里面。那时候大家都各自藏起来了。那时候逃出来还活着的，有一个叫杨爱生的人，已经中风了。另外一个叫张成江的人，那个时候没有死，后来被枪打死了。他的儿子是原来的村长，也死在那个矿井里。日军走后，张成江想偷马屁泡，就进入矿井里。

**问**：马屁泡是什么？

**段世昌**：马屁泡是蘑菇的一种，圆形的东西，治疗出血效果很好，非常珍贵，矿井中也有。他进矿井的时候被日军看见了，被枪打死了。

那是 1941 年阴历十月，在桃卜沟的事情。日军打过来了。在村外的山上驻扎了 10 多天，每天来搜人，距这 1 公里左右的地方发现桃卜沟的矿井。

**问**：当中藏着多少人？

**段世昌**：里边藏着 40 多个村民、3 个民兵和洪兆部队的 13 个士兵。早上 7 点多，10 多个日本兵来了，矿井中能看到有 7 个日本兵。他们一只手拿着蜡烛，另外一只手拿着枪和刺刀，一个好像是日本人的人喊着："不要怕，出来"，进入了矿井，像赶羊一样，将藏着的 40 多个村民赶到了外面。村民们都往里面退，我们 3 个民兵和洪兆部队的 3 个士兵藏在最里面。我们的衣服和村民不同，另外腰里还别着手榴弹，就将手榴弹藏起来，藏到通风道的岔道里。

**问**：村民们怎么样了呢？

**段世昌**：大家都被赶到外面了。我们顺着岔道爬走了。日本兵进不来，就发射了臭臭的炮弹。

**问**：有什么感觉呢？

**段世昌**：比死还难受。此外，还流鼻涕、眼泪，就那么一直趴着……

**问**：多长时间之后才恢复意识的呢？

**段世昌**：不省人事 30 分钟吧。

问：有死了的人吗？

**段世昌**：没有死人。

问：为什么呢？

**段世昌**：可能是因为通风比较好。6 个人在塔金寺待了两晚上。白天日本兵来村里搜人，我们就躲在山里。3 个人回了韩洪村，包括我在内的 3 个民兵在山里吃午饭。听到从桃卜沟跑出来的村民们说，好像看见日本兵开炮了。

问：什么样子的炮弹呢？

**段世昌**：那些他们不清楚。另外有一天，日军将老人和孩子释放了，只留下年轻人。其中一个是宋麻子，另外一个是韩来锁。因为这两个人的儿子一个是指导员，一个是民兵队长，就往这两个父亲身上泼上汽油烧死了。

**赵健**：在矿井中没有使用毒气吗？

**段世昌**：我们那个时候不在现场，听说烧辣椒和棉花死的人很多，辣椒的量很大。

**赵健**：光是棉花和辣椒肯定不会死人，一定使用了毒气。

**段世昌**：村民们看见棉花和辣椒了，日军使用没使用毒气没有看到。

问：日军怎么发现这个山洞的呢？

**段世昌**：来搜山的时候发现的。

问：是不是有谁带着来的。

**段世昌**：没有。

问：这个洞是天然的吗？

**段世昌**：不是，挖出来的炭坑，最高的地方有一米八。

## 13

**日期**：2000 年 2 月 2 日

**地点**：武乡县蟠龙镇

关于武乡县，前面已有所提及，蟠龙镇在武乡县城东面 30 多公里处，是武乡县东部的主要乡镇，战争期间是铁路的终点。日军和八路军经常在此反复争夺，"扫荡"时受害也非常严重。

**口述者**：安俊茹　男　88 岁　　杨春旺　男　77 岁

**问**：抗战时候你在干什么？

**安俊茹**：抗战时，我是村里的干部。

**问**：日军来了几回？

**安俊茹**：日本人每年来四回，春播、夏播、秋收，另外旧正月时候来大"扫荡"。房子基本上都被烧光了。

**问**：记得用飞机撒毒的事情吗？

**安俊茹**：记得，我也经历过。

**问**：撒毒的飞机来了几回？

**安俊茹**：撒毒的飞机只来过村里一回。

**问**：在河岸边撒毒，还是在村里撒毒？

**安俊茹**：那时候是在河岸边撒毒的，中毒的人现在都死了。

**问**：中毒的人有什么症状？

**安俊茹**：当时的症状是出黑色和红色的点。

问：身体起水疱吗？

**安俊茹**：身体也起水疱了。只知道是中毒了，别的什么都不知道。

问：那是什么时候的事情？春天的事情吗？

**安俊茹**：是的，春播的时候。

问：中毒的人有多少？

**安俊茹**：20 多个。

问：还知道别的撒毒的事情吗？

**安俊茹**：不知道，有过那种经历的人，知道是撒毒就马上四散逃走了。

问：还记得日军在这里使用毒气的事情吗？听说过什么吗？

**杨春旺**：那年我 15 岁，日军来了几次，记得日军第一次来的时候，杀了 7 个人，带走了 20 多个人，还杀了很多老人。记得飞机突然扔下炸弹，燃起浓烟，很多人都被烧死了。

问：知道飞机撒毒、使用毒气的事情吗？

**杨春旺**：不记得毒的事情了。

问：知道有谁身体上起水疱吗？

**杨春旺**：不知道。

问：有中毒的人吗？

**杨春旺**：没有。

问：当时你是民兵吗？

**杨春旺**：当时不是民兵，我 20 岁后才当民兵的。

## 14

**日期**：2000 年 2 月 2 日

**地点**：武乡县韩北镇

韩北镇在前面所述蟠龙镇南面约 6 公里处，河对岸黄土岭上的山村。与蟠龙镇一样，也是之前《支那事变中的化学战例证集》附图上的芥子气散布地之一。

**口述者**：韩俊鸿　男　83 岁

　　　　（妻子）李鹅纠　女　79 岁

**问**：当时你是民兵吗？

**韩俊鸿**：当时我是村长。

**问**：记得日军在这个村里使毒的事情吗？

**韩俊鸿**：嗯，日军在这使过毒。1941 年九月初九（阴历）日军来"扫荡"，在村里待了 7 天，杀了 47 个人，将牛、羊、猪、鸡抢走了许多。抢了村民 4000 斤粮食，烧了 100 多栋房子。回去之前还施放了毒气。

**问**：放了毒气后，人们都得了什么病，当时有什么感觉？

**韩俊鸿**：人们回去后，收拾东西时，突然不省人事。根本不知道原因，后来才意识到是毒。全身都起水疱，还发烧。有的人 3—5 天后就死了。

**问**：是烟一样的毒，还是撒的毒？

**韩俊鸿**：完全不知道是什么毒。当时有很多人得疥癣和斑疹伤寒。不知道别的村里有没有中毒的事情。还有一件事，1943 年旧历正月十八，日军包围了斗智村。那里驻扎着前线指挥部和八路军第 7 中队的一个小队。院子被日军包围了。里面的人没有躲藏的地方，就钻到南面靠里的一个山洞里。敌人进去后，抓了 5 个八路军、3 个民兵，还牵走了一头牛，接着还在洞口撒了毒才走。回来的村民马上将中毒的政治委员和其他洞里的人救出来。

问：里面有村民吗？

**韩俊鸿**：有。

问：有多少人？

**韩俊鸿**：10 多人，但是，洞里的人都活下了。

**李鹅纣**：我今年 79 岁，1941 年感染了斑疹伤寒。那时候住在离这里 4 公里远的另外一个村里，还没有和他结婚。那年初的 3 个月之间，家里死了 8 个人。不是被日本人杀的，而是死于斑疹伤寒，我嫂子也中毒了。

问：你得过疥癣吗？

**韩俊鸿**：我得过疥癣，8 个月一直躺在床上，让人喂食。疥癣刚开始在手指间、脚指头间，接着从肚子到腰上，最后头上、耳朵上也起了。水疱中间有脓水，很痒但不太痛。当时没有药品，村民们治疗就用热水洗，用艾草点燃就着火敷。

问：有谁是因为这个而死的吗？

**韩俊鸿**：没有。

问：留下的伤疤几年后消失的呢？

**韩俊鸿**：留下的伤疤，轻点的人四五年后，也有人一直留下来了。我的伤疤直到最近才消失，那个水疱破时……

问：什么颜色的呢？

韩俊鸿：流出黄白色的东西……

问：有什么气味呢？

韩俊鸿：有很臭的气味，也许是因为中毒，或者是因为一直躲在潮气多的地方，不太清楚。但是人们都说是因为日军放毒了。另外，还有三种病，因为这些病而死的人有很多。

问：全部死了多少人？

韩俊鸿：没有人提起，不知道，也不是同一年死的。

问：当时村里有多少人口？

韩俊鸿：日军来时，村里有 900 多人，日军杀了 127 人，日军走后，村里剩下了 770 人。1939—1944 年间，有 80% 的人得过这些病。

## 15

**日期**：2000 年 2 月 3 日

**地点**：左权县石台头村

关于左权县，已在左权县桐峪镇武军寺村有所提及，石台头村在县城东南 10 公里处的主干道上。调查团从当地了解到该村同时遭受到日军"扫荡"和毒气攻击，从而访问了该村。

**口述者**：吕来友　男　79 岁

**吕来友**：1940 年阴历九月，日军来"扫荡"，枪杀了 25 个人。

问：当时日军使用的毒是什么毒？

吕来友：不知道什么毒，过了7天就死了。

问：往粮食里放毒了吗？

吕来友：不知道，我想可能往水里放毒了。粮食全部被烧、被抢，村里前后共死了75个人。

问：中毒症状是什么？

吕来友：晕、头痛、发烧、不出汗。身体起黑色、红色的疹子，死的人有大人，有小孩，死后全身发黑。从这些情况看可能是中毒了。

问：日军来之前有这种病吗？

吕来友：有，但死的人很少。出出汗就能治好，以前没有这么严重。

问：第二回是什么时候？

吕来友：第二回是1941年正月初十（阴历），日军又来"扫荡"，杀了11个人，但是与这次的病没有什么关系。

# 2000 年度调查成果

## 1

**日期**：2000 年 9 月 12 日下午

**地点**：山西省平鲁县三百户村（广场）

平鲁县在山西省北部城市大同西南 100 公里处，与内蒙古接壤，该处能看到长城遗址和烽火台，以及一望无垠、植被稀少的黄土高原。三百户村在其中的一个角落，沿着缓缓的山道登到最高处才能到达。

1941 年 6 月，日军警备队将该村村民 20 人关入山洞，发射 2 发毒气弹。这些信息都来自关押在太原战犯管理所的原平鲁县警察队指挥官神野久吉的供述书。我们第二年刚开始的调查地就选择了这一留下事件记录的地方。

**口述者**：丰全　男　85 岁　　刘宝　男　73 岁

**其他**：男 A、男 B

**问**：知道战争中日军将中国人关到屋子里放毒气的事情吗？

**A**：（没听见）

**问**：抓了 20 多个人吧？

**A**：说不好有多少人，很多。

**问**：放毒气了吧？

**A**：反正人很多。

**问**：（看记录）抓了 20 多个人。年龄基本上都是 40 岁到 60 岁之间，关到村子南面的窑洞。村子南面有窑洞吗？

**B**：没有。村子南面没有窑洞，这就是南面。

**问**：你叫什么名字？今年多大？

**丰全**：名字叫丰全，今年 85 岁。

**问**：战争中一直住在这个村吗？

**丰全**：是的，一直住在这。

**问**：还记得战争中日军来的时候的什么事情吗？

**丰全**：日军来了 8 年。

**问**：干什么了，来这个村里干什么了？

**丰全**：那很难说，都是坏事。强奸妇女，烧、杀、抢。"扫荡"时，藏在山里，下不了山。一个月下不了山。肚子饿得受不了的时候，就吃炒面，一个月没有出山。

**问**：日军来这个村里了吗？

**丰全**：当时我不在这个村，在别的村里当兵。还好活下来了。

**问**：日军来这个村里做了什么？

**丰全**：没有好事。强暴妇女、杀人、放火等，当时我不在村里。

**问**：还记得日军来村里的事情吗？

**丰全**：那时候，我有时候不在村里。

**问**：你的名字是什么？

**刘宝**：叫刘宝。

**问**：今年多大了？

**刘宝**：73 岁。

**问**：一直住在这个村里吗？

**刘宝**：是的，战争中也住在这。

**问**：还记得日军来这个村里的事情吗？

**刘宝**：这个村子来得比较少，主要是晋察冀。来村里后就抓鸡、欺负妇女、抢东西。让女人脱裤子，用手摸了以后，让人们喝洗手水。

**问**：日军来过几回？

**刘宝**：记不太清楚。有时候隔两三天来，有时候隔几十天来。

**问**：日军来了，你们是藏在外面，还是留在村里？

**刘宝**：有时候藏在村里，有时候藏在外面。

**问**：那时候多大。

**刘宝**：12 岁。

**问**：还记得 1942 年 6 月，日军带着警察来，抓了 20 多个人，关到村子南面的窑洞里施放毒气的事情吗？

**刘宝**：没有听说过。

**问**：村里的人释放之后，每天给日军送情报？

**刘宝**：不知道。

**问**：知道村里的窑洞吗？

B：村里没有窑洞。

问：在别的地方听说过这个事情吗？

刘宝：没有，没有听说过。这个村子吗？

问：是的。

刘宝、B：没有听说过。

问：战争的时候村里有多少户人？

刘宝：我不知道。

丰全：30 户左右。

## 2

**日期**：2000 年 9 月 12 日

**地点**：山西省平鲁县大破石村（村广场）

从公路沿干旱的河道向上游行走数公里，大破石村就在那里的一块平台高地。汽车不能通行，只能徒步走到。

1941 年 5 月末，前面提到过的神野久吉指挥的平鲁警察队将 42 名村民关入窑洞中施放毒气。战后，当时的村长芦福财等 22 人提出了控诉书。

**口述者**：芦战华　男　79 岁

问：在这杀了三个人的事情你知道吗？

芦战华：还记得，人们被呛得快死的时候开的门，没有呛死人。一个叫李梅的队长被枪杀了。

问：1941 年 5 月的事情吧？

芦战华：不知道是哪一年了。那时候还小，现在上年纪了。

问：你的名字？

**芦战华**：叫芦战华。

问：今年多大了？

**芦战华**：79 岁。

问：一直住在这个村里吗？

**芦战华**：是的。

问：战争中也在这个村里住吗？

**芦战华**：一直住在这，没有出去过。

问：还记得日军来的时候的事情吗？

**芦战华**：杀人、抢东西。我家里养着一头牲畜，日军经常让村民们修工事。

问：日军来过几回？

**芦战华**：记不得了。日军让修工事，我有时候就逃走了。记不得来过几回。

问：来得多吗？

**芦战华**：太多了，记不清楚。日军来了，大家都害怕得逃走了。

问：知道日军来了，将人们关到窑洞里的事情吗，放毒的事情。

**芦战华**：记得。（放毒）就只有那个时候。

问：看见过吗？还是听说的？

**芦战华**：躲起来悄悄地看见的。人们被呛得流鼻涕，痛苦难耐。

问：刚才也说了，日军来的时候，一个叫李梅的队长也来了，大家知道吗？

**芦战华**：知道。姓李的队长，后来八路军来了把他枪毙了。

**问**：李梅经常来吗？

**芦战华**：也不是经常来。偶尔来打探情报。另外一个姓金的，一个姓聂的（来打探情报），把人们弄得很苦。

**问**：还记得日本人的名字吗？

**芦战华**：记不得。

**问**：被关起来的时候多大了？

**芦战华**：十八九岁。

**问**：关起来的有多少人？

**芦战华**：记不得了。

**问**：为什么被关起来？

**芦战华**：记不得了。

**问**：村里的人写了20人左右被关起来的诉状，还记得这个事情吗？

**芦战华**：记不得。

**问**：知道一个叫芦福财的人吗？

**芦战华**：知道。

**问**：是亲戚吧？

**芦战华**：他是当时旅团的团长。

**问**：村长的儿子和你一般大吗？

**芦战华**：比我小5岁，叫芦卫。几年前已经死了。

**问**：日军来了，放毒气是最坏的事吗？

芦战华：嗯。

问：（日军）大概一年来几回？

芦战华：不清楚。经常来村里抢吃的。

问：现在村里有多少户？

芦战华：20 户多一点。

问：当时日军来的时候比现在多吗？

芦战华：30 多户。

问：八路军来过这个村里吗？

芦战华：是的，晚上来。

问：当时帮八路军了吗？

芦战华：是的。

问：知道 20 多个人写诉状的事情吗？

芦战华：不知道。

问：那时候被关起来的人，没有死了的吗？

芦战华：是的，没有死人。

问：有伤得比较严重的人吗？

芦战华：不，没有。

问：还记得那时候是什么样的烟？有什么样的症状吗？

芦战华：记不得。很多年前的事情，记不得。反正是日军来了后就受了很多害，日军想消灭中国。

问：日军来的时候，一回来多少人？

芦战华：记不得。

问：你的名字和年龄？

芦通：叫芦通，今年 87 岁。

问：你还记得吗？

芦通：记不得。

问：关到什么地方了？给我们指一下。

芦战华：关到这右边的窑洞里了，现在已经塌了。那边是芦福财（前文提过）的院子，这是一个姓龙的人的院子。

## 3

日期：2000 年 9 月 13 日下午

地点：山西省榆社县河峪镇辉教村（再调查）

前年调查访问该地的记录如前文所载。日军记录与村民记忆出入很大，所以再一次进行了调查。

口述者：石友杰　男　71 岁　　石新华　男　66 岁

　　　　孟明全　男　76 岁　　王鸣风　男（年龄不详）

问：我们去年来过，还记得吗？

石友杰：嗯，记得。

问：去年来的时候时间短，听了就走了，这次还想就那些内容问一问，还是战争的事情。那些年中间，印象最深的事情是什么呢？

石友杰：印象最深的事情是三光（烧光、杀光、抢光）。"扫荡"时，日军主要驻扎在祁县、太谷、榆社这三个县。当时村里有 500 人，120 户。土地面积有 2000 亩，也有牛、马、羊，"扫荡"时经常来辉教村。

120 户房子都被烧光，百姓们只能藏在山上。牲畜也被杀了。一年来三四回。在祁县驻扎的日军也来，太谷的日军也来，榆社的日军也来。烧啊、杀啊、抢啊。

问：你是石友杰吧？

**石友杰**：是。

问：当时在这个村里吗？

**石友杰**：是的，今年 71 岁，当时 10 岁左右。

问：日军大概来了几回？

**石新华**：记不清楚了，至少每年三回。祁县的日军刚走，太谷的日军就来了，记不得有几回了。

问：你也在这个村里吗？

**石新华**：嗯，日军把房子烧了之后，我们就在这附近盖了窑洞，住在这边。

问：那时候年龄多大？

**石新华**：七八岁。清楚记得的是，受害最严重是我七八九岁的时候。

问：你也在这个村里吧？

**孟明全**：嗯，那时候八路军在村里驻扎过，日军来了很多人，但没有抓到过八路军。把房子都烧了，八路军就来不了了。房子一度全被烧了，只留下一栋房子。

问：房子都被烧了，你们都去哪了？

**孟明全**：我们住在山上的窑洞，住了五六年。之后才慢慢回到村里。

**石新华**：日军把干草放到家门口，还浇上汽油，一度全被烧干净了。他们不在这个村里驻扎，害怕八路军来，烧房子后马上就走了。

**问**：烧房子的时候死了多少人？

**孟明全**：不少，也有全家都死光的。全部死了 20 多人（25 人或 26 人）。数字不确切……牛、羊都被杀了。

**石新华**：最惨的是一个叫胡进来的，家里 3 个人都被杀了。

**问**：换个话题，日军撒毒总共有两次吗？

**石新华**：嗯，毒是之前的事情，传单（宣传单）是之后的事情。

**问**：你当时在哪住？

**石新华**：在这边的窑洞住。

**问**：飞机来过两回吗？

**石新华**：不是，三回。前面两回撒毒，还有一回是撒传单。

**问**：同一天的事情吧？

**石新华**：不是同一天，详细记不清楚了。反正，那三回都是同一个月来的。

**问**：你们怎么知道那是毒呢？

**石新华**：大家都头晕，还呕吐。

**问**：村里所有的人吗？

**石新华**：大部分人都是那样，不知道，当时也没有医生。

**问**：你的父母也是吗？

**石新华**：是的，我的父母、奶奶、村里的人基本上都是那样，有轻有重。

问：什么症状呢？

**石新华**：皮肤发黑，痒。用指甲一挠就出现红色的点点，之后就变黑了。一段时间之后知道那是毒。

问：（症状）持续多长时间呢？

**石新华**：轻的话几天后就消失，重的话 20 天后才消失。

问：用什么治疗呢？有什么措施呢？

**石新华**：都是土办法，绿豆煮汤，喝草药。

问：当时不知道是毒吗？

**石新华**：嗯，当时飞机撒的是像雾一样的东西。你们去年来了之后才察觉雾就是毒。

问：当时有谁告诉你们这是毒吗？

**石新华**：大家都头晕、呕吐，向县里的人报告，从那里才听说这是毒，喝绿豆汤那些。

问：日军来撒毒的时候，村民们都在干什么？

**石新华**：住在周边的窑洞里，大家都在外边野地里干活。

问：撒了多少毒呢？

**石新华**：也不是很长，就是飞机唰从空中飞过去的感觉。

问：上午还是下午呢？

**石新华**：白天，人们都在野外干活，还没有回到家里的时候。

问：飞机来了几架呢？

**石友杰**：一回一架，从太谷方向飞来的。

**石新华**：不知道飞机场在哪。

问：飞机飞来的时候，你多大年龄？

**石新华**：六七岁的时候。还不能干活，就在附近玩耍。

**问**：听说过百团大战吗？

**石友杰**：嗯，这是百团大战之前的事情。

**问**：飞机是什么形状的呢？比如发动机是两个还是三个。

**石新华**：不是现在的飞机。机翼比较宽，飞得很低。只有一个发动机。

**问**：有轮子吗？

**石新华**：没有看见。

**问**：这是房子被烧之前还是之后？

**石新华**：之后的事情。

**问**：房子被烧的时候死了二十五六个人吧。全部合起来死了多少人呢？

**石友杰**：全部加起来死了六七十个人吧。

**问**：日军在这里驻扎过吗？

**石新华**：只待过一宿。

**问**：别的地方有中毒事件吗？

**石友杰**：没有，没有听说过。

**问**：八路军来过这里吗？

**石友杰**：是的，来过。

**问**：你们帮助过八路军吗？

**石新华**：那时候有帮忙的人，大部分都藏起来了。八路军走后日军就来了。

**问**：这个村里是受害最严重的吧，是什么原因呢？

**石友杰**：这个村是交通要道，村里牛、羊很多，成为目标。

问：除了飞机撒毒以外，还听说过什么吗？

石友杰：没有。大炮朝山上的门楼开炮了，但没有爆炸。

问：日军为什么来这杀人呢？

石友杰：八路军也来，日军也来，日军见了人马上就杀。

石新华：八路军怎么样根本没有听说过。

问：妇女和孩子也杀吗？

石友杰：也杀。日本兵的杀人方法和中国人不一样。中国人用刀砍人，日本军人用刀一挥杀人。让孩子们带路，问有没有八路军。刀很长，杀人的时候不是从上边，而是从旁边把脑袋砍了。我亲眼看见过。

问：当时的房子都是用砖盖的吗，还是用土？

石新华：很早以前是建两三层，一栋住宅有几间房子。这个村子是去祁县、太谷、榆社的三岔路口，是交通的中心要道。

问：日军为什么烧房子、杀人呢？

石友杰：那是后面说的"三光"政策吧？

问：因为八路军来了，进行报复的吧？

石新华：八路军从祁县路过这里。太谷的日军说这里有八路军，就烧了，实际上八路军没有来过，这是同一天的事情。

问：飞机撒毒之后的症状，能再好好想想吗？

石新华：头晕、呕吐，身体浮肿，瘙痒。用指甲一挠破了之后，后面就成黑的了。

问：里面有脓吗？

**石新华**：严重的人有脓，一般的没有。

问：有因为这个而死的人吗？

**石友杰**：有严重的，不能治愈，死了的人，有 10 个人左右。不知道为什么会死，不知道当时撒的是毒。

问：死的人年龄有多大？

**石友杰**：有年老的，也有年轻的。

问：眼睛、喉咙、肺有什么症状？

**石新华**：眼睛红、喉咙痛，可能是有炎症吧。

问：后来为死了的人立碑了吗？

**石友杰**：没有。

问：你们说的话以前和谁说过吗，被记录过吗？

**石友杰**：有个人。去年还是前年死了的人，记录都丢了。他是农民，当时的事情都清楚记下来了。

**王鸣风**：死了后，儿子把那些全烧了。

问：向什么地方报告过吗？

**王鸣风**：没有。他从村民那里听到的大事、小事都自己记下来了。

问：看过那个记录吗？

**王鸣风**：看见过，没读过。没有想到你们会来。

**石友杰**：那个人认识字，何年何月何日发生了什么事情都清楚地记录着。

问：你叫什么名字？

**王鸣风**：王鸣风。

问：战后，有没有过来调查的人呢？

**石友杰**：有，不知道调查的结果。

**石新华**：那时候调查的都是大概的内容，没有补偿，与公家的调查不一样。

**问**：说了中毒的事情了吗？

**石友杰**：没有说。

**问**：当时砖盖的房子被烧后重新修复了吗？

**石新华**：战后全部重新修建了。

**问**：日军撒的传单是什么内容呢？

**石友杰**：不知道，不认识字。

**石新华**：当时担心传单上有毒。那时候我们还小（在村里一个小丘上）。

**石友杰**：这里是祁县、太谷、榆社三县过往的道路。原来这里有两三层的建筑物，全部被烧，只留下这栋房子和院子，房顶是后来重新修建的。这个房子的主人被日军抓时，拜托日军"一定把这座房子留下来"。

这座房子是两层建筑，是很早以前大财主住的房子。伺候的人住在外面的屋子里，里面建筑的一层是主人住的房子，二层是女儿住着的。这是当时烧过后残留的遗址，绝对没错。

## 4

**日期**：2000 年 9 月 15 日上午

**地点**：山西省武乡县蟠龙镇之一（再调查）

上次调查中了解了很多情况，该地是记录日军芥子气使用的重要地点，在现任村主任兼医生的指引之下，再次进行了调查。

**口述者**：安俊茹　男　88 岁　　　村主任　男（医生）

　　　　　　安培茹　男　80 岁　　　武桃儿　女　70 岁

**问**：上次是黄先生一个人来的，这次很多人来，打扰你们了。名字是什么？

**安俊茹**：我叫安俊茹。

**问**：今年多大了？

**安俊茹**：88 岁。

**问**：今天突然来的，想听听关于战争中的事情。那时候你们一直都在蟠龙吗？

**安俊茹**：是的，在贸易公司做过事，那个公司也在蟠龙。

**问**：还记得蟠龙受害最严重的是什么？

**安俊茹**：当时有 1500 人，战争后只剩下 865 人，这个清楚记得。

**问**：日军来过几回呢？

**安俊茹**：一年来三四回，春播，夏天与秋天收割的时候，冬天的年末年初（旧历正月）。旧历正月的时候，还在这里驻扎过半个月。

**问**：战争中，听说过日军使毒的事情吗？

**安俊茹**：日军向发隐寺（现在大队院子）开炮，人们都跑了。

**问**：中毒症状是什么，严重吗？

**安俊茹**：不太严重。

问：怎么知道那个是毒气弹呢？

安俊茹：向这里开炮的时候，根本没有弹坑，只有像雾一样的东西，不是毒是什么？！

问：有气味吗？

安俊茹：有。

问：中毒的人怎么样了，皮肤上？

安俊茹：反正是身体上起了水疱，躺在床上了。

问：在这之外还放过毒气弹吗，或者人们中过毒吗？

安俊茹：村里八成人都走不动。

问：知道飞机在蟠龙的上空撒毒吗？

安俊茹：四月初八（农历）用机枪扫射，村里人都逃不脱，但是也没有打中村里人，牛、马被打中了。

问：听说过飞机撒毒的事情吗？

安俊茹：听说过，但知道的不详细，只知道村里人都起了红色的水疱，走不动。

问：记得日军在什么地方撒毒吗？

安俊茹：撒毒就像撒水那样，不是一个人一个人地撒，像吹雾一样撒到空中。

问：看见过吹雾吗？

安俊茹：没看到过，但是听说过。我们都已经藏到窑洞里了。

问：撒毒是一回吗？还是有好几回？

安俊茹：说不清楚。

问：你父亲多大了。

**村主任**：80 岁。

**问**：还在吗？

**村主任**：在。

**问**：他还记着吧？

**村主任**：他是保安会的成员，在村委会工作过，毛笔字也写得好。

**问**：刚才说有八成人中毒，有死了的人吗？

**安俊茹**：有，1500 人中，只剩下 865 人。有死了的，也有跑了的。

**问**：被杀了的，被枪打死了的都有，但是有中毒死的人吗？

**安俊茹**：是不是因为中毒，不知道。

**问**：你自己看到过中毒的状况吗？

**安俊茹**：看到过，不知道是什么毒。但是看到过村里人走路的时候，都把大腿张开，行走艰难的样子。

**问**：什么地方起水疱呢，有多大呢？

**武桃儿**：身体上、脸上都有，像硬币一样大小，奇痒难忍。

**问**：你也在这个村里吗？

**武桃儿**：这个村的对面，当时 12 岁。我身上也起了水疱，后来成了疥。

**问**：说的那个疥就是"疥"吧（注：疥指疥癣）？

**村主任**：是的。

**问**：在此之前有这种症状吗？

**安俊茹**：没有。日军来"扫荡"之后，以前没有。

问：症状严重的人是什么状况呢？

**安俊茹**：小水疱非常痒。有的人不断起水疱，疼痛难忍，又有了红色的水疱。

问：能从床上起来吗？

**安培茹**：严重的人一直躺在床上，起不来。指头就像这样伸着，动不了。

问：当时采用什么治疗方法了呢？

**安培茹**：用胡椒水洗，三五天后也好不了。将火药中黄色的东西涂上后，会疼得翻滚，但第二天就会结痂，非常管用。

问：当时政府给了什么药了吗？

**安俊茹**：给是给了，只有一点点。

问：有关于这个情况的记录吗？

**安俊茹**：没有，光是记得，都是伤心事，人也不想记这些。

问：你的名字和年龄？

**安培茹**：安培茹，今年 80 岁。

问：还记得飞机撒毒的事情吗？

**安培茹**：有那回事，作为民兵参加战斗了。

问：知道具体的情况吗？

**安培茹**：用机关枪扫射发隐寺了。

问：亲眼看见过飞机撒毒吗？

**安培茹**：是的，像白色的雾一样。

问：你自己也中毒了吗？

安培茹：是的，一直病了一年多。

问：那是飞机来之后的事情吗？

安培茹：是的，之前没有。

问：当时流行的三种病是？

安培茹：疥癣、斑疹伤寒、疱疹，没有精神。

问：是什么症状呢？

武桃儿：冷的时候打寒战，热的时候难受。又冷又热，躺在床上没有精神，难受得起不了床，也吃不成饭，嘴里感觉苦。过了10天后，出了汗就慢慢好点了。

问：看到飞机撒毒，之后就得了这种病吧？

安培茹：之前也有，但是非常少。飞机来后，基本上所有人都是那样了。

问：飞机走了之后，多长时间后村里人起水疱的呢？

安俊茹：当时有毒气，藏在窑洞中，怎么也治不好。

问：飞机是什么时候来的？

安俊茹：记不得了。当时日军经常来，是哪一天记不得了。

问：当时年龄是多大？

安俊茹：二十二三岁的时候。

问：大概是哪一年？

安俊茹：大概是1942、1943年吧。

问：那时候是春天，还是夏天，或者秋天呢？

安俊茹：记不得是春天还是夏天了。

问：当时八路军告诉你们那个是毒了吗？

**安俊茹**：八路军也没有说那个是毒，但是空气与平常不一样。

问：八路军在这个村里驻扎过吗？

**安俊茹**：是的，杨秀峰（教育部原部长）在这里住过。杨秀峰是抗日联大的校长。当时 1500 人中，回来的只有 865 人。也有死了的，也有逃走的，还有传染病。

问：还记得飞机是什么形状的吗？

**安培茹**：大家都很害怕，抬起头的勇气都没有。后来一听说有毒，飞机一来就马上捂住口，趴在地面上。

问：当时有铁路吗？

**村主任**：当时没有，20 世纪 80 年代才建的，能去蟠龙。

问：还记得日军在这里待过半个月的事情吗？

**安培茹**：年末、年初的时候来"扫荡"，驻扎了半个月。还有一回待了 9 个月。

问：日军人数有多少？

**安培茹**：我们当民兵开会时听说，日军人数不太多，有 100 多人。

问：这是飞机来之前还是之后？

**安培茹**：来之后的事情。马上解放（战争结束）的前一段时间。

问：你的名字和年龄？

**武桃儿**：武桃儿，今年 70 岁。

问：现在在哪住？

**武桃儿**：住在小稻草。不是蟠龙镇，而是离这里 4 公里的地方。

**问**：与你的村里有相似的地方吗？

**武桃儿**：至少也有水疱和疥癣……

**问**：什么情况呢？你自己也出过水疱吗？

**武桃儿**：我得过疥癣，没有那么大。大水疱破裂后就流脓，也有长出特别大水疱的人。

**问**：你们村里的人口有多少？

**武桃儿**：有40多户。

**问**：别的还记得什么吗？

**武桃儿**：那时候还小，记不得。

**问**：什么原因起水疱的呢？

**武桃儿**：不知道，只是听说，我们自己也觉得奇怪。

**问**：知道飞机来吗？

**武桃儿**：不知道。

**问**：听说过刚才说的毒气吗？

**武桃儿**：不知道。之后才听说是毒气，毒气是什么都不知道。

**问**：你见过日本兵吗？

**武桃儿**：没有。我家住在村子北边的窑洞里。除了我们一家，村里人都见过日本人。我们一家没有见过。

**问**：想请医生给我们讲讲关于疥癣的事情。

**村主任**：疥癣是传染病的一种，潮湿引起的情况居多，大面积起的例子没有。建国后这种病就没有了。最近好像又开始流行了，也能算是性病的一种。

## 5

**日期**：2000 年 9 月 15 日下午

**地点**：山西省武乡县蟠龙镇之二（再调查）

**口述者**：杨春旺　男　77 岁

**问**：你的名字和年龄？

**杨春旺**：我叫杨春旺，今年 77 岁。

**问**：想问问你战争中的事情，那个时候一直在这个村里住着吗？

**杨春旺**：嗯，九路进攻的时候，我 15 岁，正在放羊。20 岁的时候日军占领了这边，我就躲到西边了，回来之后当了民兵。

**问**：印象最深的是什么？

**杨春旺**：第一次打来的时候，杀了 50 个人，房子也被烧了很多。一次次打过来，说不清楚，每年都来两三次。游击队住在小西沟，日军来了，杀了好几个人。

**问**：你家里人有被害的吗？

**杨春旺**：最初打过来避难的时候，我的爷爷饿死了。也有将自己的孩子给人的，也有和别的村里人结婚的。900 多人在那里避了 9 个月的难，回来的时候只有 700 多人了。这是第一次打过来时的事情。后来日军不断来，这里的人很聪明，日军来了马上就逃走了，被害的人没有那么多。

**问**：中过毒吗？

**杨春旺**：日军走后，我们回来，大家都得病了，脚上、身体上都起了疥癣。

**问**：那就是飞机撒的毒吧？或者是起的别的什么东西呢？

**杨春旺**：还记得飞机来了，用机关枪扫射的事情。

**问**：你看到过日军飞机撒毒吗？

**杨春旺**：飞机来时，不知道是用机枪扫射还是撒毒。反正是大家都要么趴在地上，要么逃走。不是撒毒的话，人们两三年也会起疥癣，反正也不是消不掉。

**问**：日军在哪里撒毒呢？还记得吗？

**杨春旺**：当时，飞机来了，只记得为了不被打中就马上趴在地上。没有看到毒。大家都得病后才察觉那是毒。

**问**：中毒后是什么症状呢？

**杨春旺**：身体上起水疱，脚上也起。在床上冷得直打寒战。

**问**：你家里边有谁得过吗？

**杨春旺**：我和父母都得了，吃饭也吃不下。村里人还有走不成路的。

**问**：那是日军来了之后的事情吧。

**杨春旺**：日军走之后才起的。

**问**：有没有头痛、呕吐的人？

**杨春旺**：基本上都是得疥癣，全身起水疱。

**问**：有没有因为得疥癣而死的？

**杨春旺**：死的人不少，至少有 30 人因为这个而死的。

**问**：那是日军走后过了多长时间后发生的呢？

**杨春旺**：二月（阴历）走后，三月份起来的。身体强壮的人受害比较轻，身体弱的人比较严重。

问：哪一年的事情呢？

**杨春旺**：1943 年或者 1944 年二月（阴历）。

问：那一年你多大？

**杨春旺**：20 岁。

问：你们回到村里后闻到什么气味了吗？

**杨春旺**：那个说不清楚。回来后房子被烧了，呛得没办法，不知道是不是毒。

问：发现毒的痕迹了吗？

**杨春旺**：村里的人刚回来，谁也不知道。

问：起了水疱之后多长时间后治愈的呢？

**杨春旺**：六七个月或者 10 个月，因人而异，那个和体力（质）有关系。

问：家里的牲畜怎么样了？

**杨春旺**：当时牲畜都没有了。被杀、被抢了……

问：日军撒毒只有一回吗？还是有好几回？

**杨春旺**：那个记不得。当时我不常在家，两岁之后就避难了。

问：周边的村里有这种事情吗？

**杨春旺**：有，但是没有相关的记忆。这个村里比较严重。

## 6

**日期**：2000 年 9 月 15 日下午

**地点**：山西省武乡县韩北镇（韩俊鸿家中）（再调查）

事情与前面的蟠龙镇相同，上次口述者的记忆十分清楚，也熟悉周边的情况，从而再次访问。

**口述者**：韩俊鸿　男　83 岁　　妻子　李鹅纠　80 岁

**问**：今天又打扰你们了。你们都很忙，对不起。和之前一样，想知道战争的事情。

**韩俊鸿**：日军侵略的那几年间，来过六七回（旁边的妻子说："比那还多吧?"）在这个村里驻扎过三四次，最长的时候驻扎过 7 天。

**问**：你的名字和年龄?

**韩俊鸿**：叫韩俊鸿，今年 83 岁。

**问**：当时日军来的时候，你一直在这个村里吗?

**韩俊鸿**：我在这个韩北区，在这个地区工作。

**问**：干什么工作呢?

**韩俊鸿**：在区委员会做民兵指导员（上次回答是村主任）。

**问**：日军来这个村子的时候，你多大?

**韩俊鸿**：1937 年 20 岁，1938 年三月十六（阴历）日军来的，公历是 4 月 15 日。

**问**：日军来的时候干什么了?

**韩俊鸿**：三月十六来这个村里，早上一直用机关枪和大炮打。早饭之后，9 点或者 10 点左右开始，到下午的 6 点左右打仗，打了一天仗。

**问**：和谁打呢?

**韩俊鸿**：与 13 军打的。那时候有 13 军和游击队，打了一整天仗。

问：那之后，日军走后有毒气的事情吗？

韩俊鸿：杀猪、羊、鸡，把田里和家里的干草散开烧，杀，抢。第二天早上，将房子全部烧光了。第一回来"扫荡"时杀了 42 个人，白天到晚上杀了 42 个人。一个日本兵一回就枪杀了 12 个人。

问：那是你亲眼看到的，还是听到的？

韩俊鸿：没看到，我看到的话会把我也杀了吧。另外是在一个叫"王木沟"的沟里，有 20 多个村里人，两个日本兵把 10 个人叫出来，让他们跪下。日军用刺刀杀了 8 个，一个人逃走了。另外一个人钻到死人的下面了。

问：那是什么时候的事情呢？

韩俊鸿：1938 年阴历三月十六的事情。

问：我们想听听 1938 年以后的事情。之后来过吗，日军使毒的情况呢？

韩俊鸿：日军使毒的时候，人们不是马上死掉，一般是日军走后，人们得病。日军来了杀人，不是一个一个地放毒，而是在粮食里下毒，人们吃了就会中毒。后来才听说是日军放的毒。当时有三种病，斑疹、伤寒、发高烧。另外一种身体上起疹子吧，被称为疥癣。那是在手指或者脚趾中间起的。

问：那是什么时候的事情？

韩俊鸿：我想那是 1938 年或者之后的事情。1940 年以后，1942 年、1943 年开始变得严重。

问：日军当时来村里有多少人？

**韩俊鸿**：不知道。村民们也不能数日本人有多少，看见了就会被杀。你们还年轻，根本不知道日本人侵略是怎么回事。

**问**：日军走后百姓的症状，受害的样子是什么样的？

**韩俊鸿**：走之后，疥癣、梅毒、疹子、羊毛症就出现了。

**问**：什么症状？

**韩俊鸿**：起水疱、发烧。

**问**：想更详细地知道日军来之后到撤退的事情。

**韩俊鸿**：1940年日军还没有在这个村里驻扎。1940年以后来过，1941年年末年初来"扫荡"，1942年来的时候驻扎过7天。

**问**：来后干了些什么事情呢？

**韩俊鸿**：杀人、放火。1941年正月的时候来，杀了12个人。1942年秋天，阴历九月初九来，驻扎了7天，杀了48个人。不光是杀人，还烧了1600间房子。

**问**：刚才说的水疱和羊毛症，是哪一年的事情呢？

**韩俊鸿**：那不是同一年的事情，日军走后，1940年、1941年、1942年逐渐出现的病。到1945年后半年，1946年年初这种病还在，1945年后半年，1946年开始比之前轻了很多。1946年土地改革后就没有了。

**问**：这些病究竟是什么症状？

**韩俊鸿**：疥癣在肚子、耳朵、脚上，除了背上之外全身都是伤疤，脚走不动路。背上没有疥癣，只能仰天躺在床上。肿胀的肚子也烂了，鼻子也闻不见了。

问：疥癣到底是什么东西呢？

韩俊鸿：首先是从手开始，有这么一首歌谣："疥癣像龙，手上有了，在腰上缠上两三圈，到两条腿的大腿上才算完。"

问：这种病日军来之前有吗？

韩俊鸿：没有，日军来之后才有的。

问：这种病刚开始起来是什么时候？

韩俊鸿：1940 年开始，1941 年后就逐渐都起来了。

问：这种病什么时候没有了的？

韩俊鸿：1944 年逐渐变少，1946 年土地改革之后就没有了。将近有 80% 的人得过这种病。

问：当时往窑洞中藏过吗？

韩俊鸿：嗯，男的背着枪打游击，经常在窑洞里躲藏。

问：上一次来的时候告诉我的，1943 年正月十八斗智村被敌人包围的事情，能给我详细说说吗？

韩俊鸿：之前也说过吧，那个事情不是 1943 年，是 1944 年正月十八的事情。我说的是 1943 年 5 月，日军来蟠龙，到 1944 年 2 月一直在这里。这不是撒谎，历史不能撒谎，撒谎就不是历史，我说的都是真的。日本侵略中国的事情是历史事实，是真正的事情。你们这些年轻人是想象不到当时的中国人遭受了什么样的苦难。

问：记得八路军在窑洞中被毒熏了的事情吗？

韩俊鸿：不知道什么毒。当时斗智被包围，一个叫海端的全家，区里姓张的政治委员都藏在窑洞中。日军走的时候，抓走了 3 名游击队员、2 名八路军、3 名独立团战士，牵走了海端的牛，还带走了他的长工。接着往窑洞里扔烟幕弹，人们都被熏得受不了。救出来的时候都快死了。姓张的政治委员被熏得鼻血都流出来了，但没有死人。

问：老婆婆多大年纪了？

李鹅纣：80 岁。

问：什么时候来这个村里的呢？

李鹅纣：我 17 岁的时候。

问：老爷爷今年多大年纪了？

李鹅纣：他 74 岁了。

问：你是哪个村里的人？

李鹅纣：我是韩北人。

问：记得中了日军毒的事情吗？

李鹅纣：听说过，当时还小，十四五岁。

问：中了什么毒呢？

李鹅纣：我没有中毒，当时我不在韩北村。

问：你自己得过疥癣吗？

李鹅纣：没有。

问：老爷爷中过毒吗？

李鹅纣：没有，听说过别的人中毒得了疥癣。

## 7

**日期**：2000 年 9 月 16 日下午

**地点**：山西省壶关县常行村（原展览馆旁）

　　壶关县与山西省东南部城市长治南面接壤，位于太行山区的南端。常行村在县的南端，在山棱下面的一个地方。

　　1944 年 3 月下旬，日军在该村向在山洞中避难的村民发射毒气弹，杀害 5 人。当时村长侯春贵提出的说明书为《细菌战与毒气战》一书所刊载。作为太行山南部残留记录的毒气使用地，调查团开始了调查。

　　此外，赞扬当时民兵队长张小保英勇战斗的报道，在后来的杂志和报纸上有所介绍。报道的复印件从他女儿那里得到，但无法寻找到本人，从而也无法进行采访。

　　**口述者**：苏米锁　男　71 岁

　　**问**：这不是普通的窑洞，是个炭坑。当时附近的窑洞都是这种吗？

　　**苏米锁**：是。

　　**问**：当时村里的人口有多少？

　　**苏米锁**：至少有 200 人，大部分都藏在这里，这个洞非常长。

　　**问**：还记得放毒的事情吗？

　　**苏米锁**：记得，别的洞死了五六个人。

　　**问**：在这个洞里也放毒了吗？

　　**苏米锁**：嗯，放毒了，不是从这，从另外一个入口放的毒。

　　**问**：这个洞的入口有几处？

　　**苏米锁**：三四处。

　　**问**：全部相通吗？

苏米锁：是的，通着。

问：向这个洞里放毒的是吧，有死的人吗？

苏米锁：没有，谁也没死。

问：为什么呢？

苏米锁：日军放毒后马上就走了，我们从别的出口出去了。

问：放过几次毒呢？

苏米锁：只有一回。

问：那是哪一年的事情呢？

苏米锁：那记不太清楚了。

问：你多大时候的事情？

苏米锁：十五六岁时候的事情。

问：今年多大了？

苏米锁：今年 71 岁。

问：当时日军放毒之后，有什么症状呢？

苏米锁：（窑洞中的）气味异常，洞外看到有日军扔掉的筒子。

问：洞外的筒子有几个呢？

苏米锁：十几个。

问：什么颜色的筒子呢？

苏米锁：很多，不是白色的。像我的衣服一样，颜色不深，与砖头颜色（茶褐色）大概差不多。

问：筒子全部都是同一种颜色吗？

苏米锁：全部是同一种颜色。

问：那时候，洞里藏着几个人呢？

苏米锁：300 多个人。

问：这个洞有多长？

苏米锁：5 公里左右。

问：那样的话，毒气到不了那么深的地方？

苏米锁：日军点火之后马上就走了。人们感觉到气味有点怪，也马上出去了。

问：毒气到不了最深处？

苏米锁：嗯，到不了，通风口很多。

问：你们那个时候在什么地方呢？在里边，还是外边？

苏米锁：在里边，但不在最深处，我嗅到那个气味了。

问：什么感觉？

苏米锁：呕吐。

问：民兵们怎么样呢？

苏米锁：民兵们被熏之前就跑出去了。

问：放毒之后到民兵跑出去之前，过了多长时间呢？

苏米锁：刚开始一两个人跑出去，中间的人被熏后跑出去，大概有两小时。

问：中毒的人不多吧。

苏米锁：嗯，入口处的人们嗅着气味了，中间的人嗅着后马上就走了。

问：那是什么样的气味呢？

苏米锁：辛辣的臭味，像尸体的气味。

问：有多少人出来后就吐了呢？

苏米锁：一半的人吐了。

问：多长时间后好了的呢？

苏米锁：几个小时。这是在早饭后，午饭后就基本好了。

问：有年轻人，有老年人吗？

苏米锁：嗯，不论年龄、男女。

问：民兵也在其中吗？

苏米锁：民兵大部分在洞中，中毒的比例很高。

问：日军扔掉的筒子，后来怎么样了？

苏米锁：全部扔掉了。以前有展览馆，现在没有了。那个筒子四五十厘米长，碗口粗。颜色不是灰色，也不是青色。

问：那上面有标志什么的吗？

苏米锁：没有。

问：洞的另外一个入口离这里远吗？

苏米锁：不，不远，大约 500 米。

问：当时日军在这之外还做什么了？

苏米锁：放火、抢东西，把动物和牲畜都牵走。

问：民兵们在什么地方？

苏米锁：民兵们基本上都藏在山里。

问：放毒时，不是和你们在一起吗？

苏米锁：是的，在一起。

问：是因为民兵在才放毒的吗？

苏米锁：那个不知道。

问：那时候，日军第一次发现你们藏在这里吗？

苏米锁：不是，之前就知道。

问：日军来了，关闭洞的入口了吗？

苏米锁：有时候就把入口的门关了，人们从别的入口出去。

问：还有一处放毒的洞和这个一样吗？

苏米锁：嗯，坑道。

问：与这里相通吗？

苏米锁：通着，这个山是空的。对于上了年纪的人来说通风不好……

问：为什么日军没有来这？

苏米锁：洞中没有灯，他们来不了这。

问：藏在里边的有几个人？

苏米锁：不止五六个人，能往里走的人尽量往里走，也没有死。进不到里面的人在入口处就死了，都是老人，上了年纪的老太太和她的女儿……死的都是五六十岁的人。

问：听说过这里以外中毒的事情吗？

苏米锁：别的没有了。

问：这是什么时候的事情？

苏米锁：春播的时候。大概五月、六月（阴历）的时候。

问：当时民兵在里面藏着，粮食、弹药也在里面藏着吗？

苏米锁：有粮食，但很少。弹药就是炸煤窑的简单的地雷（石雷、铁雷）。

问：战争结束后，有谁过来调查过吗？

苏米锁：有，省里的人经常来调查。

**问**：还记得死在洞里的人的名字吗？

**苏米锁**：不记得了。女人的名字没有听过，找到张小保调查一下就知道了。他是当时的民兵队长。

**问**：在这之外，还听说过什么事情吗？

**苏米锁**：没听过。

**问**：八路军来过这里吗？

**苏米锁**：没有。

**问**：村里人对八路军是怎么样支援的呢？

**苏米锁**：我们在前线，八路军在后方。后方支援前线。我们没有吃的，八路军给我们。

**问**：我们日本人来这里之前，还有别的人来过吗？

**苏米锁**：没有，谁也没来过。

**问**：来的中国人也很少吗？

**苏米锁**：是的，很少。

## 8

**日期**：2000 年 9 月 18 日下午

**地点**：山西省平陆县下坪乡上坪村之一（贺银桃家）

平陆县在山西省的最南端，隔黄河与河南省相望，也是主要的渡河地点。该地区抗日战争时国民党军队的势力较强。下坪乡在东西狭长的县境的东端。

根据太原战犯长井觉的供述，1941 年 5 月，向洞中发射催泪毒气，将 40 名村民熏出，对许多妇女实施强暴。现存同村田胡法等三人的控诉书。

**口述者**：贺银桃　女　70岁

问：你的姓名是？

**贺银桃**：我叫贺银桃，今年70岁。日军来到我们中国，来祸害我们村民。大年除夕夜里，我们正在准备晚饭时……

问：那时候，你多大了？

**贺银桃**：那时我4岁。太阳落山的时候，我嫂子来准备晚饭，日本兵就准备把她带走，我的母亲不让走。穿着皮鞋的日本兵，就踢我母亲的腿，接着拔出刀来，用力砍在柱子上。家里的人都一起跑出去了。

问：你嫂子现在还活着吗？

**贺银桃**：已经去世了。

问：（指着柱子）这是刀的痕迹吗？

**贺银桃**：嗯，这里被刀砍了。

问：这个房子有60年以上了吧？

**贺银桃**：这个房子有很多年了。我一直住在这，在这长大。

问：你是在这个房子里出生的吗？

**贺银桃**：我的母亲一直在这里住。

问：（又一次为了看仔细柱子，用手摸）这里是什么？

**贺银桃**：刀砍的伤，日本人用刀砍下的伤痕。

问：日本兵的刀有多长？

**贺银桃**：有30多厘米长。

问：有几个人？

**贺银桃**：进来了一个人。

**问**：那个日本兵把你的嫂子带走的吗？

**贺银桃**：是，我的母亲不让，那个日本兵踢了母亲的腿好几次。全是黑色的伤痕。


**9**

**日期**：2000 年 9 月 18 日下午

**地点**：山西省平陆县下坪乡上坪村之二（洞窟前的道路上）

**口述者**：田先德　男　70 岁

**问**：你的父亲是在这个煤窑坑洞里吗？

**田先德**：不是。不是父亲，我的二哥，今年 84 岁了。

**问**：那时候抓了几个人呢？

**田先德**：村里三四十人，或者四五十人，带到这里来了，机关枪也架好了。

**问**：这个记录就是像你说的"有田胡法……"

**田先德**：田胡法已经死了。

**问**：这里写着"田胡法等三人"，还有两个人吧？

**田先德**：还活着。

**问**：现在在哪住着？

**田先德**：住在下河。

**问**：好像田胡法的母亲也被石头砸死了？

**田先德**：当时日本人向中国人扔石头，她被砸中死了。这个河岸的沙地上死了 3 个人，一个是田胡法的母亲，另外是一个叫什么银的人，被从这个洞里赶出来，强逼着脱衣服。有性格倔强的中国人，不屈从，被日军枪杀了。村里有个叫银佃富的人，他的母亲也被杀了，就在那个洞穴。

问：坑洞中死了多少人？

田先德：坑洞中谁也没死，在河岸沙地上死的。村民钻到洞中，日军往里面放毒气，人们被呛后就往坑洞的深处钻。结果呛得难以忍受之后从那个洞里出来。

问：坑洞中藏了多少人？

田先德：大概有八九十人。

问：大家都是放毒后才出来的吗？

田先德：出来后被搿到河岸沙地上死了的，我知道的就是这些。

问：放毒的地方是在这吗？

田先德：是的。

问：再告诉我一次，洞中藏着多少人？

田先德：六七十人，或者 80 人，这只是大概的数字。日军发现这个坑洞里有人就向里边扔石头。村民就向最里面钻，日军就扔了毒气，村民被呛得忍耐不住就出来了，被赶到河岸的沙地上，男女都不穿衣服。不听话的，倔强的村民被杀了。

问：被杀的人总共有几个？

田先德：只有 3 个。

问：放毒气后大家都出来了吗？

田先德：往里面扔毒气弹，大家都被呛得难以忍受，出来就被逼着脱光衣服。这就是我知道的全部。

问：还请再谈谈毒气的事情。

**田先德**：日本人来后，发现这里有隐藏的村民就爬上来了。刚开始扔石头，没有声音就放毒气。将毒气弹用火点着朝洞里扔，村民被呛得受不了就出来了。出来后被逼着脱光衣服，赶到河岸的沙地上。

问：那个毒气弹是什么样子的？

**田先德**：我不知道。反正听说是被毒气熏得受不了。

问：你哥哥也是在这个洞里吧？

**田先德**：嗯。这么个东西，看见有这么长，像筒子一样的东西。

问：铁筒吗？

**田先德**：不是。

问：像手榴弹一样的东西吗？

**田先德**：是，像火药一样筒状的东西。

问：日军来这个村里驻扎了多久？

**田先德**：1941年来，1945年走，整整待了5年。

问：在这个村里驻扎的吗？

**田先德**：不是，在西佳河驻扎。

问：离这里有几公里？

**田先德**：翻过山就是。

问：八路军呢？

**田先德**：平常看不到，在山里边打游击。1945年春天，收麦子的时候，日军来了。离这里很远有个大坡，中国人觉得不对就都跑了。日本人郑同伟……

问：谁？日本人吗？名字叫？

**田先德**：叫郑同伟。

问：好像中国人的名字啊。那个日本人在这里死的吗？

**田先德**：在这里被枪杀的。

问：国家解放之后的事情吗？是战犯吗？

**田先德**：也不能说是战犯，很有身份的人。

问：但是我听到他的名字好像是中国人。你再告诉我一次你记得的歌谣。刚解放的时候，这里唱的。

**田先德**：旧正月……来了很多日本兵，天津、北京，接着山东省、赤壁、石家庄……开封、上海、汉口、台儿庄，接着占领了山西省、洛阳、西宫等。

问：那是日军侵略中国的路线吧？

**田先德**：嗯，陇海路（铁道的名称）基本都被占领了。

## 10

**日期**：2000 年 9 月 18 日下午

**地点**：山西省平陆县下坪乡上坪村之三（田小卫的家）

**口述者**：田小卫　男　84 岁

　　　　　刘月变（田小卫妻子）　83 岁

　　　　　田先德　男　70 岁

　　　　　（田小卫、刘月变是田先德的兄嫂）

问：老爷爷今年多大年龄？

**田小卫**：84 岁。

**问**：还记得 1941 年日本兵来的时候的事情吗？当时的年龄多大呢？

**田小卫**：已经记不得了。

**田先德**：他们（我们这些从日本来的造访者）想知道日军来这里祸害村民的事情。刚才带他们去了现场的坑洞了。还想再和哥哥你谈一次话，哥哥你是当事人……请告诉我们。

**问**：能给我讲讲当时的情况吗？

**田小卫**：我耳背，年龄也大了，已经说不清楚话了。

**问**：慢慢说，不着急。

**田小卫**：1941 年春天，日本兵来了。村民向日本兵扔石头，日军就退回去了。接着日军放毒气，村民们被熏得乱爬乱滚，忍耐不住就出去了。接着都让脱光衣服，一丝不挂，逃的话就会被杀。佃富的母亲也被杀了，总共枪毙了 3 个人。日军有翻译官，是个和蔼的人。日军架着机关枪。一扫射的话，就能把村民全打死。那个翻译官不知道说了什么，没有开枪。

**问**：你看到过毒气弹吗？

**田小卫**：碗口粗，30 厘米长。点火后就冒烟，那就是毒气弹。

**问**：毒气臭吗？

**田小卫**：臭，熏着的话受不了。

**问**：洞中藏着多少人呢？村里所有人吗？

**田小卫**：也有不在的。

问：总共有多少人？

田小卫：大概有三四十人。

问：她还记得吗（转向田小卫妻子），当时你在吗？

刘月变：当时我不在洞里，逃到山林里了。

问：日军在这里驻扎了多久？

田小卫：4 年时间。

刘月变：我也 80 多岁了，我往山里逃的时候，碰上日军，把孩子都扔下了。

问：后来找见了吗？

刘月变：找见了。

问：几个月的孩子呢？

刘月变：不到一岁，8 个月大的孩子，真的遭了很多罪。已经 80 岁了，捡了一条命。

问：你们二人是夫妻吗，身体挺好啊。

刘月变：嗯，我今年 83 岁，知道日本兵，害怕死了。

田小卫：藏到沟里了，没办法逃走的，孩子都扔了。

问：知道一个叫田胡法的人吗？

田小卫：他已经死了。

问：死了多少人？

田小卫：上了年纪，已经记不清楚了。

刘月变：当时被日军带走的时候，只能老老实实地跟着走。不走的话就被杀了，那时候只要没被杀就很好了。

问：那时候总共死了多少人？

田小卫：有一家 5 口，田和尚家 3 口，佃富家，合起来有十多个人。

问：嗅着毒气的人脸色怎么样？

田小卫：白得可怕。

问：坑洞中死了几个人？

田小卫：没有死人，都出来了。

问：毒气放了几回？

田小卫：只有一回。


## 11

**日期**：2000 年 9 月 19 日下午

**地点**：山西省平陆县牡马乡向东村（原神圪塔村）之一（张万才家）

牡马乡在平陆县城西北十多公里处。

**口述者**：张万才　男　68 岁（村主任）

　　　　　张彦娥　男　73 岁

**张万才**：我叫张万才，原区委书记，干了几十年。

问：给我们讲讲你经历的事情。当时多大？

**张万才**：1939 年七八岁，我在山沟里避难。那里有将近 40 个人，有年轻人，有老人。当时区里有游击队，队长是张鹏飞，与日军打仗，日军见人就杀。记得一个 4 口人的家里，被杀了 3 口人。日军一发子弹杀了母子两个，合起来杀了 40 多个人。牛羊等家畜就更多了。

问：在这里放的毒气吗？

**张万才**：记得放了，当时我不在现场。

问：村里有老人吗？

**张万才**：有。

问：从老人那里听说什么了吗？

**张万才**：已经记不得了，都是过去的事情。

问：村里最年长的人有多大？

**张万才**：年龄最大的 88 岁。

问：那样的话一定还记得。当时应该是 20 岁时候的事情。头脑还清醒吗，能帮着找找上年纪的，头脑清醒的人吗？

**张万才**：他的家里没人活着了。

问：院子还在吗？

**张万才**：在。

问：谁住着呢？

**张万才**：院子塌了，全是灰。

问：能让我看看吗？

**张万才**：好的，可以。

问：不是说他家 4 个人死了 3 个吗？

**张万才**：嗯，他的媳妇没死。死的人是张有道（父亲）、张彦身（儿子）、张粉娥（女儿）。

问：知道张村的水井吗？那里死了几个人呢？

**张万才**：不太知道，但是死的人很少。

问：现在那口井还在吗？

**张万才**：在，在上家溪（地名）。

问：游击队长还活着吗？

**张万才**：已经去世了。

（张彦娥的家）

**张万才**：这是这家的主人。4 口人的家庭 3 人被杀。这是他的外甥，今年 72 岁。

**问**：他是怎么死的？

**张彦娥**：日军杀死的。

**问**：什么情况下被杀死的？

**张彦娥**：日军来了，逃跑，没藏好。

**问**：抓住了吗？

**张彦娥**：不是被抓住的，想逃的时候被枪杀了。

**问**：当时你几岁呢？

**张彦娥**：十五六岁。

**问**：还记得毒气的事情吗？

**张彦娥**：记不得，只是听说过。

**问**：听说张村有司令部，知道吗？

**张彦娥**：不知道。

**问**：叫什么名字？

**张彦娥**：张彦娥。


## 12

**日期**：2000 年 9 月 19 日下午

**地点**：山西省平陆县牡马乡向东村之二（村广场）

**口述者**：张保初　男　87 岁

　　　　　张万才　男　68 岁（村主任）

问：村里被放过毒气吗？

张保初：嗯，九月十三、十四，日军来了两天。

问：毒气是什么样子的？看到过吗？什么气味？

张保初：没有看到过，人们都害怕死了。

问：闻到过气味吗？

张保初：很怪的气味，被呛到过。

问：记得一个叫又川春义的人吗？这里写着点燃400个毒气弹，死了2000人。

张万才：还小的时候，记不得。

问：平陆县志办公室的人说，张村有个指挥部。

张万才：是的，我去过。被日军征来的，是日军的指挥部。张村有个水井，里面有很多尸体。

问：为什么会扔到井里呢？

张万才：尸体很多，没有埋的都扔到井里，那个井很深。一个翻译官喊"所有人都跪下"，我们就马上跪下。大家都被绑着，上了年纪的老头、老太太都跪着。听到枪栓一响，还有"全杀了"的声音，大家都哭起来了，恐怖极了。

问：知道游击队长的事情吗？

张万才：嗯，他已经死了。他的媳妇还活着，80多岁了，想见的话带你们过去。

问：她知道详细情况吗？

张万才：她多少记得一点。

张保初：九月十三是最惨的一天。阴历九月十三，那一天杀了 13 个人。

**张万才**：张村有一个日本兵头目，名字叫赤江，被称为"杀人大王"。他的名字听到都让人感到害怕。

**问**：那么全村合起来死了多少人？

**张万才**：全部 40 人左右。

**问**：毒气呢？

**张万才**：听说过，没看到过。

## 13

**日期**：2000 年 9 月 19 日下午

**地点**：山西省平陆县牡马乡向东村之三（毛风云家）

**口述者**：毛风云　女　81 岁（原游击队长之妻）

**问**：今年多大了？

**毛风云**：81 岁。

**问**：还记得吗？

**毛风云**：肯定忘不了。电视里一出现战争的事情，我就觉得讨厌，害怕死了。

**问**：战争的时候你去什么地方了？

**毛风云**：我去运城了。

**问**：讲一讲你所知道的张村的事情。

**毛风云**：九月十三，我家被烧了，结婚时的嫁妆也被烧了，房子、窑洞全被烧了。

**问**：听说过毒气的事情吗？

**毛风云**：我不知道，没有看到过。

问：日军不知道你丈夫是游击队长吗？

**毛风云**：知道，不知道的话就不想着杀他了。他买东西的时候给我办了良民证。告诉我拿着那个，去什么地方都不会问。

问：你也很担心吧？

**毛风云**：当然非常害怕。

问：你丈夫是建国后去世的吧？

**毛风云**：嗯，是的。

## 14

**日期**：2000 年 9 月 19 日下午

**地点**：山西省平陆县城关八政村之一（吴振华家）

八政村离平陆县县城四五公里。太原战犯又川春义供述书中提到的平陆县城大神村，即现在的八政村，记载着 1939 年 5 月，点燃 400 个毒气弹，残留尸体有 2000 具以上。

**口述者**：吴振华　男　68 岁

问：日军什么时候来的？

**吴振华**：1940 年阴历十一月的一个早上，突然从河岸的沙地来的。随后中央渠被挖开，村民不能通过，急急忙忙就躲在后面的山洞里了，这是第二回了。之前从运城方面来转了一圈就走了，第二回就长期驻扎了。

问：前后驻扎了几年呢？

**吴振华**：五六年吧。

问：知道万人坑的事情吗？

吴振华：也被称为杀人井。当时日军在张村、果家园等地驻扎着一个大队，在马蹄（地名）建立了兵营、两处慰安所、骑兵中队，从事运输工作的日本人也在这里住，让家畜驮运粮食和草等东西。中国人为日本人帮工，有钟表店、照相馆、豆腐铺子等，还有翻译官，有姓孙的、姓田的、姓雷的等翻译官，我和这些翻译官见过面。为什么呢？因为当时我还小，来回跑也不会被怀疑。那边有警备队、警察所、武装自卫团，以及工作队。工作队就是收集、侦查情报的。当时在夏县等地打游击的，有中国军（国民党军队）和八路军。

杀的人把三口井都塞满了。井口很大，有 10 米深，1米宽。尸体把三口井都塞满了。那三口井挖出 3000 多个头盖骨。记得有一次 108 个人被杀。很早以前听说有一个叫"老虎口"的地方，意思是进了洞之后就活着出不来，里面的人全部被杀了。杀 108 个人的那一天下午，准备杀的人被用绳子绑着脚带过来了，根本走不动。一个年轻人突然往沟里跳，逃走了，日本兵马上就开枪，结果他还是逃走了。这是日本兵杀人最多时候的事情。

另外一回杀了 24 个人，被抓的第二天就全部被杀了，全部用刺刀扎死的。这是让日本士兵做杀人练习，用刺刀扎很多很多次，非常疼。

日军渡黄河之后，这里就只有中国人组织了。新年时候，从各地给日本人送来了礼物，猪、肉。此外，还上演日本剧和中国蒲剧（山西省南部的戏曲）。

问：在这放过毒气吗？

**吴振华**：毒气没放过。日军搜查杨子镇，他是村长。当时村民称呼日本兵为"大父"，山里的土匪为"二父"。山里的土匪劫富济贫。这个村长是富人家，因为没有送礼，一天晚上就被抢劫了。他为日军做事。第二天早上回到家里问媳妇："谁干的，昨天傍晚是什么情况？"当时，后面的院子里住着个抽大烟的司小杭，媳妇说那个人没有钱了就抢我们家了。他向日军报告，司小杭夫妻就被抓起来拷问。但是没有干，也不可能承认，司小杭的媳妇就被杀了。

司小杭被绳子绑着，突然拼命从河岸边的沙地上逃出去了。日军开枪打，但是天色已暗，司小杭藏在一块大石头后面。日军走后，司小杭就往山上跑。山上难爬，司小杭就咬着牙从草里爬上去了。逃到一个叫万岁的人家里，那个人也喜欢抽鸦片。司小杭叫着："开一下门。"万岁说："你是鬼，不是人，不可能从八镇跑出去。"司小杭说："我真的是人。"接着听到"那开门进来吧"，因为手被绑着，就说："我的手被绑着。"又说："那就舔一下窗户纸，让我看看还有没有气。"看见有气才为他开了门，司小杭的手确实被绑着。

问：那人现在还活着吗？

**吴振华**：十五六年前活着，"文化大革命"前还活着。司小杭好不容易逃了一条命。

问：为什么叫万人坑呢？

**吴振华**：因为杀了很多人。原来八政街上 300 多间房子都被烧了，老百姓都跑走了。这个村 10 天就被杀了 10 个人。我家里父亲和哥哥两个人都被杀了。父亲当时给日军担水，被日军用刀刺中死了。家里没有吃的，哥哥去磨坊，碰见日军正在杀六七个中国人。哥哥说了"背面粉"，但还是被日军用刀刺死了，日军杀害的中国人不计其数。日军还用刀把牛屁股上的肉切下来，牛疼得直叫。

**问**：听说过毒气的事情吗？

**吴振华**：没有。


## 15

**日期**：2000 年 9 月 19 日下午

**地点**：山西省平陆县城关八政村（被称为万人坑井的前面）

**口述者**：史晋安　男　71 岁

**问**：这口井有多深？

**史晋安**：5 米左右。

**问**：当时埋了多少人？

**史晋安**：全部合起来有三四千人，那边的井比较大，有 10 米深，3.5 米宽，是浇地用的井。

**问**：请告诉我关于毒气的事情，见过吗？

**史晋安**：看见过一个日本人因为做毒气实验死了。

**问**：看到那个人的脸了吗？

**史晋安**：没看见，走近的时候那个人的脸已经被盖上了。

**史晋安**：离那里不远。他们在一个入口很小的洞里做实验。

**问**：名字是?

**史晋安**：叫史晋安，71 岁。那个洞的入口很小，通风很差，看不到我们。日本新兵在做密封式实验。日本人后来在洞里被火葬了，摆上木头把被子点着，我看得清清楚楚。

**问**：为什么经常火葬呢?

**史晋安**：日本兵死了，都是在那里火葬。

**问**：怎么死了的呢?

**史晋安**：也有战死的，运过来火葬的。八政有司令部，那里驻扎着一个大队。

**问**：1945 年以前一直在吗?

**史晋安**：嗯，1945 年 8 月才走的。

附 录

APPENDIX

# A　禁止使用化学武器的国际条约

## 1.《圣彼得堡宣言》

（1868 年 12 月 11 日于圣彼得堡）

日本发生效力　1868 年 12 月 11 日

应俄罗斯帝国政府的邀请，在圣彼得堡召开了一次国际军事委员会会议，以考虑禁止在战争期间在文明国家之间使用某些弹丸的愿望。该会议根据一项共同协议规定了技术上的限制，在此限制内，战争的需要应服从人道的要求。下列签署人根据其政府命令受权发表宣言如下：

考虑到文明的进步，应尽可能减轻战争的灾难；各国在战争中应尽力实现的唯一合法目标是削弱敌人的军事力量；为了这一目标，应满足于使最大限度数量的敌人失去战斗力；由于武器的使用无益地加剧失去战斗力的人的痛苦或使其死亡不可避免，将会超越这一目标；因此，这类武器的使用违反了人类的法律。

缔约国相互保证，在它们之间发生战争时，它们的陆军和海军部队放弃使用任何轻于四百克的爆炸性弹丸或是装有爆炸性或易燃物质的弹丸。

它们同意邀请所有未派代表参加在圣彼得堡召开的国际军事委员会会议的讨论的国家加入本协议。

本协议仅对缔约国或加入国在它们之中两国或数国之间发生战争时，具有约束力；本协议不适用于非缔约国或未加入本协议的国家。

在缔约国或加入国发生战争时，如一个非缔约国或非加入国参加交战国之一方作战，从这时起，本协议也应停止其约束力。

一旦由于将来在军备方面的改进而提出明确的建议时，缔约国或加入国保留今后达成一项谅解的权利，以维护它们已经确定的原则并使战争的需要符合于人道的法律。

1868 年 11 月 29 日（12 月 11 日）于圣彼得堡。

## 2.《海牙宣言》

禁止使用专用于散布窒息性或有毒气体的投射物的宣言

1899 年（明治三十二年）7 月 29 日　海牙签订

1900 年（明治三十三年）9 月 3 日　批准

同年 10 月 6 日　批准书交换

同年 11 月 22 日　公布

# 宣言书

下列赞同海牙世界和平会议各国全权委员，受各本国政府委托，1868 年 11 月 29 日至 12 月 10 日圣彼得堡宣言书中所记载事项主要内容如左所示。

各自禁止使用投射方式散布窒息性毒气与有毒物质毒气的宣言

各国中两国或数国之间开战时，缔约国有遵守本宣言的义务。前述义务缔约国之间开战，如一非缔约国加入交战国某一方时则该义务随时消失。本宣言应该尽快批准。

批准书应保存在海牙

各批准书制作保管证书，将其认证文件依外交程序公布于各缔约国之间。

非记名国可以加入本宣言，将其加盟通告于各缔约国，用书面形式通知荷兰国政府，再由荷兰国政府再通知其他缔约国。

若缔约国中一国放弃本宣言时，应以书面形式通告荷兰国政府，1 年后其放弃效力方会生效，该通告荷兰国政府立即通知各缔约国

放弃的效力只限于通告国。

各全权委员在本宣言签名盖章留作证明。

1899 年 7 月 29 日在海牙撰成本文

将之作为荷兰国政府记录保管，将其认证文本依照外交上的手续交付缔约国。

## 3. 《日内瓦议定书》

禁止在战争中使用窒息性、毒性、其他气体和细菌作战方法的议定书（即《日内瓦议定书》）

PROTOCOL FOR THE PROHIBITION OF THE UES IN WAR OF ASPHYXIATING POISONOUS OR OTHER GASES AND OF BACTERILOGICAL METHODS OF WARFARE

署名　1925 年 6 月 17 日（日内瓦）

发生效力　1928 年 2 月 8 日

日本国　　1925 年 6 月 17 日署名

1970 年 5 月 13 日国会承认

5 月 21 日批准书交换公布（条约 4 号）生效

下列全权委员以各自政府之名义

窒息性毒气、毒性气体或者与此相类似的气体，以及与此相类似的所有液体、物质以及战争中使用的考虑，招致文明世界舆论批评。

世界大多数国家作为当事国已在各种条约中宣布禁止前述使用事项，这一禁止事项，作为国际法的一部对各国良心与行动有着同等约束效力，并被广泛地接受，如下宣言：

缔约国同意，未参加前述禁止事项的条约国承诺这一禁止事宜，以及，禁止事宜适用于细菌学战争手段的使用，依照这一宣言的记述文字，互相约束。

缔约国应尽所有努力劝说缔约国之外的国家加入此议定书。加入通告法兰西共和国政府，由该政府通告所有署名国及加入国，该政府通告之日起发生效力。

该议定书以法文和英文的文本为正文，必须尽快批准，本议定书附有今日时点。

议定书的批准书送达法兰西共和国政府，由该政府马上通告各签名国和各加入国交换该批准书。

该议定书的批准书及加入书，暂交法国政府。

该议定书由各署名国的批准书交换日期之始生效，自该时点开始，约束该署名国与已交换批准书的其他署名国关系。

（全权委员署名及末文省略）

### 4.《销毁生物毒素武器公约》（精选）

禁止细菌武器（生物武器）及毒性武器的开发、生产及储藏，同时关于销毁的公约

《销毁生物毒素武器公约》（精选）

CONVENTION ON THE PROHIBITION OF THE DEVEL-OPMENT PRODUCTION AND STOCKPILING OF BACTERIO-LOGICAL (BIOLOGICAL) AND TOXIN WEAPONS AND ON THEIR DESTRUCTION

签名：1972 年 4 月 10 日（伦敦　华盛顿　莫斯科）

发生效力　1975 年 3 月 26 日

日本国　1972 年 4 月 10 日署名

1982 年 6 月 4 日国会承认，内阁批准决定

6 月 8 日批准书交换、公布（条约 6 号），生效

该条约缔约国

决定禁止及销毁各类大规模杀伤性武器，全面推进缩减军备的进展效果，采取措施对化学武器及细菌武器（生物武器）的研发、生产、储藏，相信禁止和销毁在有效的国际管理之下，容易达成全面且完全的军备缩减。

认识到 1925 年 6 月 17 日日内瓦署名的禁止在战争中使用窒息性气体、毒气，或者与此相类似的气体及细菌学手段的重要意义，该议定书对减轻战争恐怖有贡献，另外，认识到继续对减轻做贡献

对坚持该议定书的目的和原则进行再次确认，请求所有国家对目的和原则严格遵守

国际联合总会反复谴责违反该议定书目的和原则的行径

希望强化各国国民之间的信赖，促进国际关系的全面改善。

希望促进国际联合宪章的目的和原则的实现

相信采取有效措施从各国军备中去除利用化学剂或者细菌剂（生物剂）作为大规模破坏武器的危险的紧迫性和重要性

认识到关于细菌武器（生物武器）及毒素武器的禁止相关事项是达成禁止化学武器研发、生产及储藏事项的第一步，决定为达成共识继续协商。

为了全人类的福祉，决定完全消灭在武器中使用细菌剂（生物剂）及毒素的可能性。

这种使用违背人类良心，相信付出所有努力能将这种使用的危险压迫至最低。

缔结以下协定。（以下省略）

### 5. 《化学武器禁止公约》（精选）

化学武器禁止公约的成立历程

1925 年日内瓦议定书中已经禁止在战争中使用窒息性毒气等，以 1966 年第 21 次国际联合总会中谴责化学武器与细菌武器的使用议案为契机，禁止平常化学武器的研发、生产、储藏，也成为重要的裁军问题被提上日程。1980 年，裁军委员会（后来的裁军会议）中，正式开始禁止化学武器的条约交涉行动。

裁军会议采纳了 1992 年 9 月附加在条约案上的国际联合总会的报告书。接到这一报告，在同年第 47 回国际联合总会中通过了推动该条约案的决议。之后，该公约 1993 年 1 月 13 日在巴黎缔结，日本等 130 国在条约署名，接着日本国在 1995 年 9 月 15 日批准了该公约。

关于禁止与废弃化学武器研发、生产、储藏及使用的公约（精选）

序言

决心采取行动以切实促进严格和有效国际监督下的全面彻底裁军（包括禁止和消除一切类型的大规模毁灭性武

器）。

希望为实现《联合国宪章》的宗旨和原则做出贡献。

回顾联合国大会曾再三谴责一切违反 1925 年 6 月 17 日于日内瓦签订的《关于禁止在战争中使用窒息性、毒性或其他气体和细菌作战方法的议定书》（1925 年《日内瓦议定书》）的原则和目标的行为。

认识到本公约重申 1925 年《日内瓦议定书》和 1972 年 4 月 10 日于伦敦、莫斯科和华盛顿签订的《关于禁止发展、生产和储存细菌（生物）及毒素武器和销毁此种武器的公约》的原则和目标以及按该议定书和该公约承担的义务。

铭记《关于禁止发展、生产和储存细菌（生物）及毒素武器和销毁此种武器的公约》第九条所载的目标。

决心为了全人类，通过执行本公约的各项规定而彻底排除使用化学武器的可能性，从而补充按 1925 年《日内瓦议定书》承担的义务。

认识到禁止使用除草剂作为一种作战方法的规定已体现在有关协定以及国际法的有关原则中，

认为化学领域的成就应完全用于造福人类，

希望促进化学品的自由贸易以及为本公约不加禁止的目的进行的化学活动方面的国际合作及科学和技术资料交换，以求增进所有缔约国的经济和技术发展，

深信彻底而有效地禁止发展、生产、获取、储存、保有、转让和使用化学武器及销毁此种武器是朝着实现这些

共同目标迈出的必要步骤，

兹协议如下：

第一条　一般义务

1. 缔约国不论何种情况，承诺不进行以下行为

（a）发展、生产、以其他方式获取、储存或保有化学武器，或者直接或间接向任何一方转让化学武器；

（b）使用化学武器；

（c）为使用化学武器进行任何军事准备；

（d）以任何方式协助、鼓励或诱使任何一方从事本公约禁止一缔约国从事的任何活动。

2. 每一缔约国承诺按照本公约的规定销毁其所拥有或占有的或位于其管辖或控制下的任何地方的化学武器。

3. 每一缔约国承诺按照本公约的规定销毁其遗留在另一缔约国领土上的所有化学武器。

4. 每一缔约国承诺按照本公约的规定销毁其所拥有或占有的或位于其管辖或控制下的任何地方的任何化学武器生产设施。

5. 每一缔约国承诺不将控爆剂用作战争手段。

第二条　定义和标准

为本公约的目的：条约适用上

1. "化学武器"是合指或单指：

（a）有毒化学品及其前体，但预定用于本公约不加禁止的目的者除外，只要种类和数量符合此种目的；

（b）经专门设计通过使用后而释放出的（a）项所指有

毒化学品的毒性造成死亡或其他伤害的弹药和装置；

（c）经专门设计其用途与本款（b）项所指弹药和装置的使用直接有关的任何设备。

2.“有毒化学品”是指：

通过其对生命过程的化学作用而能够对人类或动物造成死亡、暂时失能或永久伤害的任何化学品。其中包括所有这类化学品，无论其来源或其生产方法如何，也无论其是否在设施中、弹药中或其他地方生产出来。

（为执行本公约核查措施，适用的有毒化学品列于关于化学品的附件所载的各附表中。）

3.“前体”是指：

生产有毒化学品的任何阶段参（无论何种方法），此生产过程的任何化学反应物。其中包括二元或多元化学系统的任何关键组分。（为执行本公约核查措施的目的，适用的“前体”列于关于化学品的附件所载的各附表中。）

4.“二元或多元化学系统的关键组分”（下称“关键组分”）是指：

在决定最终产品的毒性上起最重要作用而且与二元或多元系统中的其他化学品迅速发生反应的前体。

5.“老化的化学武器”是指：

（a）1925 年以前生产的化学武器；或

（b）1925 年至 1946 年期间生产的已老化到不再能用作化学武器的化学武器。

6.“遗弃化学武器”是指：

1925 年 1 月 1 日以后一国未经另一国同意而遗弃在该国领土上的化学武器（包括老化化学武器）。

7. "控爆剂"是指：未列于附表中、可在人体内迅速产生感觉刺激或失能生理效应而此种刺激或效应在停止接触后不久即消失的任何化学品。（以下省略）

# B 驻屯部队及相关军人表

（松野诚也制作）

历次华北方面军司令官一览

寺内寿一大将　1937 年 8 月 26 日—1938 年 12 月 9 日

杉山元大将　1938 年 12 月 9 日—1939 年 9 月 12 日

多田骏中将　1939 年 9 月 12 日—1941 年 7 月 7 日

冈村宁次大将　1941 年 7 月 7 日—1944 年 8 月 15 日

冈部直三郎大将　1944 年 8 月 25 日—1944 年 11 月 22 日

下村定中将　1944 年 11 月 22 日—1945 年 8 月 19 日

根本博中将　1945 年 8 月 19 日

（根据秦郁彦编『日本陸海軍総合辞典』，東京大学出版会，1991 年，325 頁修改而成。）

历次华北方面军参谋长一览

冈部直三郎少将　1937 年 8 月 26 日—1938 年 7 月 15 日

山下奉文中将　1938 年 7 月 15 日—1939 年 9 月 23 日

笠原幸雄少将　1939 年 9 月 23 日—1941 年 3 月 1 日

田边盛武中将　1941 年 3 月 1 日—1941 年 11 月 6 日

安达二十三中将　1941 年 11 月 6 日—1942 年 11 月 9 日

大城户三治中将　1942 年 11 月 9 日—1944 年 10 月 14 日

高桥坦中将　1944 年 10 月 14 日

## 历次第一军司令官一览

香月清司中将　1937 年 8 月 26 日—1938 年 5 月 30 日

梅津美治郎中将　1938 年 5 月 30 日—1939 年 9 月 7 日

篠塚义男中将　1939 年 9 月 7 日—1941 年 6 月 20 日

岩松义雄中将　1941 年 6 月 20 日—1942 年 8 月 1 日

吉本贞一中将　1942 年 8 月 1 日—1944 年 11 月 22 日

澄田四郎中将　1944 年 11 月 22 日

（同前，据 333—334 页制作。）

## 历次第一军参谋长一览

桥本群少将　1937 年 8 月 26 日—1938 年 1 月 12 日

饭田祥二郎少将　1938 年 1 月 27 日—1938 年 11 月 9 日

櫛渊一少将　1938 年 11 月 9 日—1940 年 3 月 9 日

田中隆吉少将　1940 年 3 月 9 日—1940 年 12 月 2 日

楠山秀吉少将　1940 年 12 月 2 日—1941 年 12 月 1 日

花谷正少将　1941 年 12 月 1 日—1943 年 10 月 23 日

堀毛一磨少将　1943 年 10 月 23 日—1944 年 12 月 16 日

山冈道武少将　1944 年 12 月 16 日

（同前，据 334 页制作。）

**第一军战斗序列（1937 年 8 月 31 日）**

第一军（司令官　香月清司中将）

第 6 师团（师团长　谷寿夫中将）

步兵第 11 旅团（旅团长　坂井德太郎少将）

步兵第 13 联队（联队长　冈本保之大佐）

步兵第 47 联队（联队长　长谷川正宪大佐）

步兵第 36 旅团（旅团长　牛岛满少将）

步兵第 23 联队（联队长　冈本镇臣大佐）

步兵第 45 联队（联队长　神田正种大佐）

骑兵第 6 联队（联队长　猪木近太大佐）

野炮兵第 6 联队（联队长　藤村谦中佐）

工兵第 6 联队（联队长　中村诚一大佐）

辎重兵第 6 联队（联队长　川真田国卫大佐）

第 14 师团（师团长　土肥原贤二中将）

步兵第 27 旅团（旅团长　馆余德少将）

步兵第 2 联队（联队长　石黑贞藏大佐）

步兵第 59 联队（联队长　坂西一良大佐）

步兵第 28 旅团（旅团长　酒井隆少将）

步兵第 15 联队（联队长　森田范正大佐）

步兵第 50 联队（联队长　远山登大佐）

骑兵第 18 联队（联队长　安田兼人中佐）

野炮兵第 20 联队（联队长　宫川清三大佐）

工兵第 14 联队（联队长　岩仓叙大佐）

辎重兵第 14 联队（联队长　石原章三中佐）

第 20 师团（师团长　川岸文三郎中将）

步兵第 39 旅团（旅团长　高木义人少将）

步兵第 77 联队（联队长　鲤登行一大佐）

步兵第 78 联队（联队长　小林恒一大佐）

步兵第 40 旅团（旅团长　上月良夫少将）

步兵第 79 联队（联队长　森本伊市郎大佐）

步兵第 80 联队（联队长　铃木谦二大佐）

骑兵第 28 联队（联队长　冈崎正一中佐）

野炮兵第 26 联队（联队长　细川忠廉大佐）

工兵第 20 联队（联队长　南部薰大佐）

辎重兵第 20 联队（联队长　落合松二郎大佐）

野战重炮兵第 1 旅团（旅团长　坂西平八少将）

野战重炮兵第 2 联队（联队长　木下滋大佐）

野战重炮兵第 3 联队（联队长　高桥次郎大佐）

野战重炮兵第 2 旅团（旅团长　前田治少将）

野战重炮兵第 5 联队（联队长　远藤三郎大佐）

野战重炮兵第 6 联队（联队长　松下金雄大佐）

第一军直辖部队

独立机关枪第 4 大队

独立机关枪第 5 大队

独立机关枪第 9 大队

战车第 1 大队

战车第 2 大队

独立山炮兵第 1 联队（联队长　贵岛次郎中佐）

独立山炮兵第 3 联队（联队长　月野木正雄大佐）

独立野战重炮兵第 8 联队（联队长　金冈嶠大佐）

迫击第 3 大队

迫击第 5 大队

独立工兵第 4 联队

第一军通信队

（基于井本熊男监修『帝国陆军编成総覧』第一卷 芙蓉書房，1993 年，472—474 页制作。）

**第一军战斗序列（1938 年 7 月下旬）**

第一军（司令官　梅津美治郎中将）

第 14 师团（师团长　井关隆昌中将）

步兵第 27 旅团（旅团长　丰岛房太郎少将）

步兵第 2 联队（联队长　横山静雄大佐）

步兵第 59 联队（联队长　那须弓雄大佐）

步兵第 28 旅团（旅团长　森村经太郎少将）

步兵第 15 联队（联队长　井上靖大佐）

步兵第 50 联队（联队长　小田健作大佐）

骑兵第 18 联队（联队长　川岛吉藏中佐）

野炮兵第 20 联队（联队长　宫川清三大佐）

工兵第 14 联队（联队长　小野口忱大佐）

辎重兵第 14 联队（联队长　今村武雄中佐）

第 20 师团（师团长　牛岛实常中将）

步兵第 39 旅团（旅团长　关原六少将）

步兵第 77 联队（联队长　真野五郎大佐）

步兵第 78 联队（联队长　室谷忠一大佐）

步兵第 40 旅团（旅团长　高桥多贺二少将）

步兵第 79 联队（联队长　森本伊市郎大佐）

步兵第 80 联队（联队长　铃木谦二大佐）

骑兵第 28 联队（联队长　藤田茂大佐）

野炮兵第 26 联队（联队长　细川忠廉大佐）

工兵第 20 联队（联队长　南部薰大佐）

第 109 师团（师团长　山冈重厚中将）

步兵第 31 旅团（旅团长　中井武三少将）

步兵第 69 联队（联队长　佐佐木勇大佐）

步兵第 107 联队（联队长　长泽子郎大佐）

步兵第 118 旅团（旅团长　山口三郎少将）

步兵第 119 联队（联队长　谷口吴郎大佐）

步兵第 136 联队（联队长　松井节大佐）

骑兵第 109 大队（大队长　山崎清中佐）

山炮兵第 109 联队（联队长　黑泽正三中佐）

工兵第 109 联队（联队长　中村仪三中佐）

辎重兵第 109 联队（联队长　绪方俊夫少佐）

独立混成第 3 旅团（旅团长　佐佐木到一少将）

独立步兵第 6 大队（大队长　尾子熊一郎中佐）

独立步兵第 7 大队（大队长　小川权之助中佐）

独立步兵第 8 大队（大队长　下枝龙男中佐）

独立步兵第 9 大队（大队长　柳勇中佐）

独立步兵第 10 大队（大队长　北条藤吉中佐）

旅团炮兵队

旅团工兵队

旅团通信队

独立混成第 4 旅团（旅团长　河村薰少将）

独立步兵第 11 大队（大队长　万城目武雄大佐）

独立步兵第 12 大队（大队长　秋元正吉中佐）

独立步兵第 13 大队（大队长　板津直刚中佐）

独立步兵第 14 大队（大队长　鬼武五一中佐）

独立步兵第 15 大队（大队长　清水喜代美中佐）

旅团炮兵队

旅团工兵队

旅团通信队

野战重炮兵第 2 旅团（旅团长　平田健吉少将）

野战重炮兵第 5 联队（联队长　池田俊吉大佐）

野战重炮兵第 6 联队（联队长　矢野正雄大佐）

独立野战重炮兵第 8 联队（联队长　金冈嵷大佐）

第一军直辖部队

独立机关枪第 4 大队

独立机关枪第 5 大队

独立机关枪第 9 大队

独立山炮兵第 1 联队（联队长　丰岛治郎大佐）

独立山炮兵第 3 联队（联队长　月野木正雄大佐）

迫击第 3 大队

迫击第 5 大队

（基于井本熊男監修『帝国陸軍編成総覧』第一卷 芙蓉书房，1993 年，501—504 页制作。）

**第一军战斗序列（1940 年 8 月，百团大战时）**

第一军（司令官　篠塚义男中将）

第 20 师团（师团长　七田一郎中将）
步兵第 39 旅团（旅团长　中野英光少将）
步兵第 77 联队（联队长　斋藤正彦大佐）
步兵第 78 联队（联队长　室谷忠一大佐）
步兵第 40 旅团（旅团长　田上八郎少将）
步兵第 79 联队（联队长　马奈木敬信大佐）
步兵第 80 联队（联队长　三宅贞彦大佐）
骑兵第 28 联队（联队长　井濑清助中佐）
野炮兵第 26 联队（联队长　高桥义男大佐）
工兵第 20 联队（联队长　南部薰大佐）
辎重兵第 20 联队（联队长　松山初之中佐）

第 36 师团（师团长　井关仞中将）
第 36 步兵团（步兵团长　山内正文少将）
步兵第 222 联队（联队长　菅波一郎大佐）
步兵第 223 联队（联队长　西田祥实大佐）
步兵第 224 联队（联队长　笠原嘉兵卫大佐）
搜索第 36 联队（联队长　不明）
山炮兵第 36 联队（联队长　藤山朝章大佐）

工兵第 36 联队 （联队长　岩佐隆中佐）

辎重兵第 36 联队　（联队长　森三丸中佐）

第 37 师团（师团长　安达二十三中将）

第 37 步兵团（步兵团长　森布伊市少将）

步兵第 225 联队（联队长　竹田蹐三大佐）

步兵第 226 联队（联队长　重松吉正大佐）

步兵第 227 联队（联队长　荒木正二大佐）

山炮兵第 37 联队（联队长　大坪一马中佐）

工兵第 37 联队（联队长　此木友之中佐）

辎重兵第 37 联队（联队长　河合丰中佐）

第 41 师团（师团长　田边盛武中将）

第 41 步兵团（步兵团长　奥村半二少将）

步兵第 237 联队（联队长　有富治郎大佐）

步兵第 238 联队（联队长　池田次郎大佐）

步兵第 239 联队（联队长　江口四郎大佐）

搜索第 41 联队（联队长　西冈延次中佐）

山炮兵第 41 联队（联队长　小仓三男中佐）

工兵第 41 联队（联队长　鹤卷升中佐）

辎重兵第41 联队（联队长　中村仪十郎大佐）

独立混成第 3 旅团（旅团长　吉泽忠男少将）

独立步兵第 6 大队（大队长　加纳荣造中佐）

独立步兵第 7 大队（大队长　林葭一中佐）

独立步兵第 8 大队（大队长　下枝龙男中佐）

独立步兵第 9 大队（大队长　西畑启而中佐）

独立步兵第 10 大队（大队长　村田宗太郎中佐）

旅团炮兵队

旅团工兵队

旅团通信队


独立混成第 4 旅团（旅团长　片山省太郎少将）

独立步兵第 11 大队（大队长　铃木荣助大佐）

独立步兵第 12 大队（大队长　坂井武中佐）

独立步兵第 13 大队（大队长　池田万三中佐）

独立步兵第 14 大队（大队长　原田寅良中佐）

独立步兵第 15 大队（大队长　德江光中佐）

旅团炮兵队

旅团工兵队

旅团通信队


独立混成第 9 旅团（旅团长　麦藏俊三郎少将）

独立步兵第 36 大队（大队长　吉野直靖大佐）

独立步兵第 37 大队（大队长　大村敏雄中佐）

独立步兵第 38 大队（大队长　不明）

独立步兵第 39 大队（大队长　上野源吉大佐）

独立步兵第 40 大队（大队长　根岸干中佐）

旅团炮兵队

旅团工兵队

旅团通信队

独立混成第 16 旅团（旅团长　村井俊雄少将）

独立步兵第 82 大队（大队长　不明）

独立步兵第 83 大队（大队长　不明）

独立步兵第 84 大队（大队长　龟田义则中佐）

独立步兵第 85 大队（大队长　增田荣一中佐）

独立步兵第 86 大队（大队长　杉山香也中佐）

旅团炮兵队

旅团工兵队

旅团通信队

第一军直辖部队

独立机关枪第 5 大队

独立山炮兵第 1 联队（联队长　丰岛治郎大佐）

野战重炮兵第 2 旅团（旅团长　木谷资俊少将）

野战重炮兵第 6 联队（旅团长　小路弥八大佐）

迫击第 5 大队

（基于井本熊男監修『帝国陸軍編成総覧』第一卷 芙蓉書房，1993 年，518—524 页制作。）

## 第一军战斗序列（1941 年 12 月 8 日）

第一军（司令官　岩松义雄中将）

第 36 师团（师团长　井关伋中将）

第 36 步兵团（步兵团长　佐久间盛一少将）

步兵第 222 联队（联队长　葛木直幸大佐）

步兵第 223 联队（联队长　高木正实大佐）

步兵第 224 联队（联队长　近藤新八大佐）

搜索第 36 联队（联队长　俵信一大佐）

山炮兵第 36 联队（联队长　井上秀之助中佐）

工兵第 36 联队（联队长　阿部皥中佐）

辎重兵第 36 联队（联队长　不明）

第 37 师团（师团长　长野祐一郎中将）

第 37 步兵团（步兵团长　中岛吉三少将）

步兵第 225 联队（联队长　田中馨大佐）

步兵第 226 联队（联队长　山口武夫大佐）

步兵第 227 联队（联队长　皆藤喜代志大佐）

山炮兵第 37 联队（联队长　竹田丰吉大佐）

工兵第 37 联队（联队长　八田三一郎中佐）

辎重兵第 37 联队（联队长　米冈三郎大佐）

第 41 师团（师团长　清水规矩中将）

　　第 41 步兵团（步兵团长　奥村半二少将）

　　步兵第 237 联队（联队长　矢矢崎节三大佐）

　　步兵第 238 联队（联队长　江口四郎大佐）

　　步兵第 239 联队（联队长　近藤新八大佐）

　　骑兵第 41 联队（联队长　西冈延次中佐）

　　山炮兵第 41 联队（联队长　大野斌夫中佐）

　　工兵第 41 联队（联队长　鹤卷升中佐）

　　辎重兵第 41 联队（联队长　吉松笃中佐）

独立混成第 3 旅团（旅团长　毛利末广少将）

　　独立步兵第 6 大队（大队长　印南英辅中佐）

　　独立步兵第 7 大队（大队长　斋藤严郎中佐）

　　独立步兵第 8 大队（大队长　藏重康美中佐）

　　独立步兵第 9 大队（大队长　西畑启而中佐）

　　独立步兵第 10 大队（大队长　清水园中佐）

　　旅团炮兵队

　　旅团工兵队

　　旅团通信队

独立混成第 4 旅团（旅团长　津田美武少将）

　　独立步兵第 11 大队（大队长　福井哲亮中佐）

　　独立步兵第 12 大队（大队长　清柳时香中佐）

　　独立步兵第 13 大队（大队长　安尾正網中佐）

独立步兵第 14 大队（大队长　吉田章雄大佐）

独立步兵第 15 大队（大队长　山本信辉大佐）

旅团炮兵队

旅团工兵队

旅团通信队

独立混成第 9 旅团（旅团长　池之上贤吉少将）

独立步兵第 36 大队（大队长　吉野直树大佐）

独立步兵第 37 大队（大队长　大村敏雄中佐）

独立步兵第 38 大队（大队长　青野三郎大佐）

独立步兵第 39 大队（大队长　安江網彦大佐）

独立步兵第 40 大队（大队长　堀内胜身中佐）

旅团炮兵队

旅团工兵队

旅团通信队

独立混成第 16 旅团（旅团长　若松平治少将）

独立步兵第 82 大队（大队长　不明）

独立步兵第 83 大队（大队长　怡土军大佐）

独立步兵第 84 大队（大队长　大津中雄大佐）

独立步兵第 85 大队（大队长　村川正一大佐）

独立步兵第 86 大队（大队长　杉山香也中佐）

第一军直辖部队

野战重炮兵第 6 联队（联队长　小路弥八大佐）

电信第 9 联队（联队长　加藤勇三中佐）

独立辎重兵第 1 联队（联队长　中岛秀次中佐）

自动车第 24 联队（联队长　松本贯之中佐）

自动车第 27 联队（联队长　小松鹿之助中佐）

自动车第 37 联队（联队长　中宫勇中佐）

（基于井本熊男监修『帝国陸軍編成総覧』第二卷　芙蓉书房，1993 年，667—672 页制作。）

## 第一军战斗序列（1944 年 4 月）

第一军（司令官　吉本贞一中将）

第 37 师团（师团长　长野祐一郎中将）
步兵第 225 联队（联队长　镇目武治大佐）
步兵第 226 联队（联队长　冈村文人大佐）
步兵第 227 联队（联队长　皆藤喜代志大佐）
山炮兵第 37 联队（联队长　入村松一大佐）
工兵第 37 联队（联队长　远藤秀人中佐）
辎重兵第 37 联队（联队长　米冈三郎大佐）

第 62 师团（师团长　清水规矩中将）
步兵第 63 旅团（旅团长　中岛德太郎少将）

独立步兵第 11 大队（大队长　福井哲亮中佐）

独立步兵第 12 大队（大队长　贺屋与吉中佐）

独立步兵第 13 大队（大队长　原宗辰大佐）

独立步兵第 14 大队（大队长　田村权一大佐）

步兵第 64 旅团（旅团长　奥村半二少将）

独立步兵第 15 大队（大队长　山本信辉大佐）

独立步兵第 21 大队（大队长　西林鸿介中佐）

独立步兵第 22 大队（大队长　磯崎璣大佐）

独立步兵第 23 大队（大队长　山本重一少佐）

师团通信队

师团工兵队

师团辎重队

第 69 师团（师团长　三浦忠次郎中将）

步兵第 59 旅团（旅团长　本村千代太少将）

独立步兵第 82 大队（大队长　神保信彦中佐）

独立步兵第 83 大队（大队长　千嶋主一中佐）

独立步兵第 84 大队（大队长　斎藤义夫大佐）

独立步兵第 85 大队（大队长　西村勘治大佐）

步兵第 60 旅团（旅团长　服部直臣少将）

独立步兵第 86 大队（大队长　加藤鉦雄大佐）

独立步兵第 118 大队（大队长　赤星正太少佐）

独立步兵第 119 大队（大队长　近藤荣次郎少佐）

独立步兵第 120 大队（大队长　柏木求马中佐）

师团通信队

师团工兵队

师团辎重队

独立混成第 3 旅团（旅团长　小原一明少将）

独立步兵第 6 大队（大队长　藤村义明中佐）

独立步兵第 7 大队（大队长　石川荣一中佐）

独立步兵第 8 大队（大队长　东野谨三中佐）

独立步兵第 9 大队（大队长　酒井博利中佐）

独立步兵第 10 大队（大队长　山崎义勇中佐）

旅团炮兵队

旅团工兵队

旅团通信队

独立步兵第 3 旅团（旅团长　中代丰治郎少将）

独立步兵第 199 大队（大队长　神田泰之助中佐）

独立步兵第 200 大队（大队长　鹰村勇中佐）

独立步兵第 201 大队（大队长　伊藤晃中佐）

独立步兵第 202 大队（大队长　小泽民部少佐）

独立步兵第 10 旅团（旅团长　中代丰治郎少将）

独立步兵第 227 大队（大队长　矢木野弁二大佐）

独立步兵第 228 大队（大队长　山崎二郎少佐）

独立步兵第 229 大队（大队长　海野精中佐）

独立步兵第 230 大队（大队长　堀江三鹿喜大佐）

独立步兵第 14 旅团（旅团长　吉田喜芳少将）

独立步兵第 243 大队（大队长　村田弥藏少佐）

独立步兵第 244 大队（大队长　片冈光太郎少佐）

独立步兵第 245 大队（大队长　宫崎岩马少佐）

独立步兵第 246 大队（大队长　宫崎重中佐）

第一军直辖部队

电信第 9 联队（联队长　杉野俊三郎中佐）

独立辎重兵第 1 联队（联队长　佃升大佐）

自动车第 27 联队（联队长　相马诚次少佐）

（基于井本熊男监修『帝国陆军编成総覧』第二卷 芙蓉书房，1993 年，982—986 页，及『北支の治安戦＜二＞』。朝雲新聞社，1971 年，490—491 页制作。）

**第一军战斗序列（日本战败时）**

第一军（司令官　澄田四郎中将）

第 114 师团（师团长 三浦三郎中将）

步兵第 83 旅团（旅团长 青山清少将）

独立步兵第 199 大队（大队长 涩谷隆治大尉）

独立步兵第 200 大队（大队长 阿部幸博大尉）

独立步兵第 201 大队（大队长 堺原元市大尉）

独立步兵第 202 大队（大队长 小泽民部少佐）

步兵第 84 旅团（旅团长 松野尾胜明少将）

独立步兵第 381 大队（大队长 新庄繁树大尉）

独立步兵第 382 大队（大队长 田垣朝吉大尉）

独立步兵第 383 大队（大队长 键泽太郎少佐）

独立步兵第 384 大队（大队长 佐波武郎大尉）

师团通信队

师团炮兵队

师团工兵队

师团辎重队

独立混成第 3 旅团（旅团长　山田三郎少将）

独立步兵第 6 大队（大队长　笹沼传少佐）

独立步兵第 7 大队（大队长　冈田重光少佐）

独立步兵第 8 大队（大队长　尾尻天外大尉）

独立步兵第 9 大队（大队长　宇田川富藏中佐）

独立步兵第 10 大队（大队长　松村贞雄少佐）

旅团炮兵队

旅团工兵队

旅团通信队

独立步兵第 10 旅团（旅团长　板津直俊少将）

独立步兵第 227 大队（大队长　矢木野弁二大佐）

独立步兵第 228 大队（大队长　山崎二郎少佐）

独立步兵第 229 大队（大队长　海野精中佐）

独立步兵第 230 大队（大队长　中岛保

大尉）

独立步兵第 14 旅团（旅团长　元泉馨少将）

　　独立步兵第 243 大队（大队长　村田弥藏少佐）

　　独立步兵第 244 大队（大队长　片冈光太郎少佐）

　　独立步兵第 245 大队（大队长　丸山剑二郎少佐）

　　独立步兵第 246 大队（大队长　毛利武德大尉）

第 5 独立警备队（警备队长　原田新一少将）

　　独立警备步兵第 25 大队（大队长　大田代忠隆大尉）

　　独立警备步兵第 26 大队（大队长　朝冈正夫大尉）

　　独立警备步兵第 27 大队（大队长　进土彦大尉）

　　独立警备步兵第 28 大队（大队长　伊藤胜雄大尉）

　　独立警备步兵第 29 大队（大队长　栗田嘉三郎大尉）

　　独立警备步兵第 30 大队（大队长　丹

波鹤龟大尉）

独立警备步兵作业队（作业队长　铃木喜代司大尉）

第一军直辖部队

独立山炮兵第 24 大队（大队长　不明）

电信第 9 联队（联队长　杉野俊三郎中佐）

独立辎重兵第 1 联队（联队长　佃升大佐）

自动车第 27 联队（联队长　相马诚次少佐）

（基于井本熊男监修『帝国陆軍編成総覧』第三卷 芙蓉書房，1993 年，1256—1258 页制作。）

# 毒气战相关文献一览表

&lt;図書—日本&gt;

『毒ガス島』樋口健二写真集 1983 年、三一書房

『地図から消された島』武田英子 1987 年、ドメス
出版

『秘録・大久野島の記』服部忠 1988 年再刊

『大久野島・勤労学徒の語り』岡田黎子、1989 年

『東京裁判論』粟屋憲太郎、1989 年、大月書店

『化学軍縮と日本の産業』新井勉、1989 年、並木
書店

『毒ガス戦関係資料』粟屋憲太郎・吉見義明編・解
説、1989 年、不二出版

『毒ガスと科学者—化学兵器はいかに作られたか』富
田親平、1991 年、光人社

『市民よガスマスクを装着せよ』永瀬唯構成，1991
年，グリンアロー出版社

『毒ガスの歴史』村上初一，1992 年

『人類滅亡と化学戦争』倉田英世、1992 年、ヒューマンドキュメント社

『隠されてきたヒロシマ—毒ガス島からの告発』辰巳知司、1993 年、日本評論社

『日中戦争』中央大學人文科学研究所、1983 年、中央大學出版部

『陣中日誌に書かれた慰安所と毒ガス』高崎隆知、1993 年、梨の木舎

『未決の戦争責任』粟屋憲太郎、1994 年、柏書房

『毒ガス戦関係資料 II』吉見義明、松野誠也編，解説、1997 年、不二出版

『日本軍の毒ガス戦』小原博人他、1997 年、日中出版

『置いてきた毒ガス』相馬一成・写真と文、1997 年、草の根出版会

『悪夢の遺産—毒ガス戦の果てに』尾崎祈美子、1997 年、学陽書房

＜図書 訳書＞

『化学・細菌（生物）兵器とその使用の影響《ウ・タント国連事務総長報告》』外務省国際連合局訳、1970 年、大蔵省印刷局

『日本軍の中国侵略と毒ガス兵器』、歩平著・山辺悠喜子/宮崎教四郎監訳、1995 年、明石書店

『日本軍の遺棄毒ガス兵器』高暁燕著、山辺悠喜子/

宮崎教四郎訳、1996 年、明石書店

　　『日本軍の化学戦』紀学仁主編．村田忠禧訳、1996
年、大月書店

　　『ムッソリーニの毒ガス』アンジェロ・デル・ボカ編
著？高橋武智監修、2000 年、大月書店

　　＜図書―中国＞

　　『細菌戦と毒気戦』中央档案館、中国第二歴史档案
館、吉林社会科学院合編、1989 年、中華書局

　　『化学戦史』紀学仁主編、1991 年、中国軍事訳文出
版社

　　『日本侵華戦争的化学戦』紀学仁主編、1995 年、中
国軍事訳文出版社

　　『侵華日軍的毒気戦』、中国抗日戦争史学会/中国人民
抗日戦争記念館編、1995 年、北京出版社

　　＜旧陸軍―防衛庁関係資料＞

　　『毒瓦斯及試験法』湯川新太郎、1943 年

　　『陸軍科学研究所及陸軍第六技術研究所に於ける化学
兵器研究経過の概要（第一案）』秋山金、1956 年 6 月、
厚生省引揚援護局史料室

　　『化学戦研究史』小柳津政雄、1956 年 11 月、厚生省
引揚援護局史料室

　　『本邦化学兵器技術史年表（陸軍科学研究所に関する
資料）』久村種樹、中村隆寿、1957 年 2 月、厚生省引揚
援護局史料室

『本邦化学兵器技術史』、防衛庁技術研究所、1958年、技研資第三一号

『特殊武器防護』陸上自衛隊幹部候補生学校、1972 年

「"化兵"を語る座談会（1）―（2）」『偕行』1983年三月―五月号

『陸軍習志野学校』、1987 年、陸軍習志野学校史編纂委員会

＜論文―日本＞

「七三一部隊の実験報告」松村高夫『歴史学研究』、1985 年 2 月

「東京裁判への道」粟屋憲太郎『朝日ジャーナル』、1985 年 3 月号

「毒ガス作戦の真実」粟屋憲太郎、吉見義明『世界』1985 年 9 月号

「日本軍の毒ガス作戦」吉見義明『中央評論』1985年 174 号中央大學

「やはり毒ガス細菌兵器は使われていた」竹前栄治『世界』1985 年 9 月号

「化学戦覚え書き」吉見義明『中央大學論集』、1988年第 9 号、中央大學

「旧日本軍は毒ガスを使っていた」吉見義明『朝日ジャーナル』1988 年 12 月 26 号

「日本の毒ガス戦」西川宏『岡山の歴史地理教育』1993 年 3 月

「毒ガス製造の島・平和を訴える島」尾崎祈美子『戦争責任』1994 年 5 月

「毒ガス戦の果てに」尾崎祈美子『季刊・戦争責任研究』第四号、1994 年 6 月

「日本軍の毒ガスの墓場を見た」常石敬一・尾崎祈美子『世界』1994 年七月号

「日本軍はどのくらい毒ガスを生産したか」吉見義明『季刊? 戦争責任研究』第五号、1994 年 9 月

「日本軍の亡霊」神浦元彰『マスコミ市民』1994 年 304 号

「毒ガスの生産・貯蔵・配備・使用・投棄の実態解明のために」吉見義明『日本社会党国会議員と専門家による中国における遺棄化学兵器の実態及び被害に関する調査報告書』、1995 年

「遺棄化学兵器の処理」常石敬一『軍縮問題資料』1996 年九月号. 宇都宮軍縮研究室

「化学兵器禁止条約の基本構造・上下」浅田正彦『法律時報』1996 年、68 巻第一・二号

「日本軍の中国侵略と毒ガス戦」宮崎教四郎『季刊中国』、1999 年夏季号

＜論文―中国＞

「日本侵略軍の毒ガス使用に関する資料」関大洪? 村田忠禧解題『季刊中国研究』、1988 年 11 号、社団法人中国研究所

# 毒气战相关主要事项年表

1899 年　《海牙宣言》（《禁止使用毒气宣言》）

1907 年　《海牙条约（禁止使用毒气）》

1914 年　第一次世界大战大量使用毒气

1918 年　陆军省设置临时毒气调查委员会（开始研究毒气）

1919 年　设立陆军科学研究所（开始着手组织化学战研究）

1921 年　陆军出兵西伯利亚，计划配备毒气

1925 年　《日内瓦议定书》（禁止使用毒气、细菌武器）签约

1926 年　参谋本部设置毒气研究委员会

1928 年　创立陆军兵工厂忠海兵器制造所

1929 年　该制造所开始制造毒气

1930 年　日军在讨伐"雾社事件"中使用毒气

1931 年　满洲事变，陆军装备四种毒气

1932 年　设置关东军防疫班（731 部队前身）

1933 年　创立陆军习志野学校（开始毒气战的运用、教育训练）

1935—1936 年　意大利进攻埃塞俄比亚，施放大量芥子气

1936 年　"二二六事件"中陆军习志野学校准备使用毒气

1937 年　中日全面战争开始，参谋本部准许使用催眠毒气

1938 年　参谋本部准许使用"红筒"和"红弹"（喷嚏性毒气）（4 月在山西省附近山区，8 月分布全中国）

山西省曲沃战役中日军使用大量"红弹"；武汉会战中日军使用大量"红弹"

1939 年　创立陆军曾根兵器制造所（毒气弹的填充工厂）

参谋本部命令使用"黄剂"（腐烂性毒气芥子气）等（5 月在山西省内的偏僻地使用，1940 年 7 月延伸到全中国）

1940 年　以山西省为中心的"百团大战"，日军使用大量毒气

1941 年　开始太平洋战争

1942 年　陆军习志野学校编成《支那事变中的化学战例证集》

1943 年　创立相模海军工厂（海军正式开始制造毒气）

1944 年　停止制造毒气，大本营命令禁止使用毒气

1945 年　日本战败，将毒气大量遗弃至中国各地，并乱扔在日本列岛周边

1946 年　远东国际军事审判，对日军细菌战、毒气战免于起诉

1953 年　中国成立废弃毒气弹处理委员会

1965 年　越南战争正式化，美国发起"枯叶作战"，散布大量毒气

1969 年　国联总会通过《禁止化学、生物武器决议》
　　　　　冲绳美军基地发生毒气泄漏事件

1970 年　日本国批准《日内瓦议定书》

1972 年　《禁止生物、毒素武器条约》签约

1978 年　《中日和平友好条约》签约

1981 年　伊朗、伊拉克战争，伊拉克使用芥子气

1984 年　发现陆军习志野学校《支那事变中的化学战例证集》

1990 年　中国政府要求日本政府处理遗留化学武器

1993 年　130 个国家签署《禁止化学武器条约》

1994 年　松本沙林事件

1995 年　东京地铁沙林事件

1996 年　中国的遗弃化学武器受害者对日本政府提起诉讼

1997 年　日本批准《禁止化学武器条约》

# 后　记

　　如粟屋先生序文中所写，文献资料和现场调查是本书的两大支柱。资料收集与实地调查费用方面获得了中日友好会馆·中日和平友好交流计划·历史研究支援事业的资助。特别感谢为此奔走的中日友好会馆·中日历史研究中心尾形洋一研究员。

　　序文中也提到国民要求查知战争罪行真相，为受害者提供保障，与中国开展交流，开辟日本毒气战历史研究的大学学者，在普通群众的帮助下，在中国山西省进行考察，汇集成本书的最终成果。战后50年才最终得以与受害者见面，实在非常遗憾，但这是中国改革开放，情况发生巨大变化后才最终得以实施的。而本次调查团的5名成员正好由20岁至60岁年龄段各一人组成，他们的战后体验各不相同。

　　山边悠喜子女士常年与中国交流，交往中汉语也练习得非常流利，她熟悉细菌战和毒气战，并策划了此次项目。但遗憾的是，她由于其他的原因未能参加调查。此外，相马一成先生是调查山西毒气战的先驱者，20世纪90年代上半期就在山西大学孙凤翔教授的指引下进入了太行山区，他之前的采访记录为我们制定当地调查计划提供了宝贵的参考资料。第二次调查时，相马先生与我们同行，我们委托他去山西省南端单独调查，那些偏远地方我们难以成行，并委托他为我们收集口述资料。此外，与前面提到的孙教授和相马先生同行的还有山西省国际旅行社的黄玉雄先生，他在我们两次实地调查时担任向导和翻译，为我们收集资料提供很多帮助。向以上诸位表示感谢。

第一次调查时，黑龙江省社会科学院副院长步平先生，以及学院的学者们与我们同行，他们在中国文献收集方面为我们提供了很多帮助。20世纪90年代初，步平先生即开始着手旧日军遗留毒气弹问题的研究，在1995年写成《日本侵华与毒气武器》（山边、宫崎监译）。步平先生是中国受害者访问调查的先驱，与日本学者的交往很深，在日本文献研究方面也有很深造诣，是中国毒气研究第一人。

太原外国语学校日语教师郭志勤先生花费两年时间，对采访对象的访谈录像进行文字化和翻译，资料中寄托着郭先生长时间工作和持之以恒的努力。口述记录、照片整理，以及庞大的数字表格加起来有300多页，开始是中期报告书，后来成为本书编辑的原型，对致力于该工作的相马荣子女士表示由衷的感谢。

最后，向接纳单调乏味的报告文稿，并为此进行非常烦琐的编辑工作的大月书店致以诚挚的谢意。

宫崎教四郎

# 译后记

　　日本学界是海外中国学研究中不可忽视的重要力量。大到中国历史、文化、风土、国民性，小到地方的村志、风俗、习惯，日本都有着大量的资料和研究积累。日本是与山西地方交往最为密切的国家。日本学界所存山西资料通常基于以下三方面线索：首先，中日全面战争爆发前后，日本政府与民间研究机构的专业人士对山西进行的大量基础性调查，涉及文化、风土、人文宗教信仰、基层政权架构、矿产资源等多个层面；其次是与占领侵略山西这一特殊历史时期相伴，微观层面的民间人文交流资料；除此之外，战时驻军活动、命令、官方文书也是重要的资料。本书是日本历史学者将化学毒气武器作为切入点，以日本陆军对山西发布实施毒气战的官方文书资料为基础，开创性地引入田野调查和口述史的研究方法，并结合受害者的体验整理而成的一本著作，不论在内容上，还是方法上，都能为我们研究抗战史、地方史提供重要参考。

2014年，完成学业准备返回母校山西大学世界史专业任教之际，时任历史文化学院院长的郝平教授叮嘱笔者多多收集与山西相关的资料。世界史研究同时囊括"中国如何认识世界"，与"世界如何认识中国"两大方面。山西大学的世界史，为地方社会服务，首先要知道"世界如何认识山西"，收集山西资料刻不我待，义不容辞。本书的翻译工作是在郝平教授的直接指导和帮助下完成的，书籍的策划、翻译、定稿、出版等方面都凝结了郝平教授的大量心血，同时，感谢教育部人文社科青年基金项目"日本战友会资料翻译与研究"课题资助，本书稿是课题的部分研究成果。本书是日本山西资料系列翻译出版的初次尝试，今后会进一步加强此方面的工作。

图书翻译之前，笔者曾联系原著者立教大学教授、著名历史学家粟屋宪太郎先生，蒙先生厚爱，不但对翻译事宜欣然应允，并主动向著作参与者说明缘由，扫清版权障碍。大月书店编辑部岩下结先生得到粟屋先生首肯后，表示愿意积极配合中文版的翻译，在此谨向两位先生致以谢意。同时借此之际，向常年指导我学习与工作，并在此次译稿出版过程中积极斡旋的立教大学的仓田彻教授表示深深的感谢。

山西人民出版社王新斐老师为此书出版付出大量辛劳，借由书籍出版与新斐老师结识，是此次最大的收获与幸运。此外，虽不能一一具名，谨向参与本书编校、出版工作的各位专家学者致以深深谢意。

2024 年 12 月于太原

**图书在版编目（CIP）数据**

毒气战 /（日）粟屋宪太郎主编;张泓明译. — 太
原：山西人民出版社,2024.12
ISBN 978-7-203-12201-2

Ⅰ.①毒… Ⅱ.①粟… ②张… Ⅲ.①日本 — 侵华事
件 — 化学战 — 研究 Ⅳ.①K265.607

中国版本图书馆 CIP 数据核字(2022)第 037007 号

## 毒气战

主　　编：（日）粟屋宪太郎
译　　者：张泓明
审　　订：郝　平
责任编辑：王新斐
复　　审：贾　娟
终　　审：武　静
装帧设计：阎宏睿

出 版 者：山西出版传媒集团·山西人民出版社
地　　址：太原市建设南路21号
邮　　编：030012
发行营销：0351-4922220　4955996　4956039　4922127（传真）
天猫官网：https://sxrmcbs.tmall.com　电话：0351-4922159
E - mail：sxskcb@163.com　发行部
　　　　　sxskcb@126.com　总编室
网　　址：www.sxskcb.com

经 销 者：山西出版传媒集团·山西人民出版社
承 印 厂：山西出版传媒集团·山西人民印刷有限责任公司

开　　本：890mm×1240mm　1/32
印　　张：11.5
字　　数：250千字
版　　次：2024年12月　第1版
印　　次：2024年12月　第1次印刷
书　　号：ISBN 978-7-203-12201-2
定　　价：86.00元

如有印装质量问题请与本社联系调换